KB262110

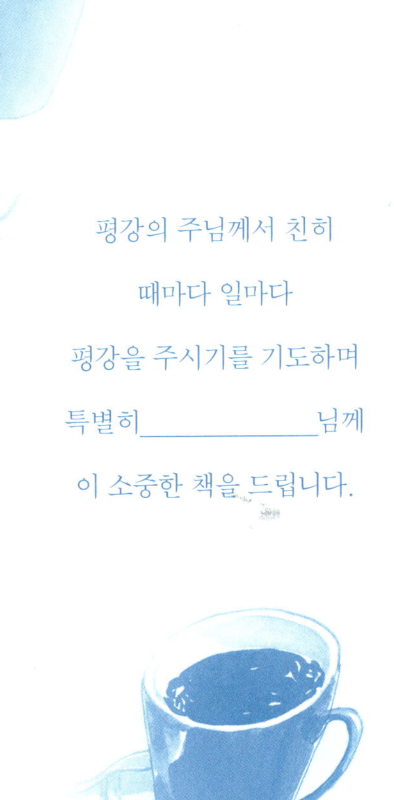

평강의 주님께서 친히

때마다 일마다

평강을 주시기를 기도하며

특별히___________님께

이 소중한 책을 드립니다.

긍정 십대
파워 십대

긍정 십대
파워 십대

나침반

하나님으로부터 위대한 일을 기대하라.
하나님을 위해 위대한 일을 시도하라.
〈윌리엄 케리(William Carey)〉

세상을 변화시키는 힘

하나님은 어떻게 우리를 긍정적인 사람으로 만들어 가시는가?

또한 네가 청년의 정욕을 피하고 주를 깨끗한 마음으로
부르는 자들과 함께 의와 믿음과 사랑과 화평을 좇으라
(딤후 2:22)

엄마와 함께 책을 쓴다고?

이것은 결코 우리 자매가 여름 방학을 보내기 위해 계획했던 바가 아니다. 솔직히 고백하자면 우리도 처음부터 완벽한 긍정적 자세를 가지고 이 일을 시작한 것은 아니다. 그러나 과연 완벽한 긍정적 태도를 가진 십대가 얼마나 되겠는가? 학교나 친구 및 가족들로부터 온갖 압박과 시달림을 받고 있는 시기에 긍정적인 태도를 가진다는 것은 여간 어렵지 않다.

특히 한참 감수성이 예민한 12세~20세의 청소년의 경우는 더욱 그렇다. 그러나 이 책을 집필하면서 한 가지 깨달은 사실은 우리가 아무리 극한 삶의 와중에 있을지라도 긍정적인 십대가 될 수 있다는 것이다. 여러분의 주변 상황이 100 퍼센트 완전해야만 긍정적인 태도를 가질 수 있는 것은 아니다.

여러분 앞에 이 책을 내어놓는 우리 역시 모든 것을 다 갖추었다고 말하는 것은 아니다. 솔직히 말해 우리는 이제 겨우 십대일 뿐이다. 이 책의 주요 원리나 사상도 우리에게서 나온 것이 아니다. 그것은 이 세상에서 가장 큰 지혜의 원천인 하나님의 말씀으로부터 나온 것이다. 우리가 한 일이라고는 성경 메시지 가운데 십대의 삶에 적용할 수 있는 원리들을 찾아낸 것뿐이다.

본서는 이러한 성경적 원리에다 다른 십대의 이야기 및 다양한 출처(물론 엄마의 절대적인 도움과 함께)를 통해 나온 자료들을 포함한 것으로, 여러분의 십대 시절을 보다 긍정적이고 힘차게 보낼 수 있도록 도와줄 전천후적 안내서이다.

확실한 힘의 원천

우리가 아는 한 가지 확실한 사실은 성경은 어른들이나 성직자만을 위한 책이 아니라는 것이다. 하나님의 말씀은 우리와 같은 십대에게도 매일 실제적으로 적용되는 일용할 양식이다. 성경의 지혜는 당시의 사람들은 물론 수천 년이 지난 오늘날 우리에게도 동일하게 적용된다. 하루가 다르게 급변하는 오늘날의 세계는 각자가 원하는 대로 살아가는 자유방임주의(take-your-pick) 철학과 자신이 원하는 것이면 무엇이든 해도 좋다(if-it-feels-good-do-it)는 타락한 도덕관이 팽배해 있지만 우리는 하나님의 말씀만이 우리의 삶의 유일하고 확실한 기초라고 믿는다.

본서는 자신감, 책임감, 신실, 바른 관계, 태도, 믿음 및 용기라고 하는 7가지의 성경적 원리에 초점을 맞추고 있다. 이들 요소들은 모두 십대의 삶에 중요한 역할을 한다. 우리는 각 요소별 영역에 있어서 긍정적으로 반응할 수도 있고 부정적으로 반응할 수도 있다. 결국 긍정적인 십대가 된다는 것은 이와 같이 중요한 삶의 이슈들에 대해 어떠한 반응을 보이느냐, 즉 긍정적이고 올바른 선택을 하는 것이라고 할 수 있다.

여러분은 어쩌면 '내가 과연 긍정적인 사람이 될 수 있을까' 또는 '나같이 부정적인 사람도 긍정적인 사람으로 변할 수 있을까'라고 생각할지도 모른다. 대답은 '물론 될 수 있다'라는 것이다.

선택은 여러분에게 달려 있다. 여러분은 삶 속에서 여러 가지 힘들고 어려운 상황을 만날 때 하나님에 대한 소망을 택할 수도 있고 불평하고 원망하는 쪽을 택할 수도 있다. 여러분은 하나님으로 하여금 여러분의 삶 속에서 능력 있게 역사하시는 쪽을 택할 수도 있고, 그를 무시해버리는 쪽을 택할 수도 있다. 여러분은 자신의 말과 행동을 통해 하나님과의 바른 관계를 정립하는 쪽을 택할 수도 있고 모든 관계를 끊어버리는 쪽을 택할 수도 있다.

우리는 날마다 이러한 선택의 기로에 서게 된다. 적어도 긍정적인 선택에 관한 한 성경이 가장 좋은 원천이 된다는 사실을 알고 있다.

디모데후서 3장 16-17절은 "모든 성경은 하나님의 감동으로 된 것으로 교훈과 책망과 바르게 함과 의로 교육하기에 유익하니 이는 하나님의 사람으로 온전케 하며 모든 선한 일을 행하기에 온전케 하려 함이니라"고 말씀한다.

다시 말하면 우리는 하나님의 말씀의 능력(그리고 성령의 사역)을 통해 세상을 향해 강력한 영향력을 끼칠 수 있는 긍정적인 십대가 될 수 있다.

예수님도 한 어린이의 보잘것없는 점심을 받으시고 그것으로 오천 명이나 되는 굶주린 백성을 먹이셨다. 우리가 바치는 보잘것없는 은사와 재능과 능력을 통해 과연 그가 어떤 능력을 베푸실 것인지 생각해보라. 우리가 만일 하나님의 무한하신 가능성을 향해 활짝 열린, 긍정적이고 자원하는 마음을 가진다면 하나님께서는 우리를 통해 어떤 위대한 일도 이루실 것이다. 우리는 우리가 하나님을 움직일 수 있다는 기대와 소망을 가져야 한다.

파워 부스터(Power Booster)

부디 본서에 제시한 원리들이 여러분에게 큰 힘과 격려가 되기를 바라며 긍정적인 삶을 향한 여러분의 행보에 더욱 강력한 파워 부스터(Power Booster)로 장착되기를 바란다.

이 책은 혼자서 읽거나 또는 친구들과 그룹을 지어 읽어도 된다. 각 장의 끝에 있는 '파워 포인트'(Power Point)에는 추가로 읽어야 할 성경 구절이나 기도할 내용, 암송해야 할 구절 및 혼자서 또는 친구들과 함께 수행해야 할 과제를 항목별로 제시해 두었다.

우리는 이 책이 여러분의 삶을 전적으로 새로운 관점에서 바라보는 첫걸음이 되기를 바란다. 이 책을 쓰는 동안 우리의 삶에도 많은 긍정적인 변화가 있었다. 부디 본서가 여러분의 삶에도 큰 영향을 끼치기를 바란다.

여러분도 하나님이 주시는 힘과 능력으로 긍정적인 십대가 되기를 다시 한번 간절히 원한다!

C·O·N·T·E·N·T·S

긍정 십대의 이미지

THe
ImaGe
oF A
Positive
Teen

우리는 모두 스스로의 사고의 한계 속에 살고 있다.
보다 풍성한 삶을 위해서는
우리의 사고가 이러한 한계를 벗어나 무한히 뻗어가야 한다.
‒ 토마스 드라이어(Thomas Dreier) ‒

1장 긍정적인 사람이 되라

또한 네가 청년의 정욕을 피하고 주를 깨끗한 마음으로 부르는 자들과 함께 의와 믿음과 사랑과 화평을 좇으라 (딤후 2:22)

여러분은 자신이 얼마나 긍정적인 사람이라고 생각하는가? 다음 몇 가지 질문을 통해 자신이 어느 정도 긍정적인 사람인지를 점검해보자. 아래의 질문에 확실히 그렇다고 생각하면 1점을, 가끔 그렇다고 생각하면 2점을, 확실히 그렇지 않다고 생각하면 3점을 주라. 문제 옆 여백에 여러분의 점수를 실제로 기록해 보기 바란다.

1. 나는 부모님이 쓰레기를 치우라고 하면 은근히 화가나 인상을 찌푸린다. (   )
2. 나는 어떠한 상황에서든지 언제나(흔쾌히) 좋은 쪽으로만 생각

하려고 노력하지는 않는다. (   )

3.나는 매일 아침 또 하루의 학교생활이 시작된다는 기대감으로
자리에서 벌떡 일어나는 경우가 드물다. (   )

4.나는 종종 형제나 자매 또는 아버지와 다툰다. (   )

5.나는 자의식에 사로잡혀 나 자신에 대해 낙심할 때가 있다. (   )

6.나의 태도는 그날그날의 기분에 따라 달라진다. (   )

7.나는 24시간, 일주일 내내 즐겁고 행복한 시간을 보내지 못한다. (   )

점수를 합산할 준비가 되었는가? 각 항의 점수를 모두 더하기만
하면 된다. 몇 점이나 나왔는가? 점수가 낮다면, 축하한다. 그것은
지극히 정상적인 결과이다. 우리 역시 그리 좋은 점수는 아니다. 사
실 우리는 십대로서, 우리에게 닥친 상황이나 환경에 대해 모든 인
간이 그러하듯이 소위 완전하게 반응하지 못할 뿐이다. 그렇다면
우리에게도 희망은 있는가? 누구라도 긍정적인 사람이 될 수 있는
가? 설사 긍정적인 기분이 들지 않을 때에도 가능한가? 주변 환경
이나 세상이 아무리 암담할지라도 관계없는가?

그 대답은 '그렇다' 이다. 우리는 누구나 하나님의 능력이 우리의
삶 속에 역사하시게 할 수 있다. 하나님의 속성은 모두 긍정적이며
그분은 기꺼이 우리의 삶에 영향을 주고 싶어 하신다. 그분은 우리
를 사랑하시며 우리와 관계를 맺고 싶
어 하신다. 비록 우리 자신은 긍정적이
지 않을 수 있으나 우리가 그와 함께 손
을 잡고 동행한다면 큰 기쁨을 누릴 수
있다. 구약성경의 다윗 왕을 생각해 보

라. 다윗은 결코 완벽하게 긍정적인 사람이 아니었다. 그의 삶은 평탄치만은 않았으며 여러 해 동안 많은 실수도 범했다. 그러나 그에게는 하나님을 향한 진실한 마음이 있었다.

그 결과, 하나님은 일개 목동에 불과한 다윗을 택하시고 그를 통해 긍정적이고 위대한 일을 행하셨다. 다윗은 자신의 삶에 복을 주신 하나님께 다음과 같은 찬양을 고백하지 않을 수 없었다.

"내가 여호와께 아뢰되 주는 나의 주시오니 주 밖에는 나의 복이 없다 하였나이다…

여호와는 나의 산업과 나의 잔의 소득이시니 나의 분깃을 지키시나이다

내게 줄로 재어 준 구역은 아름다운 곳에 있음이여 나의 기업이 실로 아름답도다

나를 훈계하신 여호와를 송축할지라 밤마다 내 심장이 나를 교훈하도다

내가 여호와를 항상 내 앞에 모심이여 그가 내 우편에 계시므로 내가 요동치 아니하리로다

이러므로 내 마음이 기쁘고 내 영광도 즐거워하며 내 육체도 안전히 거하리니"(시 16:2, 5-9)

다윗과 하나님은 긍정적인 팀을 이루었다. 그들의 팀웍은 다윗이 이스라엘의 위대한 지도자가 되기 오래 전, 그의 어릴 적부터 이미 시작되었다. 하나님은 여러분과도 한 팀이 되어 여러분의 삶 가운데 긍정적인 일을 행하고 싶어 하신다. 이 일은 지금 즉시 가능하다. 나이가 어리다는 것은 아무런 상관이 없다. 참으로 놀랍지 않은가? 우리는 종종 하늘에서 우리를 내려다보시며 '여전히 실수만 저지르는구나'라고 하시며 고개를 가로저으시는 하나님만을 떠올리지만, 사실 하나님은 우리를 기꺼이 도와주시고 구원하시며 용서하시

고 인도하신다.

　이와 같이 우리에게는 우리의 부정적인 경향에도 불구하고 언제나 우리의 삶 속에 긍정적으로 역사하시는 하나님이 계시다. 그분은 우리에게 풍성한 기쁨을 주시기를 원하시며 우리와 함께 계시면서 우리를 통해 놀라운 일을 이루고 싶어 하신다. 그분은 우리가 긍정적인 십대가 되도록 도와주고 싶어 하신다.

1. 긍정적인 십대의 참 모습

　"그렇다면 과연 긍정적인 십대는 어떤 모습일까?"

　잠시 시간을 내어 '긍정적인 십대'라는 말을 들었을 때 머리에 떠오르는 생각을 글로 표현해보기 바란다. 아래 여백에 직접 적어보기 바란다.

　여러분은 어쩌면 긍정적이 된다는 것에 대해 언제나 의기양양하고 활기에 차 있거나 매사에 싱글벙글하며 다니는 것으로 생각할는지도 모른다. 그렇지 않으면, 어떤 사람은 처음부터 긍정적인 태도를 가지고 태어나고 어떤 사람은 그렇지 않다고 생각할 수도 있다. 여러분은 아마도 보다 긍정적인 사람이 될 수 있는 유일한 방법은 이와 같이 겉으로 드러나는 모습이나 태도를 흉내내어 그대로 따라하면 될 것이라고 생각할는지도 모른다. 그러나 그런 것들은 결코

진정한 긍정적 태도가 아니다. 긍정적이 된다는 것은 바보가 되거나 현실을 무시하게 된다는 뜻이 아니다. 그것은 결코 어떤 일에도 그저 만면에 웃음을 띠고 있으면 된다는 것이 아니라는 말이다. 긍정적이 된다는 말의 참 뜻은 하루하루를 만족하고 기쁜 마음으로 살아가는 것을 말한다. 그것은 우리 각자가 스스로 결정해야 하는 라이프스타일에 대한 선택이다.

중요한 것은 우리의 생각이나 사고방식이 삶 가운데 일어나는 사건들을 어떻게 받아들일 것인가 하는 것이다. 긍정적인 십대가 된다는 것은 언제나 낙관적인 사고방식을 선택하는 것을 뜻한다. 왜냐하면 우리는 다윗이 그러했던 것처럼 하나님이 언제나 우리의 우편에 계신다는 것을 알기 때문이다. 낙관적인 사고방식을 선택한다는 것은 우리의 말과 행동을 통해 하나님으로부터 오는 소망과 기쁨이 드러나야 한다는 말이다. 그것은 하나님만 구하고 바라보며 그를 향해 나아간다는 의미이다.

그러나 우리는 종종 이와 같이 소망스러운 사실에 대해 망각하고 살 때가 있음을 인정하지 않을 수 없다. 우리는 자칫 모든 일을 부정적으로만 보는 잘못된 경향에 빠지기 쉽다. 그러나 깨달아야 할 한 가지 사실은 우리에게 사랑과 기쁨으로 풍성히 채우시는 하나님만 의지해야 한다는 것이다. 따라서 우리는 이러한 하나님의 속성들이 우리의 삶 속에서 진정 빛을 발할 수 있도록 오직 그의 도우심만 구해야 하며, 억지로 거짓 웃음을 짓거나 즐거운 척할 필요는 없는 것이다.

결국 긍정적인 십대는 다음 세 가지의 특징으로 요약할 수 있다.

1. 긍정적인 십대는 하나님의 필요성에 대해 인식한다.
2. 긍정적인 십대는 기분이나 감정이 아니라 무엇이 옳으냐에 기초하여 현명한 선택을 한다.
3. 긍정적인 십대는 사람이나 환경을 탓하지 않는다.

이제 이들 특징 하나하나에 대해 보다 자세히 살펴보도록 하자.

2. 하나님의 필요성에 대한 인식

긍정적인 십대는 스스로 긍정적이 될 수 없다는 사실을 깨닫는다. 그것은 하나님이 하시는 일이며 우리가 할 수 있는 일이 아니다. 우리에게는 매순간 긍정적인 관점으로 행하며 어떠한 상황 하에서도 긍정적으로 반응할 수 있는 자질이나 요소가 없다. 그러므로 우리의 삶에는 반드시 하나님의 긍정적인 역사하심이 필요하다. 다윗은 자신의 기쁨이 스스로에게서 나오는 것이 아니라 하나님으로부터 온다는 사실을 알았다. 그렇기 때문에 다윗은 "주의 구원의 즐거움을 내게 회복시키시고 자원하는 심령을 주사 나를 붙드소서"(시 51:12)라고 고백했던 것이다.

우리는 모든 것이 부족하지만 하나님은 풍성하시다. 그에게는 사랑, 희락, 화평, 오래 참음, 자비, 양선, 충성, 온유 및 절제가 풍성하시다(갈 5:22-23 참조). 이러한 요소들은 모두 우리의 삶 가운데 역사하시는 성령의 열매들에 해당하는 것으로 하나같이 긍정적인 속성을 지니고 있다. 예수님은 "하나님을 찾는 자[심령이 가난한 자]는 복이 있나니 천국이 저희 것임이요"(마 5:3)라고 하셨다. 우리가 긍정적이 되는 비결은 바로 여기에 있다. 우리의 삶에서 긍정적인 요소들이 풍성히 드러나기 위해서는 오직 하나님만 의지해야 한다는 것이다.

사도 바울에 대해 생각해보자. 그의 삶을 둘러싼 환경은 결코 완전하지 않았다. 그는 사람들에게 조롱을 받았으며 매를 맞고 돌로 침을 당해 거의 죽을 뻔하였으며(그것도 두 번이나), 감옥에도 여러 번 갇혔다. 만일 누군가 부정적인 사람이 "인생은 공평치 못하다"라고 외칠 수밖에 없는 상황에 처했다면 바울이야말로 바로 그러한 처지에 놓여 있었다는 사실을 알아야 할 것이다. 그러나 바울은 성경에서 가장 긍정적인 사람 가운데 하나였다. 사실 그가 성도들을 격려하기 위해 쓴 가장 고무적인 서신들은 대부분 감옥에서 쓴 것들이다. 그는 이들 서신에서 초기 그리스도인들에게 "항상 기뻐하라", "모든 일에 감사하라"(살전 5:16, 18)라고 격려하였다.

바울이 어려움을 당했던 것은 자신의 잘못 때문이 아니었다. 오히려 그의 시련은 옳은 일을 한 것 때문에, 말하자면 사람들에게 예수님을 전하였다는 이유로 당한 시련이었다. 대부분의 사람들은 만일 하나님께 순종하여 옳은 일을 한다면 결코 나쁜 일은 일어나지 않을 것이라고 생각한다. 그러나 그렇지 않다. 성경에 보면 아담, 노아, 모세, 요셉, 욥, 요나, 다윗, 다니엘 등 '누구보다 위대한 인물들'

에게도 안 좋은 일이 일어났던 것을 알 수 있다.

우리가 처한 상황이 어렵다고 해서 하나님이 우리를 떠났다고 생각하면 오산이다. 사실 이러한 때야말로 하나님의 손이 더욱 우리를 붙드시고 어려움을 헤쳐 나가도록 도와주고 계심을 한 발짝 뒤로 물러나서 볼 수 있는 기회가 된다. 하나님은 우리의 삶이 평탄할 것이라고 약속하지 않으신다. 그분은 우리가 환난과 역경을 만날 때 우리와 함께 하실 것이라고 약속하신다. 하나님은 결코 우리를 떠나지 않으신다. 이사야 선지자 시대에 하나님께서 자기의 사랑하는 백성들에게 주신 약속의 말씀에 귀를 기울여보라.

"야곱아 너를 창조하신 여호와께서 이제 말씀하시느니라 이스라엘아 너를 조성하신 자가 이제 말씀하시느니라 너는 두려워말라 내가 너를 구속하였고 내가 너를 지명하여 불렀나니 너는 내 것이라 네가 물 가운데로 지날 때에 내가 함께할 것이라 강을 건널 때에 물이 너를 침몰치 못할 것이며 네가 불 가운데로 행할 때에 타지도 아니할 것이요 불꽃이 너를 사르지도 못하리니 대저 나는 여호와 네 하나님이요 이스라엘의 거룩한 자요 네 구원자임이라… 내가 너를 보배롭고 존귀하게 여기고 너를 사랑하였은즉 내가 사람들을 주어 너를 바꾸며 백성들로 네 생명을 대신하리니 두려워 말라 내가 너와 함께 하여"(사 43:1-5)

어떠한 어려움에 처할지라도 하나님께서 우리와 함께 하시며 어려운 환경을 통해 가장 좋은 길로 인도하신다는 확신으로 살아갈 수 있다. 바울의 경우 감방은 그의 집필실이자 사역의 본부가 되었다. 여러분도 감옥에 갇힌 것처럼 좌절하고 낙심한 상태에 처해본 경험이 있는가? 모든 문이 닫힌 것처럼 보이거나 너무 많은 실수를 범하였다는 생각에 포기하고 싶은 생각이 든 적은 없는가? 그렇다면 바로 그곳에 소망이 있다. 하나님께서는 바울이나 다윗과 함께 하셨던 것처럼 여러분과 함께 하신다. 하나님은 깨어져 조각난 여러분의 삶을 떠맡아 여러분이 가진 재능과 능력을 함께 섞어 끼워 맞추신 후 놀랍고 긍정적인 방식으로 사용하신다. 이는 "우리가 알거니와 하나님을 사랑하는 자 곧 그 뜻대로 부르심을 입은 자들에게는 모든 것이 합력하여 선을 이루느니라"고 하신 로마서 8장 28절의 말씀과 같다.

3. 현명한 선택을 할 수 있는 능력

"그러나 나는 긍정적인 기분이 들지 않는다!"

여러분은 얼마나 많이 이렇게 외쳤는가? 감사한 것은, 긍정적인 십대가 되는 문제에 있어서, 반드시 긍정적인 기분이 들어야만 긍정적이 될 수 있는 것은 아니라는 것이다.

여러분은 아마도 '그런 기분이 들지 않는데도 긍정적으로 행동한다는 것은 위선이 아닌가?'라고 생각할 수 있을 것이다. 이 문제에 대해 잠시 생각해보고 넘어가자. 만일 우리가 어떤 일을 하기 전에 그것을 하고 싶은 마음이 들 때까지 마냥 기다린다면 많은 일을 해낼 수 없을 것이다. 당신은 기분에 따라 사는가 아니면 무엇이 옳은지를 따져 옳다고 생각하는 것

내게 주신 은혜로 말미암아 너희 중 각 사람에게 말하노니 마땅히 생각할 그 이상의 생각을 품지 말고 오직 하나님께서 각 사람에게 나눠주신 믿음의 분량대로 지혜롭게 생각하라.
(롬 12:3)

을 행하는가? 만약 기분이 앞서면 어떤 결과를 가져오게 될 것인가? 과연 기분이 행동이나 생각을 결정할 수 있다고 생각하는가?

만일 아버지가 "별로 일하고 싶은 생각은 없으니 일하지 않겠다"고 한다면 어찌 되겠는가? 여러분의 가정은 모든 생활면에서 큰 변화를 겪게 될 것이며, 여러분도 아마 새로운 상황에 쉽게 적응하지 못할 것이다. 만일 엄마가 "금년에는 빨래가 하기 싫으니 빨래를 안 하겠다"고 한다면 어떻게 되겠는가? 여러분은 스스로 세제 사용법을 배우거나 냄새나는 옷을 일년 내내 입고 다녀야 할 것이다. 수영장에서 안전요원이 물에 빠져 허우적거리는 사람을 물끄러미 바라보며 "지금은 별로 물에 뛰어들고 싶지 않아"라고 한다면 어찌 되겠는가? 이럴 경우에 기분은 그야말로 삶과 죽음을 가르는 결과를 가져오게 될 것이다.

이처럼 우리는 삶을 통해 행동이 기분에 좌우되어서는 안 된다는 사실을 배운다. 따라서 "나는 별로 긍정적인 기분이 아니야"라는 생각이 들 때에도 우리는 반드시 "이러한 내 기분과 상관없이, 이런 상황에서 어떻게 긍정적인 선택을 할 것인가?"라고 자문해보는 자세가 필요하다. 개인적으로 긍정적인 말이나 행동을 해야 할 상황에서 우리는 얼마만큼 긍정적인 기분을 가지고 그렇게 하고 있는지 생각해보면 놀라지 않을 수 없다.

한 가지 예로 웃음에 대해 생각해보자. 우리는 흔히 웃음을 낙천적이고 긍정적인 사람과 연결하여 생각한다. 그러나 우리는 이 웃음을 자의로 선택할 수 있다. 물론 우리가 항상 웃고 있을 수는 없다. 살다보면 분명히 슬퍼하고 울어야 할 때도 있다. 그러나 우리는 억

지웃음이 아니라 주변 사람들에게 베푸는 하나의 선물로서 진정한 웃음을 보여주어야 할 때에도 기회를 놓치는 경우가 얼마나 많은지 모른다. 웃음이 다른 사람들에게 즐거움을 준다는 사실을 안다면 웃음만큼 좋은 선물도 없는 것이다. 웃음은 내 기분과 관계없이, 그리고 '오직 나 자신'만을 위한 것이 아니라 다른 사람을 위해 선택하는 것이다.

웃음은 수천 가지 의미를 지닌 만국 공용어이다. 그것은 "만나서 반갑습니다", "당신은 대단하십니다", "감사합니다", "잘 되기를 바랍니다"라는 의미가 있다.[1]

웃음은 우리가 비교적 쉽게 택할 수 있는 긍정적 선택이다. 그러나 우리는 날마다 순간순간마다 결국 옳은 것을 택할 것인가, 기분에 따를 것인가라는 문제로 귀결될 수밖에 없는 수많은 선택에 직면하게 된다. 우리는 과연 다음과 같은 선택을 할 수 있을 것인가?

- 다른 사람에게 상처를 주기보다 격려하고 힘을 북돋우어 줄 것인가?
- 걱정과 염려 대신 더 많이 기도할 것인가?
- 두려워 움츠리는 대신 옳은 일을 위해 담대히 일어날 것인가?
- 정직하지 못한 삶을 버리고 깨끗하고 순결한 삶을 살 것인가?
- 싫어하는 사람들을 증오하는 대신 하나님의 사랑으로 그들을 감싸안을 것인가?
- 괴로움과 분노 대신 만족한 마음과 생각을 가질 것인가?

감정을 무시해야 된다고 말하는 것이 아니다. 우리가 말하는 것은 기분이 우리의 행동을 지배해서는 안 된다는 것이다. 우리는 기분에 따라 말하거나 행동하거나 생각해서는 안 된다. 감사하게도 우리는 살면서 직면하는 모든 상황에 대해 어떻게 반응할 것인지에 대해 스스로 선택할 수 있는 축복을 받았다. 어떻게 반응할 것인가는 전적으로 우리의 책임이다.

4. 책임회피와 비난

우리는 종종 우리의 부정적 반응에 대해 다른 사람을 비난하고 싶어 한다. 다른 사람을 비난하고 자신의 선택에 대한 책임을 다른 사람에게 전가하기는 쉽다. 그러나 사실 다른 사람을 비난하는 것과 긍정적이 되는 것은 정반대이다. 비난은 괴로움과 분노를 가져올 뿐이다.

이제 잠시 멈추고 우리가 부정적이 되는 가장 일반적인 이유에 대해 살펴보자.

- 우리 집은 부자가 아니다.
- 선생님은 나를 싫어한다.
- 부모님이 외출을 금지했다.
- 새로 전학 온 아이가 나를 괴롭힌다.
- 나는 다른 아이들보다 못생겼다.
- 감독이 나를 농구팀에 뽑지 않았다.
- 아무도 나를 이해하지 못한다.
- ________________________ (빈칸을 채워보라).

변명은 흔한 싸구려에 지나지 않는다. 불행히도 변명은 우리를 약하게 만들고 하나님이 원하시는 긍정적인 십대가 되지 못하도록 방해만 할 뿐이다. 비난은 우리의 잠재력을 얼어붙게 하고 우리의 열정을 식게 만든다.

로빈(가명)이라는 십대 여자는 한 좋은 예가 될 수 있다. 그녀는 불평으로 가득 찬 부정적인 사람이다. 혹시 그녀에게 왜 그렇게 되었느냐고 묻는다면 그녀는 이유를 소상히 말해줄 것이다. 로빈의 아버지는 그녀가 고등학교 다닐 때 심장병으로 돌아가셨고, 엄마는 집을 나갔으며 오빠는 그 후 수년 동안 마약에 빠져 지냈다. 그녀는 세상에 대한 분개심을 노골적으로 드러내었다. 그녀는 좀처럼 미소를 띠는 일이 없었고 매사에 불평을 늘어놓았다. 그녀의 행동이나 태도는 결코 다른 사람을 축복할 수 있는 것이 못 되었다. 대신에 자신의 아픔에 대한 원한을 품고 그렇게 방탕하게 살게 된 것을 다른 사람의 탓으로 돌리고 그들을 비난하였다. 그녀는 어릴 때 상처를 준 사람을 용서하기 보다 오히려 지금 자신이 그리스도를 위해 살지 못하고 긍정적인 선택을 하지 못하는 변명거리로 삼았다.

여러분에게는 용서해야 할 사람은 없는가? 우리는 모두 스스로에게 이 질문을 던져보아야 한다. 우리의 부정적 태도에 대해 다른 사람을 탓하며 비난하기 보다 우리에게 상처를 준 그들을 용서하는 긍정적인 결정을 내려야 한다. 그리스도인으로서 용서는 우리의 마땅한 책임이다. 그것은 우리가 하나님으로부터 값없이 용서를 받았기 때문이다. 결국 다른 사람을 용서한다는 것은 자신과 그들을 위해 우리가 할 수 있는 가장 긍정적인 일 가운데 하나이다.

때때로 우리는 다른 사람을 비난하는 대신 환경을 탓하기도 한다. 그러나 그것 역시 쓸데없는 짓이다. "나는 … 때문에 하지 못하였다"라거나 "그것은 내 잘못이 아니다" 또는 "만일 … 하기만 했다면"과 같은 변명은 결코 긍정적인 삶을 향하는 길로 인도할 수 없다. 우리는 어떤 상황에 처할지라도 하나님께서 우리와 함께 하신다는 사실을 잊어서는 안 된다. 이것은 우리가 어떠한 어려움에 처할지라도 한 줄기 희망은 있다는 말이다. 우리는 다만 그것을 찾아내기만 하면 된다. 모든 것을 환경 탓으로 돌리며 낙심하고 좌절하여 주저앉는 대신, 주어진 상황 안에서 긍정적인 가능성을 찾아 희망을 가지고 나아가며 이러한 상황을 통해 하나님께서 우리에게 주시려는 교훈이 무엇인지에 대해 눈을 열어야 한다.

16세 된 칼라(Carla)는 바로 이러한 삶을 살았다. 그녀는 아버지가 다른 사람들처럼 큰 돈을 벌지 못하는 것에 짜증이 났다. 그러나 그녀는 이러한 상황에 낙심하여 계속해서 불평하며 주저앉아 있는 대신 무엇인가 긍정적인 일을 하기로 했다. 그녀는 직장이 있으면 가족을 부양할 수 있을 뿐 아니라 하나님께서 자신의 일을 통해 많은 것을 가르쳐주실 것이라는 생각에 직장을 구하였다. 이제 칼라는 직업윤리의 분명한 가치관에 대해 배우고 더욱 성숙한 책임 의식을 가지게 되었으며 그리스도를 위한 빛을 비출 수 있는 더 많은 기회를 접할 수 있게 되었다. 이 모든 것은 그녀가 직업을 가졌기 때문에 가능한 일이었다.

육상계의 전설 윌마 루돌프(Wilma Rudolph)는 다른 사람을 탓하고 비난하는 일에 사로잡혀 있기를 거절한 또 하나의 긍정적인 인물이다. 그녀는 자라면서 온갖 어려운 상황에 직면하였으나 결코 누구도 비난하지 않고 오직 기쁨으로 최선을 다해 훈련에 임하였으며 결국 올림픽의 영광을 안는 쾌거를 이룩했던 것이다.

1940년 미숙아로 태어난 윌마는 폐렴과 성홍열을 동시에 앓았다. 그 후 한 차례 소아마비를 더 앓은 후 한 쪽 다리는 굽고 한 발은 안으로 휘어지고 말았다. 결국 윌마는 어린 시절을 목발에 의지해 살아야만 했다.

그러나 이러한 역경은 그녀에게 강인한 정신력을 가져다 주었다. 11살이 되자 그녀는 목발을 놓고 조심스럽게 걷기 시작하였다. 그러나 그녀로부터 자초지종을 들은 의사는 마지못해 '언젠가는' 목발을 짚지 않아도 될 것이라고 했다. 윌마에게 '언젠가'라는 말은 '다시는 걸을 수 없다'는 의미였다. 하지만 13살이 되자 윌마는 학교 농구부와 육상부에 들어갔다. 2년 후 그녀는 테네시 주립대 육상부(Tennessee State University Tigerbelles)와 함께하는 여름 훈련 캠프에 선발되어 참가하게 되었다. 그곳에서 같은 팀의 한 동료는 그녀가 미국 올림픽 팀에 관심이 있다는 것을 알았다.

16세의 나이로 1956년 올림픽에 참가한 윌마는 200미터 달리기에서 준결승전까지 진출하였으며 여자 400미터 계주에서는 동메달을 땄다. 그러나 그녀의 마음은 금메달을 향해 불탔으며 1960년 올림픽에 다시 한번 도전하기로 결심하였다. 그 후 4년간 윌마는 스스로 등록금을 조달해가며 테네시 주립대학을 다니면서 혹독한 훈련 프로그램을 소화했으며 학업성적도 항상 평균 B학점을 유지하였다.

1960년에 올림픽이 시작되었을 때 윌마는 이미 만반의 준비를 끝내고 기다리고 있는 상태였다. 그녀가 세 개의 금메달을 따내자 8만여 팬들은 열광하였다. 그녀는 올림픽 육상부문에서 역사상 처음으로 세 개의 금메달을 딴 미국 여성이 되었다.2) 올림픽 역사상 윌마와 같이 온갖 역경을 이겨낸 결단력과 불굴의 의지를 갖춘 사람은 찾아보기 어렵다. 그만큼 그녀는 자신의 환경을 초월하여 가능성을 보는 긍정적인 결단을 통해 우리 모두에게 큰 감동을 불러 일으켰던 것이다.

긍정적인 십대가 되고 싶은가? 그렇다면 하나님에 대한 필요성을 인식하는 것으로 오늘 하루를 시작하라. 그분이 없이는 결코 긍정적인 사람이 될 수 없다. 그것은 여러분 스스로 할 수 있는 일이 아니다. 우리 가운데 어느 누구도 스스로 긍정적인 사람이 될 수는 없다. 그렇다면 지금부터는 특정 순간에 느끼는 기분이 아니라 무엇이 옳은 것이냐에 기초하여 현명한 선택을 하기 바란다. 끝으로 삶에 대한 자신의 부정적인 반응에 대해 더 이상 다른 사람이나 환경을 탓하지 말라. 용서하는 쪽을 택하라. 하나님의 손길이 역사하고 계심을 보라. 그리고 긍정적인 십대가 되는 길을 선택하라.

파워포인트

묵상

읽을 말씀 : 창세기 37장 1-4, 18-28절 및 50장 14-21절

1. 요셉이 얼마든지 다른 사람을 비난할 수도 있었던 경우에 대해 살펴
   보라.

2. 요셉의 반응은 어떤 점에서 그가 긍정적인 사람임을 드러내고 있는가?

기도

하나님 아버지, 주님의 위대하심과 높으신 권능을 찬양합니다. 저를
향하신 주님의 사랑과 자비와 긍휼을 찬양합니다. 저의 삶 가운데 능
력으로 역사하심을 감사합니다.

기쁠 때나 슬플 때에 언제나 저와 함께 하심을 감사합니다. 주님이 저
를 결코 떠나지 않는다는 사실이 얼마나 놀랍고 감사한지 모릅니다.
어떤 상황에서도 변명하거나 다른 사람을 탓하지 않게 도와주시기 원
합니다. 저의 모든 말과 행동과 태도에 있어서 일생동안 긍정적인 선
택을 할 수 있는 능력과 분별력을 주소서. 간절히 바라기는 이러한 나
의 선택이 주님을 더욱 영화롭게 하게 해 주소서.

예수님의 이름으로 기도합니다. 아멘.

암송

로마서 12장 12절

"소망 중에 〈우리를 향한 하나님의 모든 계획에 대해〉 즐거워 하며 환
난 중에 참으며 기도에 항상 힘쓰며"

 적용

1. 잠시 시간을 내어 여러분이 평소에 주로 비난하는 사람이나 일에 대해 생각해 보라.

2. 여러분이 원한을 품고 있는 한 사람 한 사람을 기도하는 마음으로 용서하라. 만일 여러분이 어려운 환경에 처해 있다면 그것을 하나의 변명거리로 삼지 말라. 환경을 넘어서서 이러한 역경을 통해 희망을 보여주시도록 하나님께 간구하라.

3. 끝으로, 긍정적인 십대가 된다는 것은 완전하신 하나님과 그의 필요성을 깨달은 불완전한 십대가 합력하는 것임을 인식하라. 지금 즉시 긍정적인 선택을 하겠다고 결심함으로 하나님이 여러분을 통해 놀랍고 위대한 일을 이루시게 하라.

2장

긍정적이 되는 것은 전적으로 나에게 달렸다?

우리 안에 하나님의 능력이 역사하신다

나는 종종 지금의 나 자신보다 더욱 경건한 람이었으면 좋겠다고 바란 적이 있다. 그럼에도 불구하고 나의 재임 기간 중 어떤 돌파구도 보이지 않았던 가장 어려운 고비마다 나는 모든 것이 잘 될 것이며, 그가 옳은 길로 인도하실 것을 알았기 때문에 전적으로 하나님만 의지하였다. (아브라함 링컨)

여러분은 갑자기 배터리가 나갈 때 짜증난 적이 있는가? TV 리모컨이나 휴대용 CD 플레이어의 전원 버튼을 눌렀는데도 아무런 반응이 없을 때만큼 당황스러운 일도 없을 것이다.

우리는 종종 자신에 대해서도 그런 생각을 할 때가 있다. 성취할 능력도, 계속할 힘도, 삶을 즐길 여유도 없을 때가 있다. 육신적으로 지친 경우를 두고 하는 말이 아니다. 물론 그것도 한 가지 이유는 될 수 있다. 그러나 우리가 여기서 말하는 것은 최선을 다해 풍성한 삶을 살기 위한 내적 능력의 부족에 관한 것이다.

불행한 사실이지만 우리 모두는 때때로 지칠 때가 있다. 그러나 한 가지 다행한 것은 우리에게는 언제나 이용 가능한 영적 힘의 원천이 있다는 사실이다. 사실 우주만물을 창조하신 능력의 하나님은 동일한 능력으로 우리의 삶 가운데 역사하기를 원하신다. 그는 우리를 사랑하시며 우리가 이 땅에서 스스로의 힘으로 살아가도록 홀로 버려두지 않으신다.

베드로가 초기 그리스도인들에게 하나님의 능력에 대해 무엇이라고 썼는지 생각해보라. 베드로는 혈기 왕성하고 신체 건장한 어부였다. 그러나 그는 그의 삶에 하나님의 역사하시는 능력이 필요하다는 사실을 깨달았다.

"그의 신기한 능력으로 생명과 경건에 속한 모든 것을 우리에게 주셨으니 이는 자기의 영광과 덕으로써 우리를 부르신 자를 앎으로 말미암음이라 이로써 그 보배롭고 지극히 큰 약속을 우리에게 주사 이 약속으로 말미암아 너희로 정욕을 인하여 세상에서 썩어질 것을 피하여 신의 성품에 참예하는 자가 되게 하려 하셨으니"(벧후 1:3-4)

이 구절을 읽어보았는가? 이 말씀에 확신을 가지는가? 그렇다면 한번 생각해보라. 우리가 예수님을 더 잘 알수록 그분의 자신의 신적 능력을 통해 우리가 거룩한 삶을 살도록 필요한 모든 것-결코 부분적인 것이 아니라 그러한 삶에 필요한 전부-을 우리에게 주신다.

우리에게 이러한 것들을 주는 것은 연약한 인생이 아니라 지극히 놀랍고 상상을 초월하는 하나님의 능력이라는 사실을 다시한번 생각해 보아야 한다. 이러한 능력을 통해 하나님은 우리 같은

십대도 실제로 그의 거룩한 성품에 참여할 수 있다는 약속을 비롯한 다른 모든 풍성한 약속을 우리에게 주신다. 따라서 우리가 학교에 있든, 쇼핑을 하든, 친구와 함께 있든, 어디서 무엇을 하든 우리는 실제로 하나님을 위한 삶을 살 수 있다. 우리에게는 그렇게 살지 못할 어떤 구실도 있을 수 없다.

1. 우리 편에서 할 일은 무엇인가?

그러나 베드로는 4절에서 멈추지 않는다. 그는 하나님의 능력을 향유하기 위해서는 우리 스스로도 최선을 다해야 한다는 사실을 깨달았다. 우리는 소파에 앉아 TV만 보며 빈둥거리는 사람처럼 하나님의 신적 능력이 우리에게 쏟아 부어질 때까지 마냥 기다리고 있을 수만은 없다. 우리는 일어나 무엇인가를 해야 한다. 다음은 계속해서 이어지는 5-8절 말씀이다.

"이러므로 너희가 더욱 힘써 너희 믿음에 덕을 덕에 지식을, 지식에 절제를 절제에 인내를, 인내에 경건을, 경건에 형제 우애를, 형제 우애에 사랑을 공급하라 이런 것이 너희에게 있어 흡족한즉 너희로 우리 주 예수 그리스도를 알기에 게으르지 않고 열매 없는 자가 되지 않게 하려니와"

이 말씀은 참으로 긍정적인 십대에 대한 놀라운 묘사가 아닐 수 없다. 그러나 베드로는 우리를 그의 능력으로 순식간에 변화시켜 온전하게 하는 것이 하나님의 뜻이라고 말하지 않는다. 사실 베드로는 결코 우리가 온전해야 한다고 말하지 않았다. 다만 우리는 하나님의 약속을 우리의 삶에 적용하기 위해서 최선을 다해야 한다고 말했을 뿐이다. 그렇게 할 때에 우리는 하나님이 약속하신 것을 한 단계씩 점차 이루어 나갈 수 있다. 도덕적 미덕(덕)은 하나님을 더욱 잘 아는 것(지식)으로 인도할 것이다. 하나님을 아는 지식은 절제로, 절제는 인내로 인도할 것이다. 다음 단계는 경건이며 경건은 형제나 자매에 대한 사랑(형제 우애)으로, 그리고 결국에는 모든 사람에 대한 사랑으로 이어질 것이다. 이것이 바로 영적 성장의 과정이다. 베드로에 의하면 우리가 이런 식으로 성장하면 결국 "우리 주 예수 그리스도를 알기에 게으르지 않고 열매 없는 자가 되지 않게" 된다는 것이다. '생산적이며 유능한(게으르지 않고 열매 있는) 십대!' 이것이 바로 우리가 진정으로 원하는 것이다.

우리는 개인적으로 베드로가 능력에 관한 이 모든 말씀에 앞서 먼저 하나님은 우리에게 영적 성장을 위한 힘과 능력을 주시는 분이시라는 사실을 상기시키고 있다는 점에 대해 매우 고무적으로 생각한다. 우리에게 필요한 것은 성장과 경험이라는 길을 향해 걸어갈 수 있도록 오직 최선을 다하는 것이다. 하나님의 능력은 결코 다함이 없다는 사실은 참으로 놀라운 축복이 아닐 수 없다. 에베소서 3장 20절은 우리에게 실로 큰 격려가 된다.

"우리 가운데서 역사하시는 능력대로 우리의 온갖 구하는 것이나 생각하는 것에 더 넘치도록 능히 하실 이에게(⋯영광이 대대로 영원 무궁하기를 원하노라)."

사람들이 하나님의 풍성하고 영원한 능력 대신 잘못된 힘의 원천을 선택한다는 것은 참으로 안타까운 일이다. 우리는 최근 영적으로 번민하며 문제 해결을 갈구하는 한 젊은이를 만났다. 이제 그와의 만남에 대해 잠시 소개 하고자 한다.

나(Grace[캐롤의 큰 딸/역자주])는 과테말라 선교 여행을 막 다녀와 피곤하고 배가 고팠다. 그래서 집으로 오는 길에 선교지에서 찍은 사진을 현상소에 맡긴 후에 빵을 사기 위해 한 가게에 들렀다. 그곳은 평소에는 잘 가지 않는 곳으로 마침 아침 먹는 사람들이 다 빠져나간 시간이었다. 남은 손님은 우리뿐이었기 때문에 그곳에서 일하는 웨이터와 한 동안 이야기를 나눌 수 있었다.

대런(가명)은 감옥에서 출소한지 얼마 되지 않았다고 했다. 그는 자신의 인생이 '엉망이 되어 버렸다'고 했다. 그는 무엇이든 닥치는 대로 해보았으나 여전히 자신의 삶은 아무런 의미도 목표도 없다는 생각이 들었다. 그는 마약을 통해 '힘과 에너지'를 얻고 있었다. 문제는 마약은 일시적일 뿐이라는 것이다. 그는 다음날이면 어김없이 그러한 자신과 마주해야 했다.

확실히 대런은 불행한 사람이었다. 우리가 하나님으로부터 기쁨과 능력과 힘을 찾았다고 하자 그는 자신이 러시아에서 자랐으며 그곳에서는 하나님에 대한 이야기를 별로 하지 않는다고 했다. 그는 자신의 기억을 더듬어 이전에 한 친구가 하나님을 믿기로 했는데 그것이 그 친구의 삶을 훨씬 좋은 방향으로 바꾸어 놓았다는 사실을 털어놓았다.

그는 "그를 제외한 다른 친구들은 모두 엉망이 되었다"는 사실을 시인하였다. 대런은 그럼에도 불구하고 자신은 왜 하나님을 믿지 못하는지에 대한 이유를 장황하게 설명하였다. 그는 하나님을 볼 수 없기 때문에 그를 믿는 것이 어렵다고 했다. 그는 도저히 성경을 이해할 수 없다고 불평하였다. 그래서 우리는 몇 가지 질문을 던지 며 그의 변명에 대해 조금씩 파고들기 시작하였다.

우리가 "지금 당신은 진정 당신을 위한 삶을 살고 있다고 생각하 느냐?"고 묻자 그는 솔직하게 그렇다는 대답을 하지 못하였다.

우리는 대런으로부터 잘못된 힘의 원천으로부터 잘못된 힘과 열 정을 추구하려는 젊은이의 모습을 볼 수 있었으며 이러한 그의 선 택은 그를 파멸과 죽음으로 몰아갈 뿐이었다. 우리는 그가 기쁘고 생산적이며 열매 맺는 삶을 놓치고 사는 것이 안타까웠다.

그 후 우리 세 사람은 대런을 만나기 위해 다시 한 번 그 가게에 들 렀다. 그는 우리를 기억해 내고는 일하는 중 틈틈이 우리와 이야기 하고 싶어 했다. 우리는 그에게 쉬운 말로 번역된 성경책을 한 권 주 며 꼭 읽어보라고 권했다. 우리는 그 후 대런이 어찌 되었는지 알지 못한다. 그러나 적어도 우리는 그에게 진정한 능력과 소망을 가져 다 줄 수 있는 하나님께로 향할 수 있도록 작은 도움이나마 주었다 고 생각한다.

2. 사마리아 여인은 그것을 찾았다

대런의 이야기는 다른 사람의 이야기를 생각나게 한다. 성경의 우물가의 여인(그녀의 이야기는 요한복음 4장에 나온다)도 꼭 그와 같은 사람이었다. 그녀는 대런이 우리에게 했던 것처럼 온갖 변명을 늘어놓으며 예수님의 관심을 돌리려 했다. 그녀는 육신의 갈증을 해소하기 위한 물을 얻으려 우물가에 왔다. 그러나 예수님은 그녀에게 영원히 목마르지 않는 생수를 주셨던 것이다.

성경은 제자들이 먹을 것을 구하러 마을에 내려간 사이에 예수께서 우물가로 가셔서 사마리아 여인에게 물을 좀 달라고 했다고 말한다. 다음 본문(요 4:9-26)을 읽을 때, 당시 유대인은 사마리아인을 경멸했다는 점을 염두에 두기 바란다.

"사마리아 여자가 가로되 당신은 유대인으로서 어찌하여 사마리아 여자 나에게 물을 달라 하나이까 하니 이는 유대인이 사마리아인과 상종치 아니함이러라

예수께서 대답하여 가라사대 네가 만일 하나님의 선물과 또 네게 물 좀 달라 하는 이가 누구인줄 알았더면 네가 그에게 구하였을 것이요 그가 생수를 네게 주었으리라

여자가 가로되 주여 물 길을 그릇도 없고 이 우물은 깊은데 어디서 이 생수를 얻겠삽나이까 우리 조상 야곱이 이 우물을 우리에게 주었고 또 여기서 자기와 자기 아들들과 짐승이 다 먹었으니 당신이 야곱보다 더 크니이까(이 여인이 조금 혼동하고 있다는 생각이 들어도 잠시만 기다리라.)

예수께서 대답하여 가라사대 이 물을 먹는 자마다 다시 목마르려니와 내가 주는 물을 먹는 자는 영원히 목마르지 아니하리니 나의 주는 물은 그 속에서 영생하도록 솟아나는 샘물이 되리라

여자가 가로되 주여 이런 물을 내게 주사 목마르지도 않고 또 여기 물 길러 오지도 않게 하옵소서(확실히 이 여자와 예수님은 서로 다른 생각을 하고 있다.)

가라사대 가서 네 남편을 불러 오라

여자가 대답하여 가로되 나는 남편이 없나이다

예수께서 가라사대 네가 남편이 없다 하는 말이 옳도다 네가 남편 다섯이 있었으나 지금 있는 자는 네 남편이 아니니 네 말이 참되도다 (놀랍게도 두 사람 간의 대화는 노골적으로 황당해진다.)

여자가 가로되 주여 내가 보니 선지자로소이다 우리 조상들은 이 산에서 예배하였는데 당신들의 말은 예배할 곳이 예루살렘에 있다 하더이다 (이야기는 바람직한 방향으로 전개되지만 혼란은 더욱 가중된다.)

예수께서 가라사대 여자여 내 말을 믿으라 이 산에서도 말고 예루살렘에서도 말고 너희가 아버지께 예배할 때가 이르리라 너희는 알지 못하는 것을 예배하고 우리는 아는 것을 예배하노니 이는 구원이 유대인에게서 남이니라 아버지께 참으로 예배하는 자들은 신령과 진정으로 예배할 때가 오나니 곧 이 때라 아버지께서는 이렇게 자기에게 예배하는 자들을 찾으시느니라 하나님은 영이시니 예배하는 자가 신령과 진정으로 예배할지니라 (이제 예수님은 다정스럽게 본론으로 돌아오신다.)

여자가 가로되 메시아 곧 그리스도라 하는 이가 오실 줄을 내가 아노니 그가 오시면 모든 것을 우리에게 고하시리이다 (비로소 여인이 바로 이해한다.)

예수께서 이르시되 네게 말하는 내가 그로라 하시니라 (드디어 모든 것이 명백해진다. 예수님은 자신이 바로 그 메시아임을 밝히신다.)"

수세기 동안 사람들은 예수께서 훌륭한 사람, 선지자, 위대한 선생이라고 주장해 왔다. 그러나 요한복음 4장 26절의 예수께서 하신 말씀을 보라. 그는 메시아(하나님의 아들이며 인류의 구세주)이거나 아니면 뻔뻔한 거짓말쟁이 둘 중의 하나이다. 어느 쪽을 믿겠는가? 여러분은 메시아를 만났는가? 예수님은 우리에게 생명을 주시기 위해 이 세상에 오셨다. 하나님은 자신의 독자 예수를 아낌없이 주셨으며, 그분을 믿는 자는 누구든지 자신의 지은 죄로 인하여 멸망치 않고 하늘에 있는 영.생을 얻을 것이다(요한복음 3장 16절을 참조하라).

우리가 예수님을 믿으면 그분은 우리 죄를 용서하실 뿐만 아니라 생수를 주신다. 그분은 성령을 통해 우리의 영혼을 살리시고 풍성하고 생산적인 삶을 살도록 힘과 능력을 주신다. 어떤 사람은 자신의 상처를 덮고 지은 죄를 부인하며 '위안'이 될만한 다른 것을 찾기도 한다. 그러나 하나님이 주시는 생수만이 유일한 진리이며 다시는 갈함이 없는 영원한 새 힘의 원천이다. 찢기고 상처 입은 모습으로 예수께 나아왔던 우물가의 여인처럼, 예수님은 우리가 처해있는 바로 그 현장에서 우리를 만나주시고 소망을 주신다. 우리의 삶 가운데 역사하시는 그의 놀라운 생명의 능력은 어떤 다른 힘의 원천보다 크고 위대하다.

3. 새로운 삶

우물가의 여인은 예수님과의 만남으로 새로운 소망과 새로운 삶을 찾게 되었다. 그녀는 자신을 사랑하시는 하나님을 만났으며 그의 능력은 그녀를 영원히 변화시켰다. 그녀가 지은 과거의 죄는 용서받았으며 삶의 방향은 완전히 바뀌었다. 그녀는 마을로 달려가 모든 사람들에게 자신에게 일어난 일을 고했으며 많은 사람들이 그 날로 예수님으로부터 소망을 찾게 되었다.

십대로서 우리는 사람이나 마약, 인기, 사회적 지위 및 쾌락과 같이 잘못된 힘의 원천에 의지할 때가 종종 있다. 문제는 이러한 것들은 결국 없어진다고 하는 것이다. 그렇지 않다면 단순히 그것을 유지하기 위해 점차 더 많은 것을 끊임없이 모으고 쌓아야만 할 것이다. 잘못된 힘의 원천은 절망으로 이르게 할 뿐이다. 그러나 하나님은 소망의 하나님이시다. 그는 고통과 파멸로 얼룩진 삶을 구원과 새로운 삶으로 회복시키신다. 그는 우리의 연약함과 실수에도 불구하고 우리를 통해 놀라운 방식으로 역사하신다. 그리스도를 사망에서 일으키신 동일한 부활의 능력이 우리의 삶에도 역사하실 것이다(로마서 8장 11절 참조). 하나님의 사랑과 능력과 관련하여 한 가지 놀라운 사실은 그것이 영원히 마르지 않는 샘으로부터 나온다는 것이다. 우리는 시험에 실패할 수 있고, 돈이 떨어질 수 있으며, 친구도 우리를 배신할 수 있지만 하나님은 우리를 버리지 않으신다. 그의 사랑과 능력은 영원히 우리와 함께 한다.

초기 그리스도인들은 하나님의 능력이 놀랍게 역사하심을 알았다. 하늘에 오르시기 전에 예수님은 제자들에게 "오직 성령이 너희에게 임하시면 너희가 권능을 받고 예루살렘과 온 유대와 사마리아와 땅 끝까지 이르러 내 증인이 되리라"(행 1:8)라고 하셨는데 실제로 그렇게 되었다. 하나님은 초라하기 짝이 없는 그들을 통해 온 세상에 진리의 메시지를 전하게 하셨던 것이다. 그러나 그들은 혼자가 아니었다. 예수님은 그들에게 자신이 이 세상에 남길 수 있는 가장 위대한 선물을 주셨다. 자신의 분신과도 같은 성령을 그들 속에 거하

게 하신 것이다. 이 사실은 참으로 두렵고 놀라지 않을 수 없다! 사도 행전 전체는 이와 같은 하나님의 성령이 제자들의 강점과 약점, 성 공과 실패를 통해 강력하게 진행하시는 사건에 대한 증언이다.

하나님은 우리를 통해 무슨 일을 하실 수 있는가? 결국 우리는 아직 십대에 지나지 않는다. 그러나 예수님을 사망에서 일으키신 하나님의 능력은 오늘날 우리에게도 동일하게 역사하실 것이다. 우리의 나이는 문제가 되지 않는다. 유일한 문제는 우리가 그것을 믿느냐 하는 것이다. 우리는 예수님을 따르는 자인가? 소망과 능력은 그리스도를 통해서 온다. 하나님께서 자기에게 소망을 두고 의지하는 긍정적인 십대들을 통하여 이루실 일을 결코 과소평가해서는 안 된다.

파워포인트

묵상

읽을 말씀 : 고린도후서 12장 9–10절

1. 본문은 우리에게 하나님의 능력에 대해 무엇이라고 말씀하시는가?
2. 로마서 8장 35–39절을 읽어보라. 무엇이 우리를 하나님의 사랑으로부터 끊을 수 있는가?
3. 우리의 승리의 비결은 어디에 있는가?

기도

하나님 아버지, 우주만물을 지으시고 인생을 창조하시며 우리의 삶 가운데 능력으로 역사하시는 놀라우신 은혜를 생각할 때에 감사와 찬송을 돌려드립니다. 저의 강점과 약점을 통해 주님의 능력을 저의 삶 속에 크게 부어주시기를 원합니다. 주님의 영으로 저의 삶을 힘 있게 하시고 거룩하고 열매 맺는 삶을 살게 하소서. 주님을 영화롭게 할 수 있는 길로 인도하소서.
예수님의 이름으로 기도합니다. 아멘

암송

베드로후서 1장 3절

"그의 신기한 능력으로 생명과 경건에 속한 모든 것을 우리에게 주셨으니 이는 자기의 영광과 덕으로써 우리를 부르신 자를 앎으로 말미암음이라"

☺ 적용

1. **그리스도에게 모든 소망을 두고 오직 그분만 의지하는가?**

   요한복음 1장 12절은 "영접하는 자 곧 그 이름을 믿는 자들에게는 하나님의 자녀가 되는 권세를 주셨으니"라고 하였다. 우리가 예수를 믿으면 왕의 귀한 자녀가 되며 그의 부활의 능력이 우리와 함께 하신다.

2. **여러분은 살면서 구체적인 결단의 시간이 있었는가?**

   여러분의 삶에서 하나님과의 관계가 진정으로 필요함을 깨닫고 죽으면 하늘나라로 갈 것이라는 확신을 가졌던 구체적인 순간이 있었느냐는 것이다. 예수님은 이 땅에 오셔서 우리에게 이러한 확신을 주셨다. 그분은 우리의 죄를 위하여 십자가에 달려 자신의 생명을 죽으셨을 뿐 아니라 다시 부활하심으로 우리에게 영생에 대한 소망을 주셨다.

3. **하나님께서 우리에게 요구하시는 것은 그리스도 예수를 구주로 믿는 것이다.** 에베소서 2장 8-10절은 이렇게 말씀하신다. "너희가 그 은혜를 인하여 믿음으로 말미암아 구원을 얻었나니 이것이 너희에게서 난 것이 아니요 하나님의 선물이라 행위에서 난 것이 아니니 이는 누구든지 자랑치 못하게 함이니라 우리는 그의 만드신 바라 그리스도 예수 안에서 선한 일을 위하여 지으심을 받은 자니 이 일은 하나님이 전에 예비하사 우리로 그 가운데서 행하게 하려 하심이니라"

☺ **적용**

4. 지금 잠시 시간을 내어 그리스도를 믿고 그분만 의지하기로 결단하지 않겠는가? 이미 예수님을 믿고 있다면 이 시간에 예수님께서 당신을 위해 행하신 일에 대해 감사하는 시간을 가지기 바란다. 그리고 그분에게 당신을 통해 능력 있는 역사를 계속하시도록 구하라.

자신감

THe
P☼wer
oF
Confidence

"하나님이 우리에게 주신 것은 두려워하는 마음이 아니요
오직 능력과 사랑과 근신하는 마음이니"

– 딤후 1:7 –

절대로 고개를 숙이지 말라 고개를 높이 들고 세상을 직시하라
〈헬렌 켈러(Helen Keller)〉

3장

우리는 완전하게 창조되었다

하나님은 실수가 없으시다

주께서 내 장부를 지으시며 나의 모태에서 나를 조직하셨나이다 내가 주께 감사하옴은 나를 지으심이 신묘막측하심이라 주의 행사가 기이함을 내 영혼이 잘 아나이다
(시 139:13-14)

완전한 창조? 우리는 여러분이 어떤 생각을 하고 있는지 짐작한다. 여러분은 아마 이렇게 생각할 것이다. '농담하지 말라. 결점 없는 사람이 어디 있는가? 자신에게 고쳐야 할 점이 있다고 생각하지 않는 사람은 아무도 없다.' 그렇다고 치고 계속해서 이야기를 해보자. 대부분의 십대, 아니 대부분의 사람들은 자신의 현재 모습과 관련하여 과연 그대로 받아들일 것인지 고심하지 않을 수 없는 부분들이 분명히 있다. 육신적으로든, 정신적으로든, 인격적으로든, 우리 모두는 바꾸거나 개조하거나 변화하기를 바라는 것들이 있다. 문제는 이러한 결점들이 창조 과정에서부터 잘못되었느냐 아니면 하나님께서 나에게 이러한 결점들을 의

도적으로 주셨는가 하는 점이다.

수년 전 나의 엄마는 보석의 원석이 박혀 있는 작은 은색 지갑을 하나 샀다. 이 지갑은 정말 독특하고 아름다웠지만 제품 설명서에는 다음과 같은 안내문이 적혀 있었다. "이 제품은 디자이너가 직접 제작한 것입니다. 모든 제품은 수작업으로 만들었으며, 혹 작은 흠이 있을 수 있지만 그것은 오히려 본 제품의 아름다움과 독창성을 더해 줄 것입니다."

아마도 우리 모두는 자신을 이러한 관점에서 보아야 할 것이다. 우리 모두는 전지전능하시고 사랑이 풍성하신 하나님이 직접 만드신 오리지널 디자인 제품이다. 그러므로 조그마한 결점까지도 모두 우리만의 독특한 아름다움을 드러낸다.

이것은 비단 우리만의 생각이 아니라 하나님의 말씀에서도 나타난다. 다윗은 시편 139편 13-17절에서 이렇게 고백하였다.

"주께서 내 장부를 지으시며

나의 모태에서 나를 조직하셨나이다

내가 주께 감사하옴은 나를 지으심이 신묘막측하심이라

주의 행사가 기이함을 내 영혼이 잘 아나이다

내가 은밀한 데서 지음을 받고

땅의 깊은 곳에서 기이하게 지음을 받은 때에

나의 형체가 주의 앞에 숨기우지 못하였나이다

내 형질이 이루기 전에 주의 눈이 보셨으며

나를 위하여 정한 날이 하나도 되기 전에

주의 책에 다 기록이 되었나이다

하나님이여 주의 생각이 내게 어찌 그리 보배로우신지요

그 수가 어찌 그리 많은지요"

1. 오리지널 디자인과 자유 의지

하나님은 당신이 원하시는 대로 우리를 만드셨다. 그러나 그는 우리에게 자유 의지도 함께 주셨다. 십대로서 우리는 우리의 내적, 외적 모습에 영향을 미치는 특정 선택을 한다. 이것은 우리가 코를 성형수술 할 것인가 말 것인가를 결정하는 일과 같은 것에 관한 말이 아니다. 가령 우리의 인격과 같은 것을 예로 들 수 있을 것이다. 그렇다. 하나님께서는 우리를 일정한 성향(내성적이며 수동적인 성격, 또는 사교적이며 능동적인 성격과 같이)을 가진 자로 만들었지만 부정적이며 자기중심적 태도를 취할 것인가, 긍정적이며 이타적인 태도를 취할 것인가는 전적으로 우리의 선택에 달렸다. 이러한 선택은 다른 사람들이 우리를 어떻게 볼 것인가, 그리고 우리가 자신을 어떻게 볼 것인가에 영향을 미친다. 우리는 만사가 귀찮고 불쾌한 듯한 이기적인 태도로 "하나님이 나를 바로 이런 식으로 만들어 놓으셨어"라고 변명해서는 안 된다. 우리에게는 선택권이 있다. 우리는 자기 자신을 그대로 받아들이고 만족해야 하며 우리가 할 수 있는 최선의 사람이 되어야 할 책임을 분별없이 포기해서는 안 된다.

가장 낮은 수준의 자아(죄의 본성이라고도 말한다)를 좇아 살며 뒤로 물러나 앉아 최선이 되기 위한 아무런 노력도 하지 않으며, 자신의 그런 모습을 오히려 하나님의 탓으로 돌리며 사는 것만큼 빠지기 쉬운 유혹도 없다. "나를 이런 식으로 만든 것은 바로 하나님이야"라고 말하는 것이야말로 자신의 이기주의, 분노, 게으름 및 온갖 '결점'을 무마하기 위한 어설픈 변명에 지나지 않는다.

에베소서 2장 10절은 우리가 하나님의 작품이라는 사실에 대해 말씀하고 있지만 그것이 전부는 아니다. 본문은 우리에게 우리가 그리스도 안에서 긍정적인 일을 하도록 창조되었다는 사실을 상기시킨다. "우리는 그의 만드신 바라 그리스도 예수 안에서 선한 일을 위하여 지으심을 받은 자니 이 일은 하나님이 전에 예비하사 우리로 그 가운데서 행하게 하려 하심이니라"

그렇다. 하나님께서는 당신이 원하시는 대로 우리를 만드셨다. 우리는 그분의 작품이며 우리의 결점조차도 우리가 생각하는 것보다 훨씬 위대하고 영원한 목적을 위해 사용된다. 그럼에도 불구하고 우리는 그분이 우리의 삶을 위해 계획하신 '선한 일'을 하겠다는 선택을 해야 한다. 우리는 하나님께서 우리를 위한 계획이 있으시며 그분이 우리의 강점과 약점을 모두 사용하시어 그 일을 이루신다는 사실을 감사함으로 받아들여야 한다.

2. 자신의 약점에 만족하라?

아마도 여러분은 '그래 좋다. 하지만 당신은 나의 약점이 어떤 것인지 모른다. 내가 어떻게 그것에 대해 감사하고 만족할 수 있겠는가? 내가 지금과 같은 상태로 있는 한 하나님이 어떻게 나를 통해 역사하실 수 있겠는가?'라고 생각할 것이다.

어쩌면 여러분은 신체적 장애를 가지고 태어났는지도 모른다. 우리는 모두 어느 정도의 장애를 가지고 있다. 우리는 누구나 약점이 있다. 모든 것을 다 잘할 수는 없다(그래 좋다. 학교에서는 무엇이든 다 잘하는 것처럼 보이는 만능학생이 꼭 몇 명씩 있다. 그러나 그들도 잘 못하는 것이 있다. 다만 그것이 무엇인지를 확인하기 어려울 따름이다). 크든 작든, 우리의 약점이나 핸디캡은 그대로 방치할 경우 우리를 무기력하게 만드는 경향이 있다. 자신의 약점에만 사로잡혀 있으면 결코 긍정적인 십대가 될 수 없다.

다음은 우리가 약점에 사로잡혀 있을 때 우리가 할 수 있는 세 가지 방법을 소개해본다.

1) 자신의 장점에 초점을 맞추라

우리는 자신의 장점에 초점을 맞춤으로써 약점을 최소화 할 수 있다. 우리는 우리가 할 수 있는 것을 찾아내어 그것에 집중하여 자신의 능력을 최대한 발휘하여야 한다.

2) 자신을 다른 사람과 비교하지 말라

하나님은 우리 모두에 대해 각각 다른 계획과 길을 가지고 계신다. 우리는 하나님께서 우리를 위하여 예비해 놓으신 트랙(인생행로)만 주시해야 하며 다른 사람이 무슨 일을 하든 그것에 신경 쓸 필요가 없다. 이전에 육상 감독을 했던 엄마가 선수들에게 항상 하신 말씀처럼 "결승점만 바라보라. 다른 선수에게 눈을 돌리면 더 늦어질 뿐이다."

3) 하나님께 우리의 약점을 통해 역사하시도록 기도하라

그분은 우리의 무능함이나 우리에게 주어진 어려운 상황을 제거해 주지 않을는지도 모른다. 그러나 그분은 우리에게 그것을 타개할 수 있는 힘을 주신다. 사실 그분은 그러한 약점들을 통해 위대한 일을 하신다. 그렇다면 어떻게 하나님께서 우리의 약점을 통해 역사하실 것이라고 말할 수 있는가? 사도 바울이 고린도후서 12장 7-10절에서 자신에게 있는 '육체의 가시'에 대해 한 말을 생각해보라. 바울은 자신의 '가시'에 대해 밝히지 않았기 때문에 우리는 그것이 무엇을 의미하는지 정확히 알지 못한다. 어떤 신학자들은 그것이 말라리아나 간질 또는 눈병일 것이라고 추측한다. 그것이 무엇이든 그것은 바울의 사역을 수시로 방해하는 만성적 질병이었다. 그는 그것을 제거해 달라고 기도하였으나 하나님께서는 그렇게 하지 않으셨다. 왜 그런가? 바울의 '가시'는 그의 삶에 큰 목적이 있었던 것이다. 바울은 강하였으며 여러 면에서 자족하는 사람이었기 때문에 이 육체의 가시는 그를 겸손하게 하고 오직 하나님만 의지하게 하였던 것이다.

"이것이 내게서 떠나기 위하여 내가 세 번 주께 간구하였더니 내게 이르시기를 내 은혜가 네게 족하도다 이는 내 능력이 약한 데서 온전하여짐이라 하신지라 이러므로 도리어 크게 기뻐함으로 나의 여러 약한 것들에 대하여 자랑하리니 이는 그리스도의 능력으로 내게 머물게 하려함이라"(고후 12:8-9)

약점을 기꺼이 받아들이라니? 이 말 속에는 분명 논리적인 어폐가 있는 듯하다. 그러나 우리를 사랑하시는 하늘에 계신 아버지는 인간의 논리에 따라 일하시는 분이 아니다. 우리는 하나님께서 우리의 장점을 통해 일하실 것이라고 생각하지만 그는 우리의 약점이나 무능함을 통해서도 일하신다. 이것이 바로 헬런 켈러(어릴 적부터 시각장애인이자 청각장애인이었다)와 같은 사람이 "나는 나의 약점에 대해 하나님께 감사한다. 왜냐하면 나는 바로 그것을 통해 나 자신과 나의 일, 그리고 하나님을 발견하였기 때문이다"라고 고백할 수 있었던 이유이다.[1]

3. 우리는 왜 자신을 싫어하는가?

좀더 솔직해보자. 우리는 때때로 우리의 약점 때문에 자신을 싫어할 때가 있다. 그러나 가만히 생각해보면 우리는 종종 하나님께서 창조해놓으신 우리의 모습 때문이 아니라 우리 스스로의 선택 때문에 실망할 때가 있다. 예를 들어 우리는 부모님에게 화를 내거나 친구를 험담하거나 시험에서 부정행위를 한 후에 그런 선택을 한 자신이 싫어진다.

만일 여러분이 이러한 자기 비하적 사고를 가지고 있다면 여러분만 그럴 것이라고 생각할 필요는 없다. 우리는 누구나 그러한 갈등을 겪는다. 왜 그런가? 우리는 모두 죄인이기 때문이다. 우리는 모두 실수를 한다. 사람은 누구나 부정적인 선택을 하기 때문에 거울

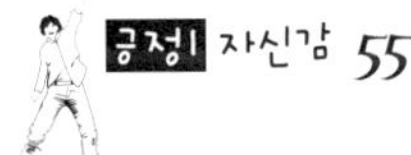

속에 비친 자신을 보면서 찌푸리지 않을 수 없는 것이다.

한 가지 희소식은 우리가 그리스도를 높일 때에 이러한 자기 비하감을 대치할 수 있다는 것이다. 잘 아는 대로 하나님은 우리의 약점과 죄에도 불구하고 우리를 사랑하시기로 하셨다. 그는 우리를 위하여 독생자를 보내어 죽게 하실 만큼 우리를 사랑하신다. 예수께서 십자가에 달려 돌아가신 그 사건을 통해 우리는 우리의 죄를 사하시고 파멸에서 건져주신 놀라우신 구원의 하나님과 관계를 맺게 되었다(시 103:4). 우리는 바울이 로마서 5장 3-4절에 기록한 말씀을 통해 위로를 받는다.

"다만 이뿐 아니라 우리가 환난 중에도 즐거워하나니 이는 환난은 인내를, 인내는 연단을, 연단은 소망을 이루는 줄 앎이로다"

그렇다. 우리는 즐거워할 수 있다. 그것은 우리가 완전하고 언제나 긍정적인 선택을 하기 때문이 아니라 우리의 결점에도 불구하고 하나님께서 우리를 사랑하시어 구속하셨기 때문이다. 그분의 눈에는 우리가 굉장히 가치 있는 존재들이다. 하나님께서 이처럼 엄청난 값을 치르고 구속하신 것을 어떻게 우리가 싫어할 수 있겠는가?

4. 자신을 사랑하는 법을 배우라

솔직히 많은 사람은 먼저 자신을 사랑하는 법을 배워야 한다. 이것은 말처럼 쉽지는 않다. 그렇지 않은가? 그러나 사실 자신을 사랑하는 것은 그리스도를 사랑하는 것만큼 어렵지는 않다. 다음은 우리가 자신을 사랑할 수 있도록 도와주는 네 가지 단계이다.

1) 자신에게 초점을 맞추지 말라

우리가 만일 오직 '나와 나 자신'만을 바라보며 산다면 언제나 낙심할 수밖에 없다. 이것은 우리가 자신을 싫어하기 때문이라고 생각할 수도 있지만, 사실을 말하자면 우리는 지나치게 자신에게 초점을 맞추고 있을 뿐이다. 우리에게는 하나님과 이웃이라는 새로운 방향으로 초점을 돌리는 것이 필요하다.

2) 다른 사람을 섬기라

'자신을 싫어하는'(I don't like myself) 병을 치유하기 위한 특효약 가운데 하나는 이웃-특히 가난한 자들-에게 사랑과 자비를 베푸는 것이다. 예수님은 사람에게 가장 중요한 두 가지 원리가 있는데 그것은 하나님을 사랑하고 이웃을 사랑하는 것이라고 하셨다(마 22:37-39 참조). 우리가 하나님을 사랑하고 다른 사람을 돕는 일에 모든 관심을 집중한다면 자기 자신에 대해 의기소침해 있을 여유조차 없게 된다.

그렇다면 구체적으로 우리는 어떻게 해야 하는가? 섬김이라는 것은 전화를 하거나, 편지를 쓰거나, 숙제를 도와주거나, 상대의 말을 경청해주거나, 친절한 미소를 짓는 등의 간단한

무엇인가 되기를 바라지 말고 있는 그대로에 충실하려고 하라

(Saint Francis de Sales)

행동도 해당된다. 개인적으로 우리는 다른 사람을 도와주고 위로하였을 때 말할 수 없는 기쁨을 맛보았다. 한 예로 나(Grace)는 최근에 선교여행을 하면서 뉴올리언스에서 집 없는 어린이들을 방문할 기회가 있었다. 나는 그들과 함께 이야기하며 그들을 위로하고 격려하였다. 그들 대부분이 원한 것은 단지 한 명의 친구였으며 나는 그들에게 그러한 친구가 될 수 있었던 것이다. 그들에게 그리스도의 사랑을 전하는 동안 나는 말할 수 없는 기쁨을 느꼈다. 그것은 얼마나 큰 축복이었는지 모른다!

3) 나쁜 습관이나 비생산적인 삶을 바꾸라

앞서 말했듯이 우리가 자신을 싫어하는 것은 스스로의 선택에서 비롯될 때가 많다. 과식이든, 게으름이든, 법규 위반이든, 우리가 해서는 안 된다고 생각하는 것을 하는 것은 자신을 좋아할 수 없게 만든다. 때때로 우리는 우리를 곤경에 빠뜨리는 나쁜 습관이나 생활양식이 무엇인지 점검해 보고 적절한 삶의 변화를 줄 필요가 있다. 그러나 이러한 변화는 우리 자신의 힘으로는 불가능하다. 우리는 스스로(실제로는 하나님이) 통제할 수 있는 절제력과 지혜를 위해 하나님의 힘과 능력을 구해야 한다. 아울러 우리가 믿고 존경하는 사람들에게 도움과 조언을 구해야 한다.

4) 하늘을 향해 초점을 돌리라

성만찬 후에 예수님은 자신이 이 땅에서의 사역을 마치기 전에 제자들이 꼭 깨달아야 할 중요한 말씀을 하셨다.

"아버지께서 나를 사랑하신 것 같이 나도 너희를 사랑하였으니 나의 사랑 안에 거하라 내가 아버지의 계명을 지켜 그의 사랑 안에 거하는 것같이 너희도 내 계명을 지키면 내 사랑 안에 거하리라 내가 이것을 너희에게 이름은 내 기쁨이 너희 안에 있어 너희 기쁨을 충만하게 하려 함이니라"(요 15:9-11)

우리는 충만한 기쁨을 누릴 수 있다! 우리가 해야 할 일은 우리를 사랑하시며 우리를 위한 목적을 갖고 계신 하나님만 믿고 의지하며, 오직 순종하는 마음으로 그와 동행하는 것뿐이다. 이것은 초점을 어디에 맞출 것인가에 관한 문제이다. 우리의 삶을 위해 자신에게 초점을 맞출 것인가 아니면 하나님과 그의 계획에 초점을 맞출 것인가? 우리의 요구나 필요에 초점을 맞출 것인가, 아니면 다른 사람들의 필요에 초점을 맞추어 그들에게 하나님의 사랑을 쏟을 것인가? 우리는 어둔 세상에 그리스도의 빛을 비출 것인가 아니면, 오직 자신만을 위해 살 것인가?

우리는 날마다 이러한 선택의 기로에 서게 되며 모든 선택은 우리에게 달려 있다. 이것은 우리가 긍정적인 십대가 되느냐 마느냐의 여부를 결정한다. 아무쪼록 현명한 선택을 하기 바란다.

파워포인트

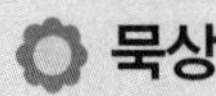

묵상

읽을 말씀 : 시편 103편

1. 하나님은 여러분을 어떻게 보시는가?

2. 하나님께서 당신을 보는 방법에 대해 구체적으로 언급한 구절에 밑줄을 쳐보라.

기도

놀라우신 창조주 하나님, 주님의 창조 사역에서 드러난 지혜와 능력을 찬양합니다. 주님이 하신 일을 생각할 때에 얼마나 경이로운지요! 광대한 우주로부터 지극히 작은 것 하나에 이르기까지 모든 것을 창조하신 능력의 주님께서 이처럼 저를 세심하게 조성하여 주심을 감사합니다.

지금의 나와 같은 모습으로 만들어주신 것을 감사합니다. 저의 좋은 점들은 물론 연약한 부분들까지도 감사합니다.

제 자신을 싫어하지 않도록 도와주시고, 저는 주님께서 선한 일을 위해 친히 창조하신 자임을 항상 기억하게 해 주소서. 예수님의 이름으로 기도합니다. 아멘.

암송

시편 139편 14절

"내가 주께 감사하옴은 나를 지으심이 신묘막측하심이라 주의 행사가 기이함을 내 영혼이 잘 아나이다"

 **적용**

1. 그 자리에 머물러 있지 말고 다른 사람을 위해 무엇인가를 하라.

지금 즉시 다른 사람을 도울 수 있는 일이나 누군가를 즐겁게 해줄 수 있는 일이 없는지 생각해보라. 그것은 전화를 걸거나 편지나 이메일을 쓰는 일일 수도 있고 자그마한 친절이나 도움을 주는 것일 수도 있다.

2. 지금 즉시 행하라.

여러분은 다른 사람을 돕는 일에 관심을 집중할 때 얼마나 자신이 좋아지는지 알면 깜짝 놀라게 될 것이다.

4장

심오한 목적을
깨달으라

우리는 그의 만드신 바라 그리스도 예수 안에서 선한 일을 위하여 지으심을 받은 자니 이 일은 하나님이 전에 예비하사 우리로 그 가운데서 행하게 하려 하심이니라 (엡 2:10)

강제 수용소에서 살아남은 사람 가운데 한 명이자 『피난처』(The Hiding Place)의 저자인 코리 텐 붐(Corrie ten Boom)은 하나님께서 어떻게 자신의 삶에 역사하셨는지에 대해 청중들에게 이야기하는 중이었다. 그녀는 숙녀용 흰 장갑을 끼고 청중들에게 물었다. "이 장갑이 무엇을 할 수 있겠습니까?" 아무도 대답 하지 않자 그녀는 다음과 같이 말하였다.

"장갑은 아무 것도 할 수 없습니다. 그러나 여러분! 만일 이 장갑을 내 손에 끼면 그것은 많은 것을 할 수 있습니다… 요리를 하거나 피아노를 치거나 글을 쓸 수도 있습니다. 아마도 여러분은 실제로 그 일을 하는 것은 장갑이 아니라 장갑을 낀 내 손이라고 말할는지도 모릅니다. 물론 그렇습니다. 내가 하고 싶은 말은 우리는 모두 이 장갑에 지나지 않는다는 것입니다. 장갑을 낀 손은 성령 하나님이십니다. 장갑이 손에 가까이 있다고 해서 무엇인가 할 수 있겠습니까? 그렇지 않습니다. 장갑이 그 일을 하기 위해서는 그 안에 손이 들어와 가득 채워야 합니다. 우리도 이와 꼭 같습니다. 우리가 하나님이 원하시는 그 일을 하기 위해서는 우리의 마음이 성령으로 가득 차야 합니다."[1]

여러분은 얼마나 자주 자기 자신에게 "이제 어떻게 해야 하는가?"라고 물어보는가? 우리는 종종 살면서 아무것도 제대로 할 수 없다는 생각을 할 때가 있다. 코리가 말한 경우는 모든 그리스도인의 삶과 관련되지만 특히 십대에게 해당된다. 장갑은 특정한 목적이 있으며 손은 장갑이 그 목적을 수행하도록 힘을 준다. 하나님은 우리 각자를 특정한 은사와 재능과 능력을 가진 자로 만드셨으며 우리를 향한 당신의 계획을 수행할 수 있는 능력을 부어주신다. 우리를 존재케 하신 데에는 목적이 있다. 하나님의 능력은 우리로 하여금 하나님의 나라를 위해 위대한 일을 하게 하신다.

릭 워렌(Rick Warren)은 뉴욕타임즈 베스트셀러인『목적이 이끄는 삶』(The Purpose-Driven Life)에서 우리는 모두 어떤 목적을 위해 창조되었다고 주장한다. "여러분의 삶의 목적은 여러분 자신의 개인적 성취나

마음의 평안이나 심지어 여러분의 행복보다 훨씬 중요하다. 그것은 여러분의 가정이나 직장, 심지어 일생의 꿈이나 야망보다 중요하다. 여러분이 만일 왜 이 땅에 왔는지를 알고 싶다면 하나님으로부터 시작해야 한다. 여러분은 그의 목적에 의해, 그리고 그의 목적을 위해 태어났다."[2]

십대로서 우리의 삶의 목적은 우리 자신 이상의 것이다. 하나님은 영원을 포함한 보다 큰 계획을 가지고 계신다.

1. 하나님의 계획과 우리의 잠재력

우리는 우리가 가야 할 인생의 방향에 대해 어떻게 알 수 있는가? 이것은 모든 십대에게 대단히 중요한 질문이다. 우리에게는 남은 인생이 더 많기 때문이다. 개인적으로 우리는 하나님께서 우리를 위해 예비해 놓으신 계획과 방향을 알 때에 큰 위로를 얻는다. 예레미야 29장 11-14절은 놀라운 보장의 말씀을 주신다.

"나 여호와가 말하노라 너희를 향한 나의 생각은 내가 아나니 재앙이 아니라 곧 평안이요 너희 장래에 소망을 주려 하는 생각이라 너희는 내게 부르짖으며 와서 내게 기도하면 내가 너희를 들을 것이요 너희가 전심으로 나를 찾고 찾으면 나를 만나리라 나 여호와가 말하노라 내가 너희에게 만나지겠고"

우주만물을 지으신 창조주께서 우리가 자기를 찾기를 바라신다는 사실을 생각하면 놀랍지 않은가? 예수님도 신약성경에서 제자들에게 하신 말씀을 통해 이것을 확인하셨다.

> "구하라 그러면 너희에게 주실 것이요 찾으라 그러면 찾을 것이요 문을 두드리라 그
> 러면 너희에게 열릴 것이니 구하는 이마다 얻을 것이요 찾는 이가 찾을 것이요 두드
> 리는 이에게 열릴 것이니라"

우리가 어떻게 이러한 신적 초청을 무시할 수 있겠는가? 그러나 사실 우리는 그렇게 하고 있다. 우리가 만일 우리의 삶에 가장 좋은 것이 무엇인지 안다면 더욱 자신감을 가지고 주어진 길을 향해 진군할 수 있다. 우리가 예레미야 29장에서 주로 초점을 맞추어 읽는 부분은 우리를 위한 하나님의 계획에 대해 말씀하고 있는 전반부이다. 그러나 우리는 우리가 기도할 때에 하나님께서 들으시며 우리가 그를 전심으로 찾으면 그를 발견할 수 있다고 하는 후반부는 잘 읽지 않는다. 하나님께서는 우리를 인도하고 안내하고 싶어 하신다.

문제는, 우리가 그를 우리 인생의 안내자로 볼 것인가, 아니면 인생을 자기 방식대로 스스로 해결하기를 바라면서 목적 없이 방황할 것인가라는 것이다. 어쩌면 우리는 하나님께서 어느 순간에 모든 대답을 우리 앞에 불현듯 제시해 주시기를 기다리고 있는지도 모른다.

그러나 감사하게도 하나님께서는 우리의 삶의 전체적인 계획을 한꺼번에 제시해 주지는 않으신다. 여러분은 모세나 요셉이나 바울이나 코리 텐 붐이 어릴 적부터 자신의 삶에 관한 모든 계획을 정확히 알았다면 어떻게 되었을 것이라고 생각하는가?

아마도 그들은 겁이 나서라도 모든 것을 포기하고 말았을 것이다.

그러나 하나님께서는 은혜롭고도 자비롭게 우리를 한 번에 한 걸음씩 이끄신다. 하나님은 우리에 관한 계획과 우리가 가진 잠재력을 모두 알고 계시지만 우리는 하나님께서 우리를 통해 이루실 모든 일에 대해 전혀 이해하거나 알지 못할 수도 있다. 그러나 미래를 아는 것은 우리에게 속한 것이 아니기 때문에 전혀 문제될 것은 없다. 우리가 오직 하나님만 신실하게 따라간다면 그가 우리의 모든 걸음을 인도하실 것이기 때문이다.

잠언서에는 하나님께서 우리의 보잘것없는 세상적 관점으로 볼 수 있는 것보다 훨씬 큰 계획을 가지고 계신다는 사실을 상기시켜 주는 언급들로 가득하다. 다음 구절을 살펴보자.

- **잠언 3장 5-6절** : "너는 마음을 다하여 여호와를 의뢰하고 네 명철을 의지하지 말라 너는 범사에 그를 인정하라 그리하면 네 길을 지도하시리라"
- **잠언 16장 3-4절** : "너의 행사를 여호와께 맡기라 그리하면 너의 경영하는 것이 이루리라 여호와께서 온갖 것을 그 씌움에 적당하게 지으셨나니 악인도 악한 날에 적당하게 하셨느니라"
- **잠언 16장 9절** : "사람이 마음으로 자기의 길을 계획할지라도 그 걸음을 인도하는 자는 여호와시니라"
- **잠언 19장 21절** : "사람의 마음에는 많은 계획이 있어도 오직 여호와의 뜻이 완전히 서리라"
- **잠언 20장 24절** : "사람의 걸음은 여호와께로서 말미암나니 사람이 어찌 자기의 길을 알 수 있으랴"

하나님의 인도하심은 어떤 식으로 나타나는가? 엄마의 인생을 예로 들어보면 이렇다. 엄마는 학교 교사로 출발하였다. 엄마는 특히 수학에 재능이 있어 중학교 수학 선생님이 되었다. 그러나 수년 후 자녀들(우리)과 시간을 함께 하기 위하여 수학을 가르치는 일을 그만두었다. 엄마는 다른 사람을 독창적인 방식으로 가르치는 은사를 다른 분야에서 독특한 방식으로 발휘하기 시작하였다. 엄마는 우리를 위해 즐겁고 독창적인 생일 파티를 계획하였던 것이다. 그런데 생일 파티 때면 어김없이 누군가 엄마에게 와서 "당신은 꼭 글을 써야 한다"고 귀띔하곤 하였다.

나중에 엄마는 실제로 독창적인 파티 계획에 관한 책을 내었다. 그 후 엄마에게는 다른 책을 쓸 기회가 찾아 왔으며, 그 후로도 글을 쓸 수 있는 기회가 계속해서 이어졌다. 오래지 않아 수학선생이었던 엄마는 작가 엄마가 되었다. 하나님은 엄마가 생각했던 것과 다른, 더욱 큰 계획을 가지고 계셨던 것이다. 엄마가 할 일은 모든 계획을 알고 그것에 따라 스스로 진로를 결정하는 것이 아니었다. 엄마가 할 일은 하나님과 그분의 계획을 찾아 신실하게 그분과 함께 동행 하는 것이었다.

예레미야 선지자는 자신의 상한 마음을 토로하는 기도에서 "여호와여 내가 알거니와 인생의 길이 자기에게 있지 아니하니 걸음을 지도함이 걷는 자에게 있지 아니 하니이다"(렘 10:23)라고 하였다. 솔로몬은 이것을 "사람이 제비는 뽑으나 일을 작정하기는 여호와께 있느니라"(잠 16:33)는 말로 표현하였다.

여러분은 자신의 인생의 방향에 대해 염려가 되는가? 우리도 마
찬가지이다! 한 가지 좋은 소식은 우리가 그것을 전혀 알 수 없다는
것이다. 우리가 할 일은 하나님을 찾는 것이다. 우리가 그분을 찾으
면 그분은 우리를 만나주실 것이며 우리를 향한 그분의 완전한 계
획이 펼쳐질 것이다. 하나님이 여러분과 여러분의 능력에 손을 뻗
칠 수 있도록 자신을 활짝 열라. 하나님이 어느 곳으로 인도하시든,
기꺼이 그분을 따르라. 하나님은 여러분의 인생에 대해 여러분 자
신보다 더 잘 아신다는 사실을 깨닫고 여러분의 인생을 그분에게
전적으로 맡기라.

2. 목적을 가지고 달리라

지난 수년 간 달리기는 우리 가족에게 있어서 하나의 중요한 일상
이 되었다. 아빠와 엄마는 대학 다닐 때 10킬로미터 달리기와 마라
톤 경기에 참가하였다. 엄마는 가르치는 일을 처음 시작할 때 학교
육상부 감독도 겸했다. 나(그레이스)는 고등학교에서 크로스컨트
리 팀에 들어갔다. 우리는 학교 육상부에서 서로 경쟁하였다. 우리
는 이러한 운동을 통해 많은 인생의 교훈-훈련의 중요성, 결단력,
인내력, 그리고 가장 중요한 결승점을 향한 시선 등-을 깨달았다.
　히브리서 기자는 우리의 인생 여정을 경주에 비유하였다.
　다음은 히브리서 12장 1-2절의 내용이다.

"이러므로 우리에게 구름같이 둘러싼 허다한 증인들이 있으니 모든 무거운 것과 얽

매이기 쉬운 죄를 벗어 버리고 인내로써 우리 앞에 당한 경주를 경주하며 믿음의 주요 또 온전케 하시는 이인 예수를 바라보자 저는 그 앞에 있는 즐거움을 위하여 십자가를 참으사 부끄러움을 개의치 아니하시더니 하나님 보좌 우편에 앉으셨느니라"

본문에 의하면 우리는 모두 인생이라는 경주에 참가한 자들이다. 우리가 할 일은 시선을 예수님께로 향해 고정하고 인내로 경주하며 우리의 속도를 늦추게 만드는 무거운 것들을 버리는 것이다. 장거리 경주자의 가족으로서 우리는 마지막 교훈에 대해 매우 실제적인 깨달음을 경험한 적이 있다. 사실 경기가 있을 때면 나(그레이스)는 종종 달리면서 히브리서 12장 1-2절을 외웠으며 그것은 나에게 큰 힘이 되었다. 어떤 불필요한 짐도 우리를 늦추고 경기를 망치게 하기 때문에 우리는 우리를 방해하는 어떤 것도 걸치거나 지녀서는 안 된다는 교훈을 얻었다.

우리의 목표를 향한 걸음을 늦추게 하거나 시선을 예수님께로 향하지 못하도록 방해하는 것이 무엇인가? 다음은 우리의 경주를 방해하는 대표적인 것들이다.

1) 물질적인 것

우리가 물질적인 환경 가운데 살고 있다는 것은 의심의 여지가 없다. 어디를 가든, 꼭 필요한 것도 아니면서 우리의 구매 욕구를 당기는 것이나 하고 싶은 것을 광고하는 메시지가 곳곳에 널려 있는 것을 볼 수 있다. 이런 것들에 사로잡혀 시간과 정력과 돈을 소비하기는 쉽다. 그러나 더 많은 것을 가지려는 욕망은 하나님께서 우리를 위해 준비하신 가장 좋은 것을 찾으려는 목적으로부터 우리의 시선을 벗어나게 한다.

제이슨(Jason)이란 학생은 한 좋은 예가 될 수 있다. 그는 스포츠용 자동차 하머(Hummer sports utility vehicle)를 가지고 싶다는 욕망에 사로잡혔다. 그는 이 차(사실 탱크라고 불러도 좋을)를 정말 좋아했으며 꼭 한 대 가지고 싶어 했다. 그의 부모는 차 값의 일부를 보태주겠다고 했으나 나머지 돈을 마련하는 것은 그의 몫이었다. 그래서 그는 자신의 꿈을 이루기 위해 방과 후에도 부업으로 식료품을 주워 담거나 잔디를 깎았다. 이렇게 번 돈은 몽땅 차 값에 들어갔다. 상당히 오랜 기간 동안 그는 일하는 시간 외의 것-학교, 운동, 먹는 것, 자는 것-에는 거의 시간을 낼 수 없었다.

결국 제이슨은 차 값을 다 모아 하머 SUV의 자랑스러운 주인이 되었다. 학교에서 그처럼 크고 고급스러운 차를 가지고 있는 사람은 아무도 없었다. 그러나 차 값은 지불했지만 유류비나 보험료와 같은 유지비가 없었다. 제이슨은 자랑스러운 자신의 차를 위해 더 오랫동안 더 열심히 일해야 했다. 수개월 후 그는 비로소 자신이 차의 노예가 되었다는 사실을 깨닫게 되었다. 엄청난 유류비에다 수시로 수리비까지 감당해야만 되자 그런 특별한 차를 소유했다는 설렘조차 점차 사라지고 말았다. 결국 제이슨은 하머를 팔고 유류비가 덜 드는 싼 차를 구입하였으며 그의 생활은 훨씬 소박하게 바뀌었다.

신기하게도 우리가 가장 원하는 것이 때로는 우리를 무기력하게 만들고 기쁨을 빼앗아 가며 보다 건설적인 일에 사용할 수 있는 귀중한 시간을 앗아가기도 한다. 우리는 차나 전자제품, CD, 비싼 옷, 보석 등과 같이 우리의 관심을 빼앗는 물질적인 것들이 무엇인지에 대해 유의해서 살펴보아야 한다. 명품을 좋아하거나 돈을 많이 가지는 것이 나쁜 일인가? 반드시 그렇지는 않다. 우리가 자신에게 물어보아야 하는 것은 이러한 것들이 우리의 마음과 삶을 지배하지는 않는가라는 것이다. 우리는 이와 같이 물질적인 것들에 대한 지나친 관심으로 하나님의 얼굴을 구할 시간이나 마음의 여유마저도 없지는 않는가? 물질에 대한 사랑은 일종의 위장된 우상일 수도 있다.

2) 비교의 덫

흔히 우리는 다른 십대 아이들을 바라보며 마치 어딘가 모자란 데가 있는 것처럼, '왜 저 아이는 그렇게 똑똑한가, 왜 잘 생겼는가, 왜 나보다 인기가 많은가'라고 불평한다. 그런가하면 어떤 아이들에 대해서는 '내가 저 아이보다는 낫다'거나 '내가 저 아이보다는 똑똑하다'고 생각한다.

하나는 자신을 부정적으로 바라보며 다른 사람을 시기와 질투의 눈으로 바라보게 한다. 다른 하나는 자신을 과신하게 만든다. 그러나 둘 다 우리의 생각과 마음을 사로잡아 정상적인 궤도를 벗어나게 하며 인생의 목적에서 멀어지게 한다. 우리는 오직 하나님께서 주신 자신의 길을 따라가며 우리에게 허락하신 최상의 사람이 되어야 한다.

3) 나쁜 관계

예로부터 전해 내려오는 말 가운데 "사람은 자기가 사귀는 친구를 닮아간다"는 말이 있다. 정말 맞는 말이다. 그렇기 때문에 우리는 사귀는 친구를 조심해야 한다. '나는 이 친구에게 좋은 영향을 주는 사람이 되겠다'는 생각은 결코 현명한 것이 아니다. 바울은 "속지 말라 악한 동무들은 선한 행실을 더럽히나니"(고전 15:33) 라고 경고하였다. 좋은 친구가 나쁜 친구를 좋은 사람으로 만드는 경우는 극히 드물다. 여러 유형의 사귐을 갖는 것은 괜찮지만 친구로 사귀는 것은 이야기가 다르다. 우리는 반드시 하나님을 섬기는 지혜로운 사람을 가까운 친구로 사귀어야 한다.

우리는 이 문제를 나중에 다시 다룰 것이다. 현재로서는 나쁜 친구는 우리의 삶에 부정적인 영향을 미칠 수 있다는 사실만 알고 넘어가자. 믿음이나 가치관을 우리와 함께 하지 않는 다른 십대와 가까이 사귀는 것은 인생의 경주에서 우리를 이탈하게 하는 결정적 요인이 될 수 있다.

4) 교만

넘어짐은 경주자에게서 발생할 수 있는 최악의 사건이다. 그것은 우리를 낙심하게 하고 육체적으로 손상을 가져오며 경주자로 하여금 뒤처지게 만든다. 성경은 교만은 인생의 경주에서 우리를 넘어지게 만드는 요소들 가운데 하나임을 분명히 밝힌다. 그것은 우리를 걸어 넘어뜨리며 우리의 시선을 예수님을 섬기는 목적으로부터 벗어나게 한다. 어떤 식으로? 시선을 자기 자신에게 두게 함으로써 그렇게 한다. 잠언 16장에 보면 "너의 행사를 여호와께 맡기라 그리하면 너의 경영하는 것이 이루리라"(잠 16:3)는 말씀에 이어 "무릇 마음이 교만한 자를 여호와께서 미워하시나니 피차 손을 잡을지라도 벌을 면치 못하리라"(잠 16:5), "교만은 패망의 선봉이요 거만한 마음은 넘어짐의 앞잡이니라"(잠 16:18)라는 말씀이 계속되는 것을 볼 수 있다.

우리가 시선을 그리스도로부터 돌려 '나는 스스로 인생에서 성공할 수 있다'고 생각하는 순간 우리는 넘어지기 시작한다. 우리는 얼마나 쉽게 자신에게 시선의 초점을 맞추는지 모른다. 우리는 어느 한 순간 치어리더 응원단이나 축구부에 들어가게 된 것에 대해 하나님께 감사하다가도 한 달만 지나면 '나는 역시 훌륭해. 나는 그럴 자격이 있어!'라고 생각하기 시작한다. 우리는 주께서 우리의 비전을 분명히 갖게 해 달라고 기도해야 한다. 우리는 시편기자와 같이 "하나님이여 내 속에 정한 마음을 창조하시고 내 안에 정직한 영을 새롭게 하소서"(시 51:10)라고 고백해야 한다.

5) 계속적인 죄

우리는 종종 죄가 자신에게 아무런 영향을 주지 않는다고 생각하며 죄를 최소화하거나 아예 기억에서 지워버릴 때가 있다. 그러나 죄는 인생의 경주에서 우리를 누르는 가장 무거운 짐이다. 여러분은 등에 벽돌을 가득 채운 짐을 지고 10킬로미터 달리기를 하는 사람을 상상할 수 있는가? 잘못이라는 것을 알면서도 계속해서 같은 선택을 하는 사람이야말로 바로 이런 사람의 모습이다. 물론 우리는 모두 죄인이다. 우리 가운데 완전한 사람은 아무도 없다. 우리는 그리스도를 통해 우리의 죄를 완전히 용서받았음을 감사해야 한다. 그러나 우리는 죄가 무엇인지를 깨달아 그것을 우리의 삶에서 제거할 때에 비로소 아무런 방해도 받지 않고 경주를 할 수 있는 것이다.

그리스도인도 이와 같이 자신을 황폐하게 만드는 죄에 사로잡힐 때가 있다. 이 경우 우리는 자신의 죄를 인정하고 필요하다면 도움을 받아야 하며 믿을만한 사람을 통해 이러한 죄의 습관을 끊을 수 있도록 조언을 받아야 한다.

갈라디아 6장은 그리스도인이 죄에 빠진 다른 사람을 도와주어야 한다고 말한다.

"형제들아 사람이 만일 무슨 범죄한 일이 드러나거든 신령한 너희는 온유한 심령으로 그러한 자를 바로잡고 네 자신을 돌아보아 너도 시험을 받을까 두려워하라"(갈 6:1)

크리스티나(Christina)는 어느 모로 보나 확실한 그리스도인이었다. 그녀는 어려서부터 그리스도를 전적으로 의지하였다. 그러나 열일곱 살이 되었을 때 그녀가 결혼까지 생각하고 있는 남자 친구가 자신에게 육체적인 관계를 요구하였다. 그녀는 부모님이 집을 비운 어느 한적한 오후 결국 그의 요구를 들어주고 말았다. 그 일은 한 번으로 끝나지 않았으며 부모님이 오시기까지 한주에 여러 번 그런 일이 있었다. 결국 크리스티나의 모든 초점은 학업을 계속하여 교사가 되는 하나님의 부르심에서 벗어나고 말았다. 그 대신 그녀의 모든 생각은 오직 자신의 남자친구에게만 가 있었다. 설사 그녀의 부모가 그 일을 알았다고 하더라도 무엇을 할 수 있겠는가? 크리스티나는 그런 자신이 싫었으며 자신의 인생계획에 관해 하나님께 기도하고 싶지도 않았다. 왜 그랬을까? 그녀는 그만큼 죄와 수치심으로 가득했던 것이다.

사실 하나님은 우리가 어떠한 모습으로 다가갈지라도 우리를 사랑하신다. 그는 그리스도를 통해 우리를 깨끗케 하시며 용서하신다. 그러나 우리의 인생 목적은 죄로 말미암아 오점이 남을 수 있다. 우리가 계속해서 죄에 빠져 있으면 우리는 쉽게 방향을 잃게 되고 하나님이 우리를 사랑하시며 우리의 인생에 놀라운 계획을 가지고 계신다는 사실을 망각하게 된다.

크리스티나의 경우 임신과 함께 그녀의 계획은 완전히 바뀌고 말았다. 그녀는 이제 지금까지 품어왔던 계획을 더 이상 자유롭게 추구할 수 없게 되었으며 그녀의 인생은 완전히 뒤바뀌고 말았다. 얼마 있지 않아 남자친구가 떠나버렸지만 그녀는 아이를 낳아 키우기로 하였다. 지금 크리스티나는 대학 교육도 받지 못하고 꿈꾸어 왔던 일을 할 어떤 기회도 갖지 못한 채 아이를 기르고 있다. 하나님은 크리스티나의 깨어진 삶-그리고 우리의 삶-의 조각들을 확실히 다시 끼워 맞출 수 있다. 그러나 이것은 그의 온전하신 계획이 아니다. 하나님의 온전하신 계획은 우리가 고통과 고난을 초래하는 죄를 허용치 않고 오직 그분만 바라보며 사는 것이다.

3. 계획이란 무엇인가?

모든 것은 결국 계획으로 귀착되는 것처럼 보인다. 주일날 밤에 친구들과 모이기로 한 것이나 시험을 위해 공부하는 것도 모두 계획을 세워 진행한다. 계획은 매일의 삶이 보다 유연하게 진행되도록 도와준다.

그러나 우리의 목적이 하나님을 영화롭게 하는 삶이라면, 그리고 하나님께서 우리의 길을 인도해 주시기를 바란다면 우리의 삶을 위한 보다 큰 계획이 필요하지 않겠는가? 좋은 계획은 우리가 인생의 경주를 보다 긍정적인 방식으로 전개해 나가도록 도와주고 최선을 다해 하나님께서 우리에게 허락하신 것을 성취하게 한다. 그러므로 긍정적인 십대가 되기 위해서는 우리에게 반드시 계획이 필요하다.

대부분의 기업은 각 조직이 기업의 목표 달성을 도울 수 있도록 전략적 계획을 수립한다. 우리는 한 개인의 조그마한 전략적 계획도 우리가 정해진 궤도를 따라 달리는데 도움이 된다는 사실을 발견하였다. 이처럼 일정한 계획이 있는 삶의 여정에는 우리가 주의해서 살펴보아야 할 네 가지 영역이 있다.(누가복음 2장 52절 - 예수님의 십대시절과 비교)

1) 신체적 영역(-"그 키가")

여러분은 자신을 신체적인 면에서 돌보고 있는가? 하나님은 우리 각자의 삶에 대한 위대한 목적을 가지고 계시는데 우리가 건강을 유지하는 것은 그러한 목적을 자유롭게 수행할 수 있도록 해준다. 적당량의 음식과 운동 및 충분한 숙면은 모두 신체적 건강 유지에 중요한 역할을 한다. 여러분은 건강에 좋은 음식과 규칙적인 운동 및 충분한 휴식이 포함된 계획을 세워보는 것도 좋을 것이다.

나(Joy, 캐롤린의 둘째 딸/역자주)는 몇 명의 친구들과 함께 킥복싱 반에 들어가기로 하였다. 킥복싱은 흥미와 건강을 동시에 가져다주었으며, 우리는 서로에 대해 더 잘 이해하게 되었다.

2) 정신적 영역(-"그 지혜와")

여러분은 자신의 두뇌를 어떤 식으로 관리하고 있는가? 여러분의 두뇌를 비디오 게임이나 TV에 몰두하는데 허비하고 있는가 아니면 하나님께서 여러분에게 주신 지능을 최대한 활용하고 있는가? 물론 휴식 시간도 필요하다. 그러나 정신적 성장과 자극을 위한 시간도 있어야 한다. 여러분이 원하는 학교 성적을 취득하기 위한 계획을 세워보라. 공부하는 데에는 얼마나 많은 시간이 필요한가. 머리를 전혀 쓰지 않아도 되는 활동에 투자하며 휴식할 수 있는 시간은 얼마나 되는가?

3) 사회적 영역(-"사람에게")

다른 사람들과의 관계는 하나님께 매우 중요하다. 예수님은 우리가 서로 사랑하기를 바라신다고 분명히 말씀하셨다. 그는 요한복음 15장 12절에서 "내 계명은 곧 내가 너희를 사랑한 것같이 너희도 서로 사랑하라 하는 이것이니라"라고 말씀하셨다. 이것은 우리가 주변 사람들과 긍정적인 관계를 맺으며 사랑을 나타내어야 한다는 의미이다. 다른 십대에게 다가갈 계획을 세워보라. 이러한 계획에는 사람들을 초청하거나 친구에게 전화를 하거나 위로나 도움이 필요한 자에게 편지를 쓰는 것도 포함될 수 있을 것이다.

나(Grace)는 개인적으로 현재의 교우관계를 계속 지속하면서 한편으로는 성경 연구 모임이나 학생 간부 모임 및 기독 운동선수 모임(Fellowship of Christian Athletes)과 같은 단체에 가입함으로 더 많은 교우관계를 쌓고 있다. 나는 사람들에게 이러한 모임에 꼭 가입해볼 것을 권한다. 나는 이러한 모임을 통해 다른 사람들과 접촉할 수 있는 기회를 많이 가지게 되었다.

4) 영적 영역(–"하나님과")

우리는 신체적 영역으로만 구성된 것은 아니다. 우리는 영적 존재이기도 하다. 따라서 우리는 반드시 영적 자아에 대한 관심을 가지고 필요한 양분을 공급해야 한다. 영적 성장에 대해서는 14장과 15장에서 보다 자세히 다루도록 하겠다. 지금으로서는 혼자 기도하고 말씀을 묵상하는 규칙적인 시간을 포함하여 전반적인 영적 생활 계획을 세우는 일에 대해 생각해보기 바란다. 여러분은 본서의 각 장 끝에 있는 파워 포인트에서 제시한 성경 구절을 암송하기 위한 계획을 세울 수도 있을 것이다.

계획은 삶의 목적을 성취하기 위해 나아가는 매우 훌륭하고 긍정적인 방법이다. 이 목적은 이중적인 면에서 접근할 수 있다. 먼저 그리스도인으로서 우리 모두의 삶의 목적은 하나님을 사랑하고 그를 영화롭게 하는 것이다. 그러나 각자가 가지고 있는 개인적 목적은 보다 구체적이다. 그것은 우리의 인생 여로를 따라 다가 오시는 하나님과 우리 사이에 위치한다. 여러분은 이 시점에서 여러분을 향한 하나님의 전체적인 계획을 알거나 깨닫지 못할 수 있다. 그러나 그것이 각 개인의 전략적 계획을 세우는 것을 막아서는 안 된다. 하나님은 여러분 앞에 점차 그 길을 자세히 보여주실 것이다.

4. 하나님의 능력

여러분이 만일 하나님이 여러분을 위해 계획하신 길에 서 있다면 하나님은 여러분 안에서 여러분을 통해 무엇이든 이루실 수 있다. 우리가 하늘을 향해, 하나님께서 자신의 뜻을 이루시기 위해 우리 같이 보잘것없는 그릇을 사용하시어 위대한 일을 하실 것이라고 믿는 것은 결코 교만이 아니다. 성경 전체에는 하나님께서 전혀 의외의 인물을 사용하시어 그들을 통해 위대하신 목적을 이루어 가심을 볼 수 있다.

모세를 생각해보라. 그는 말조차 더듬는 사람이었다. 다윗은 일개 목동에 불과하였고, 다니엘은 이방나라에서 잡혀온 포로였으며, 베드로는 떠벌리기를 좋아하는 무식한 어부였다. 또한 물고기 두 마리와 보리떡 다섯을 바친 어린이는 어떤가? 하나님은 이들 각자에 대한 계획이 있었으며 우리 모두를 위해서도 각각 계획을 가지고 계신다.

여러분이 그것을 전부 다 알지 못한다고 염려할 필요는 없다. "여호와의 말씀에 내 생각은 너희 생각과 다르며 내 길은 너희 길과 달라서 하늘이 땅보다 높음같이 내 길은 너희 길보다 높으며 내 생각은 너희 생각보다 높으니라"(사 55:8-9)라고 하셨다. 만유의 하나님은 그림 전체를 보지만 우리는 단지 우리 앞에 나타난 것만 볼 수 있다. 그에게 인도하심을 구하지 못할 이유가 어디 있는가?

하나님께서는 우리가 이 땅에 존재하는 목적을 가지고 계신다. 그에게는 우리 각자를 위한 영원한 계획과 특별한 소명이 있다. 우리가 할 일은 무엇인가? 계획하고 조정하고 기획하고 추진하는 것인가? 그렇지 않다. 물론 우리는 전략적 계획을 세우고 하나님께서 우리에게 보여주실 개인적 목적을 위해 준비해야 한다. 그러나 가장 중요한 임무는 그리스도를 구하며 그에게 모든 시선을 집중하는 것이다. 그렇게 할 때에 하나님은 우리가 상상도 하지 못한 길로 인도하실 것이며 우리는 그 길을 따라가는 긍정적인 십대가 될 수 있는 것이다.

파워포인트

묵상

읽을 말씀 : 사무엘상 17장 12-58절

1. 이스라엘의 눈은 어디를 향하고 있었는가?

2. 다윗의 시선은 어디에 초점이 맞추어져 있었는가?

3. 본문에서 다윗이 겪은 부정적인 영향은 어떤 것이었는가?

4. 다윗의 신앙에 대해 어떻게 생각하는가?

기도

전능하신 구원의 하나님, 하나님의 계획은 온전하며 하나님의 길은 완전하나 저의 계획은 보잘것 없음을 고백하오며 이 시간 주님만 의지합니다. 저의 길을 지도하시고 주님이 원하는 방향으로 나를 인도하소서. 저를 얽어매고 바른 길을 벗어나게 하며 주님을 따르지 못하게 하는 무거운 것들을 제거하여 주시기를 원합니다. 깨닫지 못하는 죄가 있으면 깨닫게 하시고 그것을 벗어버릴 수 있는 힘을 주소서.

영적으로 성숙한 자를 보내어 주셔서 저의 갈등을 치유하게 하소서. 무엇보다도 저를 통해 주님의 사랑을 나타내게 하시고 주님의 영원한 목적을 위해 유익하고 자원하는 도구로 사용될 수 있게 도와주소서. 예수님의 이름으로 기도합니다. 아멘.

암송

시편 37편 23절

"여호와께서 사람의 걸음을 정하시고 그 길을 기뻐하시나니"

 적용

1. 잠시 시간을 내어 하나님께 여러분 속에 정한 마음과 깨끗한 영을 창조해 주시도록 구하라. 그에게 여러분을 예비하신 길로 인도하시고 죄에 빠지거나 방심하지 않도록 지켜주시기를 구하라.

2. 오직 그만 바라보겠다는 약속을 쪽지에 기록하고 그것을 성경책 속에 넣어 간수하라.

3. 하나님의 말씀을 펼칠 때마다 자신이 한 약속을 상기하라.

책임감

THe Power oF ResPonSIbility

사람아 주께서 선한 것이 무엇임을 네게 보이셨나니
여호와께서 네게 구하시는 것이 오직 공의를 행하며 인자를 사랑하며
겸손히 네 하나님과 함께 행하는 것이 아니냐

– 미가 6:8 –

성공의 첫걸음을 내딛으라

일과 삶에서 존경을 얻으라

무슨 일을 하든지 마음을 다하여 주께 하듯 하고 사람에게 하듯 하지 말라 (골 3:23)

유명한 이솝 우화 가운데 이런 이야기가 있다. 어느 화창한 겨울날 개미 몇 마리가 오랜 비로 축축해진 옥수수를 창고에서 꺼내어 열심히 말리고 있었다. 그때 갑자기 베짱이 한 마리가 나타나 먹을 것을 좀 달라고 했다. "너무 배가 고파요"라고 베짱이는 말했다. 결코 일을 멈추는 법이 없는 개미였지만 잠시 일손을 멈춘 개미는 이렇게 물었다.

"너는 여름 내내 무엇을 했느냐? 왜 겨울을 위해 양식을 모으지 않았느냐?"

베짱이가 대답했다.

"사실 나는 노래 부르느라 바빠 양식을 모을 시간이 없었어요."

그러자 개미는 "여름 내내 노래 부르며 지냈다면 겨울에도 춤이나 추면서 보내면 되겠구나"라고 말했다. 그들은 한바탕 웃은 후 계속해서 일을 하였다.[1]

이 이야기에 나오는 개미는 인생의 성공에 관한 교훈을 주기 위해 현실에서는 있을 법하지 않은 소재로 사용된 것으로 보인다. 그러나 솔로몬은 그렇게 생각하지 않았다. 이솝의 우화가 개미의 부지런함에 관한 지혜를 반영하고 있다면 잠언도 동일한 내용을 제시한다. 잠언 6장 6-11절의 소위 '게으른 자'에게 주는 개미의 교훈에 대해 살펴보자.

"게으른 자여 개미에게로 가서 그 하는 것을 보고 지혜를 얻으라 개미는 두령도 없고 간역자도 없고 주권자도 없으되 먹을 것을 여름 동안에 예비하며 추수 때에 양식을 모으느니라 게으른 자여 네가 어느때까지 눕겠느냐 네가 어느때에 잠이 깨어 일어나겠느냐 좀더 자자, 좀더 졸자, 손을 모으고 좀더 눕자 하면 네 빈궁이 강도같이 오며 네 곤핍이 군사같이 이르리라"

잠언 30장 24절 이하에는 "땅에 작고도 가장 지혜로운 것 넷이 있나니 곧 힘이 없는 종류로되 먹을 것을 여름에 예비하는 개미와..." (다른 세 가지 동물에 대해서도 살펴보라)라고 하였다. 우리가 반드시 다른 사람보다 더 강하거나 크거나 지적으로 나아야만 인생에서 지혜로운 자가 되고 성공할 수 있는 것은 아니다. 성공의 여부를 좌우하는 오직 하나의 속성은 자신의 일에 대한 책임감이다.

어쩌면 여러분은 '나는 아직 십대일 뿐이며 아직 직업 세계에 대한 생각을 하지 않아도 된다'라고 생각할는지 모른다. 그러나 사실 우리 모두는 숙제든, 허드렛일이든, 아이를 돌보는 일이든, 아르바이트이든, 어떤 식으로든 일을 하고 있다. 우리가 개미로부터 배우는 귀중한 교훈은 지금 현재는 물론 앞으로도 평생 동안 도움이 될 것이다. 우리가 16세이든 60세이든, 게으름은 권태와 비생산적인 삶으로 인도할 뿐이다. 이솝우화에 나오는 베짱이처럼 게으름은 종종 우리를 곤경에 빠뜨리고 불행한 결과를 가져온다.

일은 삶의 한 부분이다. 우리는 그것을 반기고 귀하게 생각할 수도 있고 무서워하고 피할 수도 있다.

l. 일에 대한 사랑

우리는 책임감과 일을 통해 성취감과 기쁨을 맛볼 수 있다. 확실히 그렇다. 실제로 직업은 우리에게 활력을 주고 목적과 의미를 준다. 그러나 게으름과 나태는 우리에게서 흥분과 활력을 앗아간다. 우리가 아무 일도 하지 않고 빈둥거리며 지내기만 한다면 의욕을 상실하게 되고 다시 회복하기 어려워진다. 왜 그런가? 우리는 일하는 존재로 만들어졌기 때문이다. 인류가 처음 창조된 에덴동산에서부터 아담과 하와는 동산을 '다스리며 지키는' 책임을 부여 받았다 (창 2:15).

신약성경에서도 하나님은 우리에게 책임감을 가지고 일을 하라고 명하신다.

"무슨 일을 하든지 마음을 다하여 주께 하듯 하고 사람에게 하듯 하지 말라 이는 유 업의 상을 주께 받을 줄 앎이니 너희는 주 그리스도를 섬기느니라"(골 3:23-24)

얼마나 놀라운 격려의 말씀인가! 우리는 단지 이 세상에서의 보상을 위해 일하는 것이 아니라 주 예수를 위해 일하고 있는 것이다. 하나님은 우리의 모든 행위를 보시고 우리의 책임 있는 행동에 대해 영원한 상을 주시는 분이시다. 얼마나 흥분되는 동기부여인가?

우리가 하고 있는 일이 숙제이든, 집안일이든, 생계유지를 위한 직업이든, 우리는 그것을 기쁜 마음으로 받아들일 수 있어야 한다. 여러분은 '어떤 일이라도 기쁘게 일할 수 있다는 것이 가능한 일인가?'라고 반문할는지도 모른다. 물론 우리가 앞으로 할 일과 관련하여, 자신에게 꼭 맞는 직업을 찾는다면 분명 그 일을 훨씬 여유 있게 할 수 있을 것이다(이 문제는 잠시 후에 다시 다루게 될 것이다). 그러나 우리가 일을 선택할 수 있는 상황이 아닌 경우, 예를 들어 허드렛일이나 숙제를 할 때에도 우리는 그 속에서 '즐거움'을 찾을 수 있다.

가령 여러분이 역사 시험을 위해 공부해야 한다고 생각해보자. 여러분은 역사에 별 관심이 없을 수도 있고 그것을 끔찍이 싫어할 수도 있을 것이다. 그러나 여러분은 기꺼이 그 일을 받아들여 불평하지 아니하고 보다 흥미로운 공부 방식을 찾아보는 긍정적인 자세로 임할 수는 있다. 예를 들어 여러분은 자신이 '공부를 통해 배우고자 하는 그 시대'에 실제로 살고 있다고 가정하고 여러분 같으면 과연 그 시대의 문제들에 대해 어떻게 대처하였을 것인가라는 생각을 해

볼 수도 있다(실제로 한번 해보라. 확실히 효과가 있을 것이다).

결국 우리는 역사공부나 우리가 하는 어떤 것을 전적으로 사랑할 수는 없다. 다만 우리가 하는 일에 대해 불평하거나 게으름을 피우는 대신 그것을 기꺼이 받아들이고 즐거운 마음과 책임감을 가지고 임할 뿐이다. 이와 같이 할 때에 우리는 긍정적인 십대가 되는 바른 길에 들어설 수 있다. 오해가 없기 바란다. 필자 역시 일에 대해 긍정적인 자세를 가지기 위해 부단히 갈등하며 싸웠다. 우리는 그것이 결코 쉽다고 말하는 것이 아니다. 다만 그것이 옳다는 것을 말하고 있을 뿐이다.

2. 자신에게 꼭 맞는 완벽한 직업

물론 우리는 대부분 앞으로 평생 동안 직장-아마도 여러 직장-을 가지게 될 것이다. 지금은 파트타임 일을 하고 있을 수도 있지만 나중에는 풀타임 일을 할 수도 있다. 어느 쪽이든, 직장에서 일을 한다는 것은 결코 걱정할 일이 아니라 귀한 일이다.

그렇다고 하더라도 모든 직업이 항상 즐거운 것만은 아니다. 어떤 직업은 솔직히 따분하고 지루하다. 그러나 우리는 스스로 하나님께서 우리에게 주신 은사를 사용하고 개발한다면, 우리가 어쩔 수 없이 해야 하는 그런 일 속에서도 큰 기쁨을 찾을 수 있다.

종종 사람들은 자신이 하는 일을 회피하고 싫어할 때가 있는데 그것은 그 일

이 자신에게 맞지 않아 자신의 은사와 재능과 능력이 잘못 발휘되고 있기 때문이다. 이것은 우리의 장점이 충분히 발휘될 수 있는 완벽한 직업을 찾을 때까지 아무 일도 하지 않아야 한다는 말이 아니다. 완전한 직업이란 없다. 다시 한번 말하지만, 우리의 흥미와 재능과 능력 모두를 정확히 충족시키는 완벽한 직업은 지금도 없고 앞으로도 없다. 자신에게 꼭 맞는다고 생각되는 직업도 사실은 일정 영역만 충족시킬 뿐이다. 모든 직업에는 어려움과 함께 기쁨도 있다. 우리는 우리에게 맞는 일이 올 때까지 기다려서는 안 된다. 우리는 적절한 일을 찾아내어 그 일에 적응해야 한다. 포브스(B. C. Forbes)의 말처럼 "자신의 일에 대해 즐거움을 느끼는가 아니면 싫증을 느끼는가는 전적으로 우리의 마음 자세에 달렸다."2)

결국 어떤 일이든 성공의 비결은 우리가 좋아하는 일을 하는 것이 아니라 우리가 하는 일을 좋아하는 것이다. 이와 관련하여 윌 로저(Will Rogers)는 "성공하기 위해서는 자신이 하고 있는 일에 대해 알아야 하고 그 일을 좋아해야 하며 그 일을 믿어야 한다"3) 고 주장했다. 이 말에 대해 한번 자세히 생각해보자.

첫째로, 우리는 새 직장을 구하면 우리가 하려는 일이 무슨 일이며 그 일이 우리에게 요구하는 것은 무엇인지에 대해 알아야 한다. 우리의 재능을 활용할 수 있는 일을 찾았다는 것만으로 희희낙락해서는 안 되며, 아무런 노력 없이 모든 일이 순조롭게 진행되는 것도 아니다. 우리는 수수방관하는 자세로 앉아 그것을 다 알고 있다고 생각해서는 안 된다. 우리는 계속해서 배워야 한다.

둘째로, 우리는 우리가 하는 일을 좋아해야 한다. 반복되는 말이지만, 이것은 우리를 100퍼센트 만족시키는 완전한 직업을 찾을 때까지 일거리를 찾아 헤매고 다녀야 한다는 말이 아니다. 그것은 우리가 할 수 있는 직업을 선택한 후에 그 속에서 우리가 좋아할 수 있는 것을 찾아야 한다는 말이다.

끝으로, 윌 로저스에 의하면, 우리는 자신이 하는 일에 대한 믿음을 가져야 한다. 나(Grace)는 지난 여름 노드스트롬(Nordstrom) 백화점에서 일을 한 적이 있다. 나는 이 회사가 모든 면에서 고객의 편의를 위해 애쓰며 직원들에게도 집중적인 고객 봉사 훈련을 시킨다는 것을 알았다. 나는 이와 같이 훌륭한 서비스와 질로 평판을 쌓은 건실한 회사에서 일한다는 사실이 자랑스러웠다. 나는 회사를 믿었기 때문에 나 스스로도 회사를 좋게 홍보하고 싶었다. 나는 골로새서 말씀을 통해서 배운 바 나의 궁극적인 사장은 주님이시라는 교훈을 늘 마음에 담아두려 하였다. 나는 무엇보다도 주님을 가장 잘 드러내고 싶었다.

3. 책임감을 가지고 일하라

다른 사람을 위하여 일을 하는 사람이라면 누구나 지켜야 할 몇 가지 원리가 있다. 십대로서 우리는 이러한 원리들을 이해하고 즉시 실천에 옮기는 것이 참으로 필요하다. 우리가 이 원리들을 지킬 때 비로소 풋내기 수준을 넘어 회사에서 앞서가는 성공적인 직원이 될 수 있으며 인생

에서도 앞서 달려가는 성공적인 사람이 될 수 있다. 이 원리들은 단순하고 뻔한 내용인 듯해 보이지만 성공을 위해서는 절대적으로 중요하다. 모든 원리는 성경적 기초를 바탕으로 하고 있으니 반드시 해당 구절을 찾아보기 바란다.

1. 시간을 지키고 결코 늦지 말라. 늦은 것에 대해 궁색한 변명을 하지 말라(잠26:13).

2. 넉넉한 마음가짐을 가지고 열정을 보이라(빌4:4).

3. 맡은 일에 대해 잘 모를 때에는 도움을 구하라(잠4:7).

4. 고객을 섬기고 윗사람을 섬기며 동료를 섬기라(막10:43).

5. 동료를 험담하거나 비방하지 말라(잠30:10).

6. 불평하지 말고 모든 일을 원망 없이 하라(빌2:14).

7. 모든 사람에 대해 인내하라(골3:12).

8. 모든 말과 행동에 정직하라(시37:37).

9. 시키는 것보다 더 많은 일을 하라. 시킨 일만 겨우 하지 말고 기대한 것 이상의 일을 하라(골3:23, 잠27:18).

우리는 여러분의 심정을 충분히 이해한다. 여러분은 우리가 마치 모든 사람이 자신의 일에 완전하기를 기대하는 것처럼 생각할 것이다. 그러나 우리의 의도는 여러분이나 어느 누구라도 완벽주의자들의 경연장에 밀어 넣으려는 것이 아니다. 어떤 사람도 자신의 일에 완벽하지 못하며 특히 십대는 더욱 그렇다. 우리에게는 직업이라는 문제가 생소하다. 그러나 우리는 가능한 책임감 있는 사람이 되도록 노력할 수 있다. 다음은 에드가 게스트(Edgar Guest)의 시로, 우리가 일에 최선을 다할 때 오는 영광과 보상에 대해 언급한다.

참된 숭고함

하루하루 자신의 일을 하며 무슨 일을 만날지라도
하나님이 그렇게 정하신 바를 믿는 사람은,
이 낮은 땅 위에서 참된 위대함을 찾았습니다.
어느 곳에 있을지라도 자신의 자리를 지키며
하나님이 뜻이 있어 그곳에 있게 하셨음을 믿는 사람은,
비록 그것이 천한 일이라 할지라도 숭고함에 이르게 할 것입니다.

귀한 자든 천한 자든, 오직 한 가지 시험만 있으니
자신의 일에 최선을 다하느냐의 여부가 곧 그것입니다.
맡은 일에 진력하는 자는 결코 남에게 빚진 채 죽지 않습니다.[4]

아마도 여러분은 '그러나 실수하면 어떻게 되는가? 만일 최선을 다해 일하다가 일이 잘못되면 어떻게 하는가?' 라고 생각할는지도 모른다. 그러나 이것은 우리 모두에게 일어나는 일이며, 그것은 우리가 십대이기 때문이 아니라 인간이기 때문이다. 이런 일은 우리의 삶이나 직장에서 언제든지 일어날 수 있다. 이런 때에 어떻게 대처하는 것이 가장 긍정적인 방법인가? 여기에는 다음 네 가지 단계가 있다.

1. 자신의 실수를 인정하라. 실수를 솔직히 시인하고 자신의 행동에 대해

책임을 지라.

2. 용서를 구하라. 상사나 동료, 고객 또는 그 일에 관련된 누구에게든
   지 찾아 가서 자신의 행동에 대해 충분히, 그리고 진심으로 용서를
   구하라.

3. 상황을 바로 잡으라. 자신의 힘이 닿는 대로 최선을 다해 그 일을 바로
   잡으라.

4. 계속 진행하라. 후회감에 빠져 계속 용서를 구하거나 자신에게 실패자
   라고 말하지 말라. 다만 다음에는 더 잘하겠다는 각오를 다지라.

4. 일이 자신에게 맞지 않을 경우

때때로 일이 자신에게 '맞지 않을 때' 가장 긍정적인 방법은 다른
일을 찾아보는 것이다. 이것은 일이 주는 긴장감이나 어려움 때문
에 그 일을 그만두라는 말이 아니다. 일이 어렵더라도 버텨내야 할
때와 상황이 좋지 않아 직장을 옮겨야 할 때를 아는 것 사이에는 미
묘한 차이가 있다. 약속 이행은 우리가 반드시 배양하고 개발해야
할 중요한 자질이다. 그렇기 때문에 할 수만 있다면 맡은 일에 대해,
그것이 무슨 일이든, 책임 있게 수행해야 한다. 그러나 직장을 떠날
수밖에 없는 정당한 이유도 있다. 다음은 몇 가지 사례이다.

● 고용주가 어떤 식으로든 악의적 의도를 가지고 있는 경우
● 상사가 자신의 잘못에 대해 여러분을 비난하거나 여러분의 업적을
   자신의 공로인양 가로챌 경우

- 여러분의 은사나 재능과 맞지 않는 일을 하고 있는 중, 다른 일을 할 기회가 찾아온 경우
- 고용주가 부정직하거나, 여러분에게 부정직한 일을 요구할 경우

메리는 여름동안 지방에 있는 한 스포츠용품 상점에서 일을 했다. 처음에는 그녀도 자신의 일에서 보람을 느꼈으며 사람들과 함께 일하는 은사도 있는 듯해 보였다. 그러던 중 여름 할인 행사가 시작되었는데, 사장은 그녀에게 고객이 모르고 있을 경우 광고한 할인 행사 내용을 일부러 '잊어먹은 척' 하라고 지시하였다. 그녀는 물건을 팔 때 제값을 다 받은 후 고객이 행사 내용을 모르기만 바라는 수밖에 없었다.

그러나 메리는 자신이 무엇인가 거짓으로 속이라는 부탁을 받았으며 그것은 잘못된 일이라는 것을 깨닫게 되었다. 그녀는 지배인에게 찾아가 자신이 걱정하고 있는 것에 대해 말하였다. 그러나 지배인은 그녀의 말을 웃어 넘기며 "혼자만 선량한 척 하지 말라"는 핀잔만 주었다. 얼마 있지 않아 그녀는 회사 내에 다른 몇 가지 부정한 일도 더 있음을 알게 되었다. 그녀는 비록 여름 동안 그곳에서 일하겠다고 약속했지만 일을 그만두기로 결정했다. 그녀는 이 회사가 그녀가 있을 곳이 아니라는 사실을 깨달았던 것이다.

어쩌면 여러분도 지금 하고 있는 일을 즉시 그만두고 싶다는 생각을 하고 있는지 모른다. 우리는 모든 정황을 알 수 없기 때문에 어떻게 하라는 말을 할 수는 없다. 그러나 당부하고 싶은 말은 자신에게 정직하라는 것과 여러분의 결정에 대해 신중하게 생각해보라는 것

이다. 여러분이 처한 상황을 정확히 파악하도록 도와줄 수 있는 친한 친구나 부모님과 함께 그 문제에 대해 의논해 보라. 약속 위반은 중대한 사건이다. 일이 '더 이상 즐겁지 않기 때문에'라거나 '생각했던 것보다 일이 어렵기 때문에' 그만 둔다는 것은 결코 이유가 되지 않는다.

스티브의 경우를 살펴보자. 그는 이웃이 휴가를 떠난 두 주간 동안 그 집 개를 봐주기로 했다. 처음에 이웃이 그에게 부탁한 내용은 매일 두 차례 밥을 주고 잠시 뒤뜰에 풀어놓기만 하면 된다는 것이었다. 그러나 약속한 첫날 그 집에 도착한 스티브는 뒤뜰에서 '배설물도 치워달라'는 메모를 발견하였다. "무엇이라고? 나는 개도 별로 좋아하지 않는데 배설물까지 치우라니?" 스티브는 화가났다.

"나는 절대 그렇게는 할 수 없다!"

그날 스티브는 어쩔 수 없이 그 일을 하기는 했지만 집에 돌아가면서 분통이 터져 당장 일을 그만두겠다고 생각하였다. 다음 날 아침 일찍 일어난 그는 다시 그 집에 가보았다. 그러나 떠나기 전에 그는 하나님께 자신이 마땅히 취해야 할 태도를 보여주실 것을 기도하였다. 그는 요셉이 감옥에 갇혀 있으면서도 충성하며 섬긴 것을 기억하였다. 그는 예수님이 제자들의 더러운 발을 씻기신 것을 생각하였다. 그리스도는 섬김을 받기 위해서가 아니라 섬기기 위해 오시지 않았는가? 그는 자신의 일이 비록 처음 약속과는 다르고 기분 좋은 일도 아니었지만 그 일을 완수해야 한다는 것을 깨닫게 되었다. 이웃은 그를 믿고 있었던 것이다. 스티브는 그 일을 충실히 수

행하였으며 긍정적인 자세로 그 약속을 지켜나갈 수 있도록 도우시는 하나님의 능력과 힘을 의지하였다.

5. 변명하지 말라!

잠언 22장 13절은 "게으른 자는 말하기를 사자가 밖에 있은즉 내가 나가면 거리에서 찢기겠다 하느니라"고 했다. 일이 하기 싫을 때 우리가 흔히 하는 변명에는 어떤 것들이 있는가?

- "지금은 기분이 별로 좋지 않아서."
- "지금 깨끗이 해보았자 금방 다시 더러워질 것이기 때문에."
- "잠을 너무 많이 자서."
- "수학 책을 가져오지 않아서."

변명하기는 쉽다. 때때로 변명은 사실에 근거한다. 그러나 우리가 진정 정직하다면, 자신의 게으름이나 무책임을 무마하기 위해 변명한다는 사실을 인정해야 한다. 바울은 초대 교회에서 변명을 하는 사람들에 대해 엄하게 꾸짖었다. 데살로니가에 있는 성도들은 그리스도의 재림에 대해 매우 열광적이었다. 그들 가운데 많은 사람들은 일을 그만두고 그리스도의 재림만 고대하였다는 사실을 볼 때 아마도 그들은 지나치게 들떠 있었던 것으로 보인다.

불행히도 게으름과 나태함은 다른 사람의 일에 대한 참견과 험담으로 이어질 수 있다. 실제로 데살로니가 교회에서는 그런 일이 있었다. 그래서 바울은 다음과 같이 엄하게 꾸짖었던 것이다.

> "형제들아 우리 주 예수 그리스도의 이름으로 너희를 명하노니 규모 없이 행하고 우리에게 받은 유전대로 행하지 아니하는 모든 형제에게서 떠나라 어떻게 우리를 본받아야 할 것을 너희가 스스로 아나니 우리가 너희 가운데서 규모 없이 행하지 아니하며 누구에게서든지 양식을 값없이 먹지 않고 오직 수고하고 애써 주야로 일함은 너희 아무에게도 누를 끼치지 아니하려 함이니 우리에게 권리가 없는 것이 아니요 오직 스스로 너희에게 본을 주어 우리를 본받게 하려 함이니라 우리가 너희와 함께 있을 때에도 너희에게 명하기를 누구든지 일하기 싫어하거든 먹지도 말게 하라 하였더니 우리가 들은즉 너희 가운데 규모 없이 행하여 도무지 일하지 아니하고 일만 만드는 자들이 있다 하니 이런 자들에게 우리가 명하고 주 예수 그리스도 안에서 권하기를 종용히 일하여 자기 양식을 먹으라 하노라 형제들아 너희는 선을 행하다가 낙심치 말라"(살후 3:6-13)

바울은 본문에서 당시의 상황에 대해 짐작할 만한 구체적인 내용을 많이 남기지는 않았다. 데살로니가 성도들은 예수께서 곧 오실 것이라는 사실을 하나의 변명거리로 삼아 게으른 생활을 하였다. 이와 같이 대부분의 변명은 앞서도 말했듯이 어느 정도 사실(진리)에 근거한다. 그러나 재림과 관련하여 우리가 알아야 할 또 하나의 다른 진리가 있는데 그것은 우리 모두에게는 긴장을 풀고 흥분을 가라앉힐 시간이 필요하다는 것이다. 긴장 완화는 우리의 삶에 꼭 필요한 균형을 제공한다. 우리를 사랑하시는 하늘 아버지께서도 적어도 매주 한 번씩은 우리에게 휴식이 필요하다는 것을 아시고서 안식하는 날을 주셨다. 그러나 우리는 여가(leisure)와 게으름(laziness)을 혼돈해서는 안 된다. 우리는 일해야 할 때는 일하고 쉬어야 할 때는 쉬어야 한다. 물론 우리는 휴식이 필요하다. 그러나 계속해서 휴식만 하고 있을 수는 없는 것이다.

만일 우리가 다른 사람이나 자신에게 진지하고자 한다면, 결코 진실을 내세워 그것을 자신의 게으름이나 무책임의 변명거리로 삼아서는 안 된다. 바울은 게으름과 나태는 문제를 일으킬 뿐이라는 사실을 분명히 했다. 솔로몬도 잠언에서 이와 동일한 언급을 한다. 잠언 18장 9절에는 "자기의 일을 게을리 하는 자는 패가 하는 자의 형제니라"고 했으며, 잠언 21장 25절에는 "게으른 자의 정욕이 그를 죽이나니 이는 그 손으로 일하기를 싫어함이니라"고 했다. 일은 우리에게 유익을 주지만 게으름과 변명은 백해무익하다.

벤자민 프랭클린(Benjamin Franklin)은 화려하고 다재다능한 발명가이자 정치가로서 결코 게으름과는 거리가 먼 사람이었다. 그는 변명을 일삼는 사람에 대한 하나의 경고로서 다음과 같은 짧은 노랫말을 지었다.

Mr. Meant-to('…하려 했지만' 이라고 변명하는 사람을 빗댄 표현/역자주)

Meant-To씨에게는 친구가 있는데

그의 이름은 Didn't-Do(…하지 못했다)입니다.

그를 만나본 적이 있습니까?

그가 찾아온 적이 없습니까?

이 두 친구는 Never-Win(결코 성공할 수 없는)이라는 집에서
함께 살고 있답니다.
그런데 그 집은 Might-Have-Been(만일 …만 했다면)이라는 유령이
자주 나타난다고 하는군요.[5]

우리가 변명하는 태도를 버리고 무슨 일이든 하며 그 속에서 기쁨을 발견하는 법을 배우기 전까지는 결코 긍정적인 십대가 될 수 없다. 비록 지금은 그 일이 숙제를 하거나 아이를 돌보거나 햄버거를 나르거나 집안일을 돕는 것일 수 있지만, 몇 년 후면 여러분도 산업 일선에서 어엿한 직장생활을 하게 될 것이다. 지금도 그렇고 앞으로도 마찬가지이지만, 우리는 무슨 일을 하든 일에 대한 책임감을 가지고 즐거운 마음으로 최선을 다해 임해야 한다. 그것이 우리가 해야 할 긍정적인 일이다. 결국 우리는 역사과목에서 A학점을 받기 위해 공부하는 것도, 월급이나 용돈 또는 뒤뜰에 있는 개를 위해 일하는 것도 아니다. 우리는 주님을 위해서 일한다. 그러므로 모든 일을 예배 행위로 생각하고 자신을 그리스도에게 드려야 한다.

파워포인트

묵상

읽을 말씀 : 데살로니가전서 5장 12-23절

1. 여러분의 일에 책임감을 가지도록 권면하는 모든 구절에 줄을 치라.
   본문은 어떤 식으로 여러분이 책임감을 가지도록 격려하는가?

2. 여러분은 일을 해야 한다는 것에 대해 어떻게 생각하는가?

3. 그리스도인이 좋은 직업을 가지는 것이 왜 중요한가?

기도

하나님 아버지, 저의 주님과 인도자가 되어주신 놀라우신 은혜를 감사합니다. 저의 하는 모든 일이 궁극적으로는 주님을 위한 것이라는 사실이 얼마나 놀랍고 감사한지 모릅니다.

주님은 저의 보호자이십니다. 제가 하는 선한 일을 아무도 모를지라도 주님은 아십니다.

주님께서 저에게 은사와 재능과 능력을 주사 저를 위해 예비하신 계획을 이루어 나갈 수 있게 하심을 감사합니다. 날마다 성령님을 통해 힘과 능력을 주심을 감사합니다.

맡은 일에 책임을 다할 수 있도록 도와주소서. 주님을 드러내기에 가장 좋은 일을 할 수 있도록 도와주소서.

예수님의 이름으로 기도합니다. 아멘.

 암송

잠언 21장 5절
"부지런한 자의 경영은 풍부함에 이를 것이나 조급한 자는 궁핍함에
이를 따름이니라"

 적용

1. 앞에서 제시한 「성공을 위한 9가지 원리」를 이용하여 자신을 평가
해보라. 보다 책임감 있는 학생, 사원 또는 고용주가 되기 위해 특
별히 힘써야 할 부분이 있는가?

2. 현재 여러분의 삶에서 가장 우선적으로 해야 할 일은 무엇이며, 그
일에 대해 어떤 태도로 임하고 있는가?

3. 여가 시간을 선용할 수 있는 방법으로는 어떤 것이 있는가?

4. 일을 시작하거나 직장을 구하거나 집안일을 할 생각이 있는가?

5. 주님께서 여러분에게 주신 은사를 잘 사용할 수 있도록 인도해 주
시도록 기도하라.

6장

백만 장자가 되고 싶은가?

돈은 어떻게 관리할 것인가?

자기의 재물을 의지하는 자는 패망하려니와 의인은 푸른 잎사귀 같아서 번성하리라 (잠 11:28)

대충 어느 여름 아침이었던 것으로 기억한다. 우리는 예배 중에 '별도의 지시가 있을 때까지 열지 마시오'라는 문구가 적힌 봉투를 하나씩 받았다. 설교자는 장차 없어질 것들이 아니라 영원한 것에 투자해야 한다는 감동적인 말씀을 전했다. 설교가 끝나자 그는 우리에게 봉투를 열어보라고 했다.

솔직히 처음에는 이 봉투 속에 헌금을 요구하는 다른 봉투가 들어있을 것이라고 생각하였다. 그러나 놀랍게도 생각과는 정반대였다. 모든 봉투 속에는 10달러짜리 지폐 1장과 5달러짜리 지폐 1장이 들어있었던 것이다. 주변을 살펴보니 다른 사람도 다 봉투 속에서 같은 금액을 꺼내고 있었다. 이 돈과 함께 봉투 속에는 다음과 같은 메모가 들어 있었다.

투자 전략

하나님은 모든 것의 주인이십니다. 이것은 가난한 자를 도우라고 여러분에게 드리는 돈입니다. 원하는 방식대로 사용하시되 다음과 같은 용도로는 사용하지 마시기 바랍니다.

1) 교회 헌금함에는 넣지 마시기 바랍니다.

2) 자신을 위해 사용하지는 마시기 바랍니다.

여러분은 다음과 같이 사용하셔도 무방합니다.

1) 교회 밖에서 가난한 자를 도와주셔도 됩니다.

2) 여러분의 돈과 다른 사람의 돈을 합해도 됩니다.

3) 여러 사람의 돈을 모아 공동으로 사용하셔도 됩니다.

5) 이 돈을 다른 자금과 합해 금액을 늘려 사용하셔도 됩니다.[1]

만일 우리 교회가 재정규모나 형편이 넉넉하였다면 이러한 도전적 발상을 훨씬 획기적인 방식으로 시행하였을 것이다. 목사님은 우리에게 창조적인 생각을 발휘하여 이 돈을 어떻게 사용할지 인도해 주실 것을 하나님께 기도하라고 부탁하였다. 우리는 모두 15달러로 가난한 자를 도울 수 있는 가장 좋은 방법을 생각하느라 여념이 없었다.

　　엄마는 우리 가족의 돈을 모아 성경책을 사서 다른 사람에게 주고 싶어 했지만 아빠는 그 돈으로 집 없는 사람들에게 먹을 것을 사주고 싶어 했다. 결국 우리는 일부는 먹을 것을 사고 일부는 성경을 구입하는데 쓰자는 타협점을 찾음으로 먹을 것과 성경을 모두 줄 수 있게 되었다. 우리는 다른 성도 몇 사람과 함께 큰 기쁨을 안고 집 없는 사람을 위해 달라스 시내로 향했다. 그 일은 우리 모두에게 의미 있는 경험이었다. 우리는 사랑이 담뿍 담긴 음식과 성경책을 전달받는 그들의 환한 얼굴을 보며 이 돈이 지혜롭게 사용되었다는 것을 알게 되었다.

　　돈은 사람들에게 복을 베풀 수도 있지만 우리의 삶에 저주가 되기도 한다. 그것은 너무도 쉽게 우리의 생각과 욕망과 시간과 관심을 빼앗아가 버릴 수 있다. 사실 성경에는 돈에 관한 언급이 상당히 많이 나온다. 성경에는 기도에 대한 언급이 약 오백 구절 정도 되며 믿음에 대해서는 그보다 적게 언급된 반면, 돈이나 소유에 관한 언급은 이천 구절이나 된다.2) 예수께서 말씀하신 38가지의 비유 가운데 16가지는 돈이나 물질에 관한 내용을 다룬다. 돈 문제는 확실히 중요하다. 우리에게 요구되는 것은 돈에 대한 바른 관점과 어떻게 하면 그것을 현명하게 사용할 것인가라는 것이다. 십대는 이 일을 시작하기에 가장 알맞은 때이다.

1. 성공의 비결

　이제 여러분의 수중에 한 다발의 돈-가령 75달러쯤-이 있다고 생각해보자. 그 돈은 여러분이 직접 벌었거나 다른 사람에게 받은 것일 수도 있지만 어쨌든 여러분이 임의로 쓸 수 있는 돈이다. 이제 여러분은 그 돈을 어디에 쓰고 싶은가? 지난 크리스마스 때부터 입고 싶었던 가죽 재킷, 그렇게 가지고 싶었던 핸드폰, 얼마 전에 출시된 신형 음향장치나 오매불망하던 CD도 있다. 없어서 그렇지 돈 쓸 곳은 널려 있다. 어디에 쓸 것인가는 결코 쉬운 결정이 아니다.

　여러분은 돈 쓸 곳을 어떻게 결정하는가? 십대는 수중에 돈이 들어오자마자 써버리는 것으로 정평이 나 있다. 그러나 10센트짜리 동전 하나 쓰는 것도 겁을 낼 만큼 인색한 사람도 있다. 이와 같은 양극단적 태도는 긍정적이라고 볼 수 없다.

　돈을 효율적으로 쓰기 위해서는 그것을 지혜롭게 사용하기 위한 계획을 세워야 한다. 대부분의 금융 상담가는 현재적 시점에 있어서의 적절한 소비 만족과 함께 어느 정도 미래의 재정적 안정도 도모할 수 있는, 신뢰할 수 있는 소득 관리 방식을 권한다. 그것은 수입의 10퍼센트를 따로 구별하여 저축하는 것으로부터 시작한다. 지금부터 저축을 시작한다고 해도 결코 이른 것이 아니다. 이 돈은 미래를 위한 준비 자금으로-아마도 차를 구입하거나 대학 등록금을 위해-모아둘 수 있다. 이러한 습관이 몸에 배면 나중에 커서 더 큰 규모의 일정한 소득이 있을 때에도 수입의 일부를 긴급한 때를 위한 여유 자금으로 체계적으로 저금할 수 있다.

그리스도인으로서 우리는 소득의 10분의 1을 주님께 드려야 한다는 성경의 가르침을 알고 있다. 이 10분의 1을 십일조라고 부른다. 우리는 성경을 통해 아브람(나중에 아브라함으로 개명)이 전쟁에서 이겨 조카 롯을 구하여 돌아온 후 처음으로 십일조를 바쳤다는 기사를 볼 수 있다. 창세기 14장 20절은 "너희 대적을 네 손에 붙이신 지극히 높으신 하나님을 찬송할지로다 하매 아브람이 그 얻은 것에서 십분 일을 멜기세덱에게 주었더라"라고 했다. 이러한 십일조(하나님께 드리는 헌물) 개념은 신명기 26장 12절에서 다시 언급된다. 하나님은 이스라엘에게 "제 삼년 곧 십일조를 드리는 해에 네 모든 소산의 십일조 다 내기를 마친 후에 그것을 레위인과 객과 고아와 과부에게 주어서 네 성문 안에서 먹어 배부르게 하라"고 명하셨다. 그 후 느헤미야 10장 37절에서 이스라엘 백성들은 "또 처음 익은 밀의 가루와 거제물과 각종 과목의 열매와 새 포도주와 기름을 제사장들에게로 가져다가 우리 하나님의 전 골방에 두고 또 우리 물산의 십일조를 레위 사람들에게 주리라 하였나니 이 레위 사람들은 우리의 모든 성읍에서 물산의 십일조를 받는 자임이며"라고 하였다. 물론 교회나 가난한 자들에게 주는 것을 반드시 십분의 일로 제한할 필요는 없지만 이 십일조는 우리가 어디서부터 시작해야 할 것인지를 잘 보여준다.

지금부터 십일조를 하는 습관을 들이라! 우리가 어른이 되어 소득이 많아지면 십일조 내기가 더 어려워진다. 여러분은 지금이 더 어렵다고 생각할는지도 모른다. 그러나 한번 생각해보라. 여러분이 100달러를 벌 경우 십일조는 10달러밖에 되지 않기 때문에 큰 금액이라는 생각이 들지 않을 것이다. 그러나 1만 달러를 버는 사람은 십일조가 1천 달러가 되는데 이것은 선뜻 내기 어려운 금액이다. 만일 소득이 5십만 달러라면 십일조는 무려 5만 달러에 이르는데 이렇게 엄청난 금액을 그냥 떼어주려면 상당한 부담감을 느낄 것이다. 그러나 만일 지금 적은 액수의 바치는 생활에 충실하면 나중에 소득이 많아졌을 때 큰 돈을 바치는 것도 훨씬 자연스럽게 할 수 있을 것이다. 결국 바치는 것은 마음의 문제이다. 하나님께서 우리의 마음을 감동시켜 다른 사람을 불쌍히 여기고 감사하는 마음을 주시면 우리는 주는 자가 될 것이며 아울러 긍정적인 십대가 될 것이다. 우리는 열린 마음과 열린 손을 가지도록 도와 달라고 하나님께 간구해야 한다.

2. 하고 싶은 것과 필요한 것

가령 소득의 10퍼센트는 십일조로 하나님께 드리고 10퍼센트는 앞날을 위해 저금했다고 하자. 이제 여러분은 나머지 80퍼센트를 쓸 수 있다. 문제는 그 돈을 어디에 쓸 것인가 하는 것이다. 가장 긍정적이고 신중한 방법은 먼저 필요한 곳에 쓰고 그 다음에 자신이 하고 싶은 것, 원하는 곳에 쓰는 것이다. 반대의 경우(원하는 곳에 먼저 쓰는)는 있을 수 없다. 우리는 이것을 당연하다고 생각하지만 실제로는 말처럼 쉬운 일이 아니라는 것을 경험으로 알고 있다. 여차하면 학교 가라고 준 차비도 털어 옷이나 햄버거를 산다. 돈을 엉뚱한데 다 써 버리고 정작 필요한 곳에는 쓸 돈이 없어 쩔쩔매는 경우는 없었는가? 우리가 이 글을 쓰고 있는 것을 본 십대 자녀를 둔 한 어머니는 "십대에게 꼭 필요한 것은 돈을 모으는 방법이다. 그들은 돈 쓰는 방면에서는 이미 전문가 수준이다"라고 하였다.

이것이 바로 십대로서 우리가 돈을 현명하게 지출하는 방법을 배워야 하는 이유이다. 우리는 돈이 우리의 손을 떠나 계산대로 가기 전에 '지금 돈을 쓰는 것이 꼭 필요한 것인가 아니면 나중에 더 필요한 곳에 쓸 일이 있지는 않는가?' 라고 물어보아야 한다.

지금 잠시 시간을 내어 매달 꼭 돈이 들어가야 할 곳에 대해 생각해보라. 여러분은 부모님에게 용돈을 받을 수도 있고 아니면 여러분 스스로 유류비나 옷 값, 점심 값, 주말에 영화 보러 갈 돈을 벌 수도 있다. 여러분은 유리창을 깨서 물어주어야 할 돈이나 과속위반 과태료 또는 차 수리비를 부모님에게 대신 내 달라고 부탁할 수도 있다. 어떤 상황에 처해 있든, 매달 돈이 들어가야 할 곳을 아래의 빈 칸을 이용해 리스트로 만들어 보라.

	필요한 곳	금액
1.	__________________	__________________
2.	__________________	__________________
3.	__________________	__________________
4.	__________________	__________________
5.	__________________	__________________

항목별 비용을 모두 합산한 다음 약간의 예비비를 추가하라(우리는 대체로 지출 금액을 적게 잡는 경향이 있기 때문이다). 이 돈은 꼭

필요한 곳에 쓰기 위해 따로 가지고 있어야 할 돈으로, '그러나 나는 이것을 하고 싶다'는 유혹으로부터 보호해야 한다. 여기서 남는 돈은 자신이 원하는 곳에 사용할 수 있다. 물론 이것은 우리가 시간을 내어 원하는 것과 필요한 것을 구별할 수 없다면 아무런 도움도 되지 않는다. 원하는 것과 필요한 것의 구분은 아마도 돈 관리와 관련하여 우리가 배울 수 있는 가장 중요하고 유일한 원리일 것이다.

이러한 구분은 십대로서 현명한 돈 관리를 할 수 있도록 도와줄 뿐 아니라 우리의 삶을 경제적으로 건전하고 안전하게 유지하는데 도움이 된다. 꼭 필요한 곳에 먼저 돈을 쓰고 원하는 곳에는 나중에 돈을 쓰는 데에는 절제력과 훈련이 필요하지만, 해보면 많은 유익이 된다. 잠언 10장 16절에서 "의인의 수고는 생명에 이르고 악인의 소득은 죄에 이르느니라"라고 했다.

여러분이 믿든 믿지 않든, 자신의 욕구를 참고 기다릴 때 많은 좋은 것들이 온다. 기다림이 곧 지혜이다. 우리는 원하는 것을 가질 때까지 우리가 가진 것에 만족할 줄 알아야 한다. 만족은 긍정적인 십대에게, 그리고 대부분의 그리스도인들에게 중요한 속성이다. 감옥에 갇힌 바울이 다음과 같이 만족에 대해 언급하였다는 것은 놀라운 사실이 아닐 수 없다.

"내가 궁핍하므로 말하는 것이 아니라 어떠한 형편에든지 내가 자족하기를 배웠노니 내가 비천에 처할 줄도 알고 풍부에 처할 줄도 알아 모든 일에 배부르며 배고픔과 풍부와 궁핍에도 일체의 비결을 배웠노라 내게 능력 주시는 자 안에서 내가 모든 것

을 할 수 있느니라"(빌 4:11-13)

아마도 여러분은 "나는 그리스도 안에서 모든 것을 할 수 있다"라는 구절을 잘 알고 것이다. 그러나 여러분은 바울이 이 구절을 만족하라는 의미를 전하기 위한 핵심구절로 사용하고 있다는 사실은 깨닫지 못했을 것이다. 만족은 오늘날과 같이 다다익선을 추구하는 사회에서는 찾아보기 힘든 말이다. 우리가 가진 것으로 만족하고 계속해서 더 많은 것을 요구하지 않기 위해서는 하나님이 주시는 인내와 힘이 필요하다. 만족은 게으름이 아니며 포기도 아니다. 그것은 다만 "지금 원하는 것을 가질 수 없다면 그것으로 만족한다. 하나님께서 나에게 그것을 살 수 있는 힘을 주실 것이다"라고 말하는 것이다. 중요한 것은 여러분이 원하는 것보다 필요한 것을 먼저 생각하는 것이며 이 둘을 구분하는 분별력을 키워야 한다.

3. 빚을 질 것인가 말 것인가?

우리는 남에게 빚 지고도 행복하게 살 수 있는 사회에 살고 있다. 많은 사람들은 빚으로도 지극히 안락한 삶을 살고 있지만 이것은 재정적 불안만 야기할 뿐이다. 가장 현명한 재정 조언자는 적어도 집을 사거나 경우에 따라서는 차를 구입하는 정도 외에는 절대 빚을 지지 말라고 신신당부한다. 문제는 신용카드를 너무 쉽게 사용할 수 있다는 점이다. 사람들은 자신이 원하는 것과 필요한 것을 카드 하나로 다 구입한 후에, 그것을 다 갚는 것이 아니라 최소한의 상환금액만 매달 변제해 간다. 이렇게 쌓인 빚은 엄청난 이자와 함께 눈덩이처럼 불어나 때로는 수년 동안 갚아도 모자랄 큰 돈으로 변하기도 한다.

이것이 우리 십대와 무슨 상관이 있는가? 사실, 우리 가운데는 이미 부모님의 신용카드를 사용하는 사람도 있으며, 그렇게 못하더라도 우리는 부모님에게 신용카드가 있기 때문에 무엇이든 원하는 것은 다 얻을 수 있다고 생각한다. 더구나 신용카드 회사라는 곳은 대학신입생이나 그 또래의 십대에게 일찍부터 빚이라는 덫에 빠져들도록 '무료로' 카드를 발급해주거나 카드발급 신청서를 보내는 것으로 유명하다.

가장 좋은 방법은 카드를 꼭 필요한 곳에만 사용하고 반드시 그달 그달 전액 결제하는 것이다. 그렇게 하지 않을 경우 자칫 경제적 자유를 박탈당할 수 있다. 켈시(Kelsey)의 경우를 예로 들어보자. 그녀는 대학에 입학한 후 자신에게 멋진 신용카드를 발급해 주겠다는 한 통의 우편을 받고 즉시 승낙하고 말았다. 그녀는 카드로 모든 것(옷, 화장품, 식료품, 극장표 등)을 얼마나 쉽게 구입할 수 있는지를 이내 알게 되었다. 더구나 그녀는 매달 최소한의 금액만 상환하면 된다니! 그녀는 조그만 카드를 카운터에 제시할 때마다 전혀 자기가 돈을 쓰고 있는 것처럼 생각되지 않았다. 문제는 그들이 처음에 제시한 낮은 이자율이 불과 몇 개월 후에 16%로 올랐다는 것이다. 켈시가 미처 이런 사실을 깨닫기도 전에 빚은 무려 2만 달러로 늘어났으며 갚아야 할 이자만 해도 3,200달러나 되었다.

만일 우리가 "3,200달러만 갚으면 상환기일을 늦추어 주겠다. 물론 당신의 빚은 계속해서 늘어날 것이다"라고 말한다면 여러분은 아마 "무슨 정신 나간 소리를 하는 거야?"라고 할 것이다. 그러나 이것이 바로 켈시와 같은 사람들이 지금도 매달 되풀이 하고 있는 실상이다.

여러분이 만일 이처럼 이미 카드발급 대상자로 선정되었다는 편지를 우편으로 받는다면 즉시 찢어버리라! 여러분이 매달 상환액을 갚아나갈 능력이 있을 때까지 신용카드를 사용해서는 안 된다. 신용카드가 꼭 필요할 때가 있다. 예를 들어 차를 렌트하거나 호텔을 이용할 경우, 또는 인터넷을 통해 물건을 구입할 경우 등이다. 이와 같이 신용카드도 적절히 사용하기만 한다면 앞으로 주택 구입과 같이 목돈이 필요할 때 금융 이력(financial history)이나 신용평가에서 유리하게 작용하여 큰 도움을 받을 수 있다. 중요한 것은 바른 카드 사용법이다. 결코 카드가 여러분을 사용하도록 해서는 안 된다.

십대나 젊은 사람이 빚을 지지 않아야 하는 또 하나의 이유가 있다. 여러분도 언젠가는 결혼할 것이라는 생각을 하고 있을 것이다. 그러나 만일 여러분이 4만 달러나 되는 빚을 지고 있다면 배우자가 어떻게 하겠는가? 누가 결혼하자마자 빚더미에 앉고 싶겠는가? 여러분이 아무리 멋있는 사람이라 할지라도 빚지지 않는 것만큼 매력적인 신랑감으로 보이게 하는 요소도 없을 것이다.

신용카드 남발로 자신을 괴물로 만들지 말라. 빚은 문제만 야기하는 골치 아픈 존재일 뿐이며 결코 어떤 문제도 해결하지 못한다.

4. 잠언의 원리

앞에서 언급한 대로 돈 문제는 믿음이나 기도보다 성경에 더 많이 언급된다. 그 가운데 특별히 돈 관리에 대해 많은 언급을 하고 있는 곳이 잠언이다. 다음에 제시한 원리들은 여러분이 그것을 전부 읽든 안 읽든, 여러분이 앞으로 살아가는데 큰 유익이 될 것이다.

1) 구제
- 잠언 11장 24-25절

"흩어 구제하여도 더욱 부하게 되는 일이 있나니 과도히 아껴도 가난하게 될 뿐이니라 구제를 좋아하는 자는 풍족하여질 것이요 남을 윤택하게 하는 자는 윤택하여지리라"

- 잠언 19장 17절

"가난한 자를 불쌍히 여기는 것은 여호와께 꾸이는 것이니 그 선행을 갚아 주시리라"

- 잠언 21장 13절

"귀를 막아 가난한 자의 부르짖는 소리를 듣지 아니하면 자기의 부르짖을 때에도 들을 자가 없으리라"

- 잠언 22장 9절

"선한 눈을 가진 자는 복을 받으리니 이는 양식을 가난한 자에게 줌이니라"

2) 보증
- 잠언 11장 15절

"타인을 위하여 보증이 되는 자는 손해를 당하여도 보증이 되기
를 싫어하는 자는 평안하니라"
● 잠언 17장 18절
"지혜 없는 자는 남의 손을 잡고 그 이웃 앞에서 보증이 되느니
라"
● 22장 26-27절
"너는 사람으로 더불어 손을 잡지 말며 남의 빚에 보증이 되지
말라 만일 갚을 것이 없으면 네 누운 침상도 빼앗길 것이라 네가
어찌 그리하겠느냐"

3) 빚

● 잠언 22장 7절
"부자는 가난한 자를 주관하고 빚진 자는 채주의 종이 되느니라"

4) 미래를 위한 저축

● 잠언 21장 20절
"지혜 있는 자의 집에는 귀한 보배와 기름이 있으나 미련한 자
는 이것을 다 삼켜 버리느니라"

성경은 부자가 되는 것이 나쁘다고는 말하지 않는다. 그러나 돈을
사랑하고 그것이 우리의 삶의 중심이 되게 하는 것은 분명 잘못이
다. 역사를 통해 볼 때 하나님은 당신의 나라를 세우는 일에 많은 부
유한 사람들을 들어 쓰셨으며 지금도 그렇게 하신다. 아브라함으로
부터 시작하여 아리마대 요셉과 니고데모에 이르기까지 부와 재물

은 하나님의 사람들에게, 또한 그들을 통해 주시는 축복이었다. 우리가 자신에게 물어보아야 할 것은 바로 이것이다. 나는 진정 무엇을 위해 사는가? 나는 더 많은 돈, 더 많은 재물을 쌓는데 모든 마음이 가 있지는 않는가? 나는 진정 영원한 것들에 대한 관심 때문에 만족하고 있는가?

마태복음 6장에서 예수께서 제자들에게 하신 산상수훈 가운데는 다음과 같은 내용이 언급되어 있다.

"너희를 위하여 보물을 땅에 쌓아 두지 말라 거기는 좀과 동록이 해하며 도적이 구멍을 뚫고 도적질 하느니라 오직 너희를 위하여 보물을 하늘에 쌓아 두라 거기는 좀이나 동록이 해하지 못하며 도적이 구멍을 뚫지도 못하고 도적질도 못하느니라 네 보물 있는 그곳에는 네 마음도 있느니라….
한 사람이 두 주인을 섬기지 못할 것이니 혹 이를 미워하며 저를 사랑하거나 혹 이를 중히 여기며 저를 경히 여김이라 너희가 하나님과 재물을 겸하여 섬기지 못하느니라"(마6:19-21, 24)

요컨대 마음을 지켜야 한다는 것이다. 십대로서 우리는 돈이 주는 모든 쾌락과 이 세상의 것들에 쉽게 빠질 수밖에 없다. 돈을 많이 가지거나 돈을 버는 것 자체는 결코 나쁜 것이 아니다. 다만 우리는 그것이 우리의 마음을 지배하지 못하도록 해야 한다. 사실 우리는 돈 외의 것에서 만족과 행복을 발견할 때 수중에 있는 돈만으로도 진정한 기쁨을 누릴 수 있다. 그렇지 않으면 우리가 가진 돈이 우리를 다스리게 된다. 왜냐하면 우리의 모든 시간과 정력을 돈 버는 일과 그것을 지키는 일에 쏟아 부을 것이기 때문이다.

　세계에서 가장 부유한 여자 가운데 한 사람인 오프라 윈프리도 자신은 부가 아닌 다른 것에서 만족을 발견했다고 주장하였다. 그녀는 언젠가 "나는 부자가 되기 전에도 참으로 행복했다"고 말한 적이 있다. "여러분이 믿지 않을지 모르지만 내가 돈을 벌 수 있었던 것은 무엇보다도 내가 행복했기 때문입니다. 그렇지 않았다면 나는 결코 돈을 벌지 못했을 것입니다"라고 하였다.3)

　『부를 향한 첫 걸음』(Wealth 101)의 공동저자인 존 로저스(John Rogers)와 피터 맥윌리엄즈(Peter McWilliams)는 "부는 우리가 이미 가지고 있는 것을 즐기는 것이며 우리를 행복하게 해 줄 것이라고 생각하는 것들을 더 많이 얻는 것이 아니다"라고 하였다.4) 긍정적인 십대가 되기 위해서는 우리가 이미 가지고 있는 것-인자하심과 은혜가 충만하시며 우리를 영원히 사랑하시는 하나님과의 관계-에 대해 만족하는 법부터 배워야 한다. 우리는 하나님이 주시는 평화와 기쁨과 만족을 돈으로 살 수 없다. 이러한 것들은 오직 우리의 모든 영과 마음이 그리스도만으로 만족할 때 찾아온다. 그 외의 어떤 방법도 모두 헛된 것이다.

파워포인트 

 **묵상**

읽을 말씀 : 디모데전서 6장 6-21절

1. 본문에서 바울은 디모데와 초기 성도들에게 돈에 대해 어떤 교훈을 주고 있는가?

2. 자신의 삶에 적용할 수 있는 교훈을 세 가지만 적어보라.

① ____

② ____

③ ____

기도

우리에게 모든 것을 채워주시는 위대하신 하나님, 주님에게는 부족한 것이 없습니다. 저는 제게 가장 필요한 것들이 주님께 있는 것을 압니다. 언제나 저를 감찰하시며 돌보아 주심을 감사합니다.

저는 영적으로, 물질적으로, 감정적으로, 그리고 육신적으로도 풍성한 복을 받았습니다. 그것은 주님이 저의 모든 필요를 채워주시는 분이시기 때문입니다.

결코 돈을 사랑하는 마음이 주님과 이웃을 향한 사랑을 빼앗지 않도록 도와주시기 원합니다.

주님께서 저에게 허락하신 것들에 대한 지혜와 분별력을 가지도록 도와주소서. 저에게 맡겨주신 것들이 어디에 있으며 어떻게 사용해야 하는지를 보여주소서. 모든 것 가운데 가장 큰 보화인 주님의 풍성한 사랑과 은혜에 감사합니다. 예수님의 이름으로 기도 합니다. 아멘.

💡 암송

마태복음 6장 21절

"네 보물 있는 그곳에는 네 마음도 있느니라"

😊 적용

1. 자신의 지출 습관에 대해 비판적인 안목으로 바라보라. 여러분은
   저축과 헌금을 제대로 하고 있는가?
   돈을 쓰는 방식에 변화를 주어야 할 필요는 없는가?

2. 여러분이 가진 돈으로 만족하며 살고, 하나님께서 여러분에게 맡
   기신 것에 대해 청지기로서의 책임을 다하겠다고 약속하라.

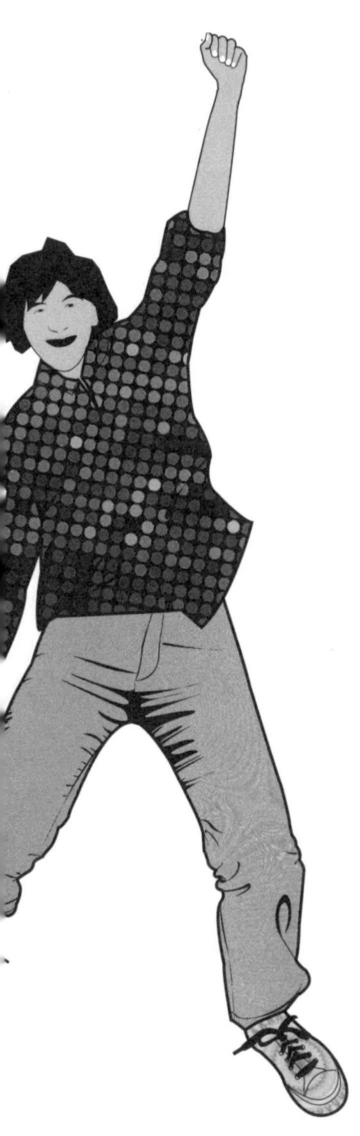

신실

THe Power oF InTeGrity

신실은 진정한 성공의 기초이다.
- B.C. 포브스(B. C. Forbes) -

할렐루야 여호와를 경외하며 그 계명을 크게 즐거워하는 자는
복이 있도다 그 후손이 땅에서 강성함이여
정직자의 후대가 복이 있으리로다 부요와 재물이
그 집에 있음이여 그 의가 영원히 있으리로다

〈시편 112:1-3〉

7장

신행일치의 삶을 보라

외적 행동에 영향을 주는 내적 성품을 개발하라

하나님이여 내 속에 정한 마음을 창조하시고
내 안에 정직한 영을 새롭게 하소서 (시 51:10)

유럽 각국을 여행 중이었던 19세기 프랑스의 유명한 화가 폴 구스타브 도레(Paul Gustave Dor'e)에 관한 이야기이다. 그가 어느 국경에 도착했을 때 출입국 관리소의 직원이 여권을 요구하였다. 소지품을 뒤적거리던 도레는 이렇게 말했다.

"죄송하지만 여권을 분실했습니다. 나는 유명한 화가 도레입니다. 통과시켜 주실 수 없겠습니까?"

그러나 그 직원은 근엄하게 대답했다.

"아닙니다 선생님, 우리는 여기서 자기가 이러저러한 이유로 유명하다고 주장하는 사람을 많이 보았습니다. 여기 연필과 종이가 있으니 당신이 정말 화가 도레라면 그림을 그려 증명하시기 바랍니다."

도레는 그의 말대로 순순히 연필을 쥐고 주변 풍경을 그렸다.

그림을 본 그 직원은 "이제 당신이 도레인 것을 알았습니다. 이런 그림은 결코 아무도 그릴 수 없지요"라고 하며 그를 통과시켜 주었다.[1]

이 예화가 보여주듯이 우리의 행동은 우리의 진정한 마음을 드러내 준다. 그것은 우리가 진정 누구인지를 보여준다. 문제는 여러분의 행동이 무엇을 드러내는가 하는 것이다. 여러분은 여러분이 자신에 대해 생각하고 있는 바로 그 사람임을 보여줄 수 있는 증거가 있는가? 여러분은 자신이 그리스도인이며 그리스도의 제자라고 말하지만 과연 여러분의 말과 행동은 그것이 사실임을 드러내는가? 또는 누군가 말했듯이, 만일 여러분이 진정 그리스도인이라는 이유로 재판을 받고 있는 중이라면 그것을 증명할 만한 충분한 증거가 있는가?

우리가 그리스도인이라고 말하기는 쉽지만 그것을 우리의 말이나 행동을 통해 나타내는 것은 이야기가 다르다. 우리는 어떻게 그것을 드러낼 것인가? 다른 사람들은 우리를 통해 예수님을 볼 수 있는가?

1. 누가 신실한 사람인가?

웹스터 사전(Webster's Dictionary)에서 신실(integrity)이란 단어의 뜻을 찾아보면 '온전한 도덕적 원리에 충실하려는 성질이나 상태, 고결, 정직, 성실'이라고 되어 있다.[2]

데이빗 제레미야(David Jeremiah)는 이 말의 뜻을 "자신이 한 약속에 대해 설사 그때와 환경이 달라졌다 하더라도 지키는 것"이라고 했다.[3]

우리는 개인적으로 신실하다는 것은 어떤 상황 하에서도 옳은 일을 하겠다는 마음이 말과 행동을 통해 나타나는 사람에게 해당되는 말이라고 생각한다. 신실한 사람은 처음부터 끝까지 오직 정직하고 진실하겠다는 신념을 가진 사람이다. 대부분의 십대는 부모로부터 정치가에 이르기까지 모든 사람이 진실되기를 바란다. 우리는 진실하지 않은 사람(특히 어른)에 대해 쉽게 무시한다. 그러나 동일한 잣대를 자신에게 대어 볼 때 "나는 진실된 사람이다"라고 말할 수 있는가?

마크(Mark)를 예로 들어보자. 그는 학생자치위원회의 임원이자 스포츠나 모든 활동에 있어서 리더로서 존경을 받았다. 어느 날 학교 주차장을 급히 빠져나오던 중 뒤에 있는 차를 받고 말았다. 이제 모든 진실이 드러날 순간이 왔다. 자신이 사고를 냈다는 메모를 남겨놓을 것인가 아니면 그냥 가버릴 것인가? 아무도 본 사람은 없다. 그러나 신실을 중요시했던 마크는 피해 차량의 앞 유리창에 자신이 사고를 내었다는 메모를 남기고 떠났다.

우리는 어떤가? 다른 사람들이 우리의 말과 행동에 대해 외부로 알려진 우리 자신의 모습과 동일하게 받아주는가? 아무도 보지 않을 때에도 진정 그러한가? 다음은 신실함을 지닌 한 소녀에 관한 엘리자베스 터너(Elizabeth Turner)의 시이다.

레베카의 고민

어제, 혼자 거실에 있던 레베카 메이슨은

벽로 선반 위에 놓여 있던

값비싼 중국 도자기를 깨고 말았다

깜짝 놀란 그녀는 몰래 달아나버릴 생각도 했다

그날 그곳에서 있었던 일을 아는 사람은

아무도 없었기에

그러나 지금껏 누구를 속이라고 배운 적이 있는가?

그 생각이 든 순간,

레베카는 엄마에게 모든 것을 털어놓았다

엄마는 오히려 그녀를 토닥거리고 칭찬하며 더 사랑해 주셨다[4]

이것이 신실의 본질이다. 아무도 보지 않을 때에도 옳은 것을 하는 것이다. 그러나 사실은 언제나 우리를 보고 계시는 분이 있다. 그분은 하나님이시다. 잠언 15장 3절은 "여호와의 눈은 어디서든지 악인과 선인을 감찰하시느니라"라고 말한다. 잠언의 다른 구절은

"여호와를 경외하는 것이 지식의 근본이어늘 미련한 자는 지혜와 훈계를 멸시하느니라"(잠 1:7)라고 했다. 여호와를 바르게 두려워하는 것(경외함)은 좋은 일이다. 우리가 하나님께서 우리를 보고 계시며 모든 것을 감찰하신다는 것을 안다면 당연히 신실하게 살며 신실한 말과 행동을 할 것이다.

다음의 이야기는 이러한 진리를 잘 보여준다.

옛날 어떤 사람이 이웃의 논에 몰래 들어가 밀을 훔칠 생각을 하였다. '논마다 다니며 조금씩만 가져온다면 아무도 모르겠지. 하지만 다 모으면 제법 많은 양이 될 거야'라고 그는 생각했다. 그는 밤이 오기만 기다렸다. 이윽고 구름이 산 위에 짙게 드리우자 그는 살금살금 자신의 집을 빠져나왔다. 그는 막내딸을 데리고 갔다.

그는 딸의 귀에 대고 작은 소리로 "애야, 너는 망을 보고 있다가 누가 보면 얼른 소리쳐야해"라고 속삭였다.

그는 첫 번째 논에 들어갔다. 밀을 베기 시작한지 얼마 되지 않아 딸이 소리쳤다. "아버지, 누가 보고 있어요!"

황급히 주변을 살피던 그는 아무도 보이지 않자 얼른 밀을 거두고는 두 번째 논으로 향했다.

"아버지, 누가 보고 있어요!"라고 딸은 다시 소리쳤다.

그는 동작을 멈추고 주변을 자세히 둘러보았으나 여전히 아무도 보이지 않았다. 그는 더 많은 밀을 거둔 후 세 번째 논으로 향했다.

잠시 후 딸은 또 다시 소리쳤다. "아버지, 누가 보고 있어요!"

그는 일을 멈추고 사방을 샅샅이 살펴보았으나 아무도 없었다. 그래서 그는 밀을 묶은 후 네 번째 논으로 향했다.

그러자 딸은 더 큰 소리로 "아버지, 누군가 보고 있어요!" 라고 고함을 쳤다. 손을 놓고 구석구석을 둘러보던 아버지는 아무도 보이지 않자 딸에게 화를 내었다. "왜 자꾸 소리치느냐? 내 눈에는 아무 것도 보이지 않는데 도대체 어디서 누가 보고 있다는 거냐?"

"아버지." 어린 딸은 또박또박 말했다. "위에서 누군가 보고 있어요."5)

그렇다. 일말의 의심도 없이, 우리는 감시를 당하고 있다. 그러나 그분은 우리가 잘못을 범할 때까지 감시하며 기다렸다가 벌을 주는 냉엄하고 차가운 하나님이 아니다. 우리를 내려다보고 계신 하나님은 사랑과 긍휼이 풍성한 좋으신 하늘 아버지이시다. 이 사랑의 하나님이 우리를 보고 계신다는 사실을 아는 것만으로도 우리는 세상을 지혜롭고 신실하게 살 수 있는 충분한 이유가 된다.

2. 그것은 마음의 문제이다

왜 어떤 사람들은 신실하고 어떤 사람은 신실하지 못한 것처럼 보이는가? 신실은 본질적으로 우리의 마음과 생각 깊숙한 곳으로부터 나온다. 앞서 언급했듯이 우리의 행동은 종종 우리의 마음을 나타낸다. 예수님도 보이는 행동이 속에 감춰진 것을 드러내는 유일한 증거라고 말씀하셨다. 그분은 마가복음 7장 20-22절에서 "또 가라사대 사람에게서 나오는 그것이 사람을 더럽게 하느니라 속에서 곧 사람의 마음에서 나오는 것은 악한 생각 곧 음란과 도적질과 살인과 간음과 탐욕과 악독과 속임과 음탕과 흘기는 눈과 훼방과 교만과 광패니"라고 하셨다.

누가복음 6장 43-45절에도 이와 비슷한 예수님의 말씀이 나온다.

"못된 열매 맺는 좋은 나무가 없고 또 좋은 열매 맺는 못된 나무가 없느니라 나무는 각각 그 열매로 아나니 가시나무에서 무화과를, 또는 찔레에서 포도를 따지 못하느니라 선한 사람은 마음의 쌓은 선에서 선을 내고 악한 자는 그 쌓은 악에서 악을 내나니 이는 마음의 가득한 것을 입으로 말함이니라."

예수님의 말씀에 따르면 우리의 말과 행동은 일치해야 하며 조화를 이루어야 한다. 우리는 "나는 그리스도를 따른다"라고 말하면서 자기중심적이며 분노를 내거나 부정직하게 살아서는 안 된다. 우리가 그리스도인이라고 말한 이상 우리의 행위도 그리스도인답게 살아야 하는 것이다. 우리는 성실과 신실로 그리스도에게 순종하는 삶을 살아야 한다. 다음 강화는 계속해서 이어지는 누가복음의 말씀이다.

"너희는 나를 불러 주여 주여 하면서도 어찌하여 나의 말하는 것을 행치 아니하느냐 내게 나아와 내 말을 듣고 행하는 자마다 누구와 같은 것을 너희에게 보이리라 집을 짓되 깊이 파고 주초를 반석 위에 놓은 사람과 같으니 큰 물이 나서 탁류가 그 집에 부딪히되 잘 지은 연고로 능히 요동케 못하였거니와 듣고 행치 아니하는 자는 주초 없이 흙 위에 집 지은 사람과 같으니 탁류가 부딪히매 집이 곧 무너져 파괴됨이 심하니라 하시니라"(눅 6:46-49)

우리는 모두 반석 위에 집을 짓기를 원한다. 우리가 그리스도에게 순종하며 신실한 삶을 살 때 우리는 시간이 가도 쉽게 무너지지 않는 든든한 기초 위에 우리의 집-우리의 삶-을 세우게 될 것이다.

3. 가난한 자에게 임하는 부요함

어쩌면 여러분은 '나는 옳은 일을 하며 신실하게 살고 싶지만, 그것이 생각처럼 쉽지는 않다'고 생각할는지 모른다. 정말 그렇다. 그것은 우리에게도 결코 쉬운 일이 아니다. 그렇다면 십대로서 우리는 어떻게 신실한 마음을 함양하며 그리스도에게 순종하는 삶을 살 것인가?

다소 생소하게 들릴는지 모르겠지만 신실한 가운데 부자가 되는 비결은 가난하게 되는 것이다. 즉 마음이 가난해야 한다는 것이다. 산상수훈에서 예수님은 제자들에게 진정한 복에 대해 가르치셨다. 그는 "마음이 가난한 자는 복이 있나니 천국이 저희 것임이요"(마 5:3[NIV])라는 말로 시작한다. 그러나 NIV와 달리 NLT(New Living Translation)는 "하나님을 간절히 구하는 자는 복이 있나니…"라고 번역한다. 우리가 진정 선한 자가 되기 위해서는 먼저 하나님의 필요성에 대해 절실히 깨달아야 한다. 우리 자신에 대해 생각해 볼 때, 우리는 모두 어리석고 불완전한 피조물이다. 우리는 모두 거짓된 마음을 가지고 있다(만약 그렇게 생각하지 않는다면, 그것이야말로 자신이 거짓되다는 증거이다). 그러나 우리의 삶 가운데 역사하시는 하나님의 영은 어떤 능력이라도 행하실 수 있다.

여호와께서 에스겔에게 하신 말씀을 생각해보라.

"또 새 영을 너희 속에 두고 새 마음을 너희에게 주되 너희 육신에서 굳은 마음을 제하고 부드러운 마음을 줄 것이며 또 내 신을 너희 속에 두어 너희로 내 율례를 행하게 하리니 너희가 내 규례를 지켜 행할지라"(겔 36:26-27)

본문이 우리에게 말씀하시는 것은 우리의 마음이 부패할지라도 하나님은 치료법을 가지고 계신다는 것이다. 즉 하나님은 우리와 예수님과의 관계를 통해 당신의 성령의 능력으로 우리에게 새로운 마음을 주시기를 원한다. 우리는 이 새로운 마음을 받아들이고 하나님의 영으로 인도함을 받을 것인가, 아니면 옛 마음과 육신의 정욕을 따라 말하고 행동할 것인가?

로마서 8장 5-14절에서 바울은 이렇게 말한다.

"육신을 좇는 자는 육신의 일을, 영을 좇는 자는 영의 일을 생각하나니 육신의 생각은 사망이요 영의 생각은 생명과 평안이니라 육신의 생각은 하나님과 원수가 되나니 이는 하나님의 법에 굴복치 아니할 뿐아니라 할 수도 없음이라 육신에 있는 자들은 하나님을 기쁘시게 할 수 없느니라

만일 너희 속에 하나님의 영이 거하시면 너희가 육신에 있지 아니하고 영에 있나니 누구든지 그리스도의 영이 없으면 그리스도의 사람이 아니라 또 그리스도께서 너희 안에 계시면 몸은 죄로 인하여 죽은 것이나 영은 의를 인하여 산 것이니라 예수를 죽은 자 가운데서 살리신 이의 영이 너희 안에 거하시면 그리스도 예수를 죽은 자 가운데서 살리신 이가 너희 안에 거하시는 그의 영으로 말미암아 너희 죽을 몸도 살리시리라

그러므로 형제들아 우리가 빚진 자로되 육신에게 져서 육신대로 살 것이 아니니라

너희가 육신대로 살면 반드시 죽을 것이로되 영으로써 몸의 행실을 죽이면 살리니

무릇 하나님의 영으로 인도함을 받는 그들은 곧 하나님의 아들이라"

최종 결론은 이렇다. 만일 여러분이 자신의 힘과 능력으로 신실한 삶을 살기를 원한다면, 실제로 그렇게 할 수 있는지 한번 해보길 바란다. 그러나 여러분이 하나님의 도움 없이도 선한 자가 될 수 있다고 생각한다면 무엇보다도 교만이라는 문제에 부딪칠 수밖에 없을 것이다. 하나님만이 우리의 마음을 변화시킬 수 있으며 그분의 성령만이 우리로 하여금 의로운 삶을 살게 하실 수 있다. 그분이 없이는 우리는 아무 것도 할 수 없다. 우리가 진정 긍정적인 십대가 되기를 원한다면 "주여 당신만 바라보나이다. 당신의 인도함을 받기 원합니다. 저의 마음을 정케 하시고 성령의 능력으로 살도록 도와주소서"라고 부르짖어야 한다.

4. 겉과 속을 깨끗이 하라

선한 것처럼 보이는 것과 실제로 선한 것과는 다르다. 십대는 정직하고 신실해 보이는 외관을 유지함으로 부모님이나 선생님 또는 서로 간에 얼마든지 선하게 보일 수 있다. 그러나 우리는 겉으로 드러난 외식적 행위와 그리스도를 닮은 참 마음으로부터 우러나오는 행위를 혼동하지 않도록 유의해야 한다.

예수님 당시에도 바리새인은 바로 이 점에서 문제가 있었던 것이다. 그들은 모든 율법을 지켰으며 겉으로는 천사와 같이 순종하는

자처럼 보였다. 그러나 마음속은 거짓과 빈정거림과 질투로 부패해 있었다. 예수님은 모든 율법을 다 지키려고 했던 이들 종교 지도자 들에게 다음과 같이 경고하셨다.

"화 있을진저 외식하는 서기관들과 바리새인들이여 잔과 대접의 겉은 깨끗이 하되 그 안에는 탐욕과 방탕으로 가득하게 하는도다 소경된 바리새인아 너는 먼저 안을 깨끗이 하라 그리하면 겉도 깨끗하리라"(마 23:25-26)

긍정적인 십대가 되기 위해 우리는 마음을 지켜야 하며 결코 다른 사람들에게 보이기 위해 사는 바리새인과 같이 되지 않아야 한다. 대신에 우리는 그리스도를 위해 살아야 하며 그의 빛이 참으로 우 리의 삶 속에 비취도록 해야 한다. 신실한 삶은 언제나 겉과 속이 같 은 삶을 사는 것이다.

5. 신실함을 드러내라

지난 해, 엄마의 모교인 베일러 대학(Baylor University)은 신실 함과 그렇지 못함을 모두 드러낸 한 사건을 통해 세간의 화제가 된 적이 있다. 2003년 여름, 베일러 대학 농구선수 가운데 한 명이 뜻 하지 않은 불행한 죽음을 당하자, 운동부 내의 마약 및 금전 문제를 포함하여 베일러 대학에 대한 여러 가지 주장들이 제기되었다. 성 경적 원리에 입각하여 세워진 학교로서는 이 사건으로 실의의 나날 을 보내지 않을 수 없었다. 로버트 슬로안(Lobert Sloan) 총장은 이러한 주장들에 대해 즉각 내부 조사를 실시하겠다고 약속했다. 이 사건은 비록 부정직과 불명예라는 결코 바람직하지 못한 모습으로 시작되었으나 나중에는 결국 총장의 신실함에 대한 긍정적인 증언으로 종결되었다. 2003년 8월 9일 달라스 모닝 뉴스(The Dallas Morning News)의 스포츠 면에는 다음과 같은 기사가 실렸다.

> **"베일러 대학, 총장의 발 빠른 행보로 급격한 위상 추락 막아"**
>
> 불의의 사고로 실의의 여름을 보내던 베일러 대학이 지난 금요일 모처럼 환한 웃음을 되찾았다. 이 학교는 로버트 슬로안 총장의 말처럼 '자신의 신념을 실행에 옮김으로' 정상적인 조치를 취하였다. 베일러 대학은 말뿐이 아니라 신실함을 회복하는 실제적 조치를 취함으로써 모든 대학 운동 프로그램의 귀감이 되었다. 내부 정화를 위한 여러 가지 조치들이 시행되었으며… 베일러 대학 당국은 결코 발뺌하거나 변명하거나 핑계를 대지 않았으며 책임을 회피하지도 않았다. 모든 조치는 완벽했다.[6]

이 이야기에서 얻을 수 있는 교훈은 무엇인가? 그것은 신실함을 보여주었다는 것이다. 그것은 우리의 행동으로 나타난다. 그것은 우리의 말로 나타난다. 우리가 비록 십대이지만 가정과 학교와 일터에서 신실하게 살 때에 죄로 관영한 어두운 세상을 비추는 밝은 빛이 될 수 있다. 지금 즉시 하나님께 우리의 마음을 깨끗케 하시고 성령으로 충만케 해달라고 구하라. 그래야만 정직과 신실로 충만한 긍정적인 삶-겉과 속이 같은 삶-을 시작할 수 있다.

파워포인트

묵상

골로새서 3장 1–17절

- 본문에 의하면 우리의 삶에서 제거하고 죽여야 할 행동은 무엇인가?
- 우리는 어떠한 속성들로 옷 입어야 하는가?

기도

하나님 아버지, 주님의 온전하신 신실함을 찬양합니다. 주님은 실수가 없으시며 주님의 말씀은 신실하나이다. 저에게 날마다 거룩한 삶을 살도록 힘을 주시는 성령님께 감사를 드립니다.

주님, 저의 겉과 속을 새롭게 하소서. 저의 발을 바른 길로 행케 하시고 주님의 말씀을 떠나지 않게 하소서. 저를 유혹에서 벗어나게 하시고 오직 죄에서 구원하소서.

저로 하여금 신실한 사람이 되게 하사 다른 사람들에게 감동을 줄 뿐만 아니라 저의 선한 행실로 말미암아 주님에게 나아오게 하소서.

주님의 영광을 위한 저의 한 평생이 되게 하소서.

예수님의 이름으로 기도합니다. 아멘.

암송

골로새서 3장 17절

"또 무엇을 하든지 말에나 일에나 다 주 예수의 이름으로 하고 그를 힘입어 하나님 아버지께 감사하라"

 적용

> 1. 잠시 혼자만의 조용한 시간을 내어 정직하기 위해 갈등하고 있는 삶의 영역들에 대해 적어보라.
>
> 2. 여러분은 기회가 되면 속이려는 유혹을 어떤 영역에서 받는가? 이들 영역을 주님께 아뢰고 그분에게 신실한 삶을 살 수 있는 힘과 용기를 달라고 기도하라.

정직하게 다시 시작하라

하나님은 어떻게 우리를 긍정적인 사람으로 만들어 가시는가?

진실을 사랑하지 않으면 결코 그것을 알 수 없다
(블레즈 파스칼〈Blaise Pascal〉)

"나는 진실을 말하겠다. 모든 진실, 그리고 오직 진실만을 말하겠다. 단 그것이 나를 곤경에 빠뜨리거나 불편하게 하거나 당황하게 하지 않아야 한다."

불행히도 이 말은 오늘날 많은 사람들의 진실에 접근하는 태도를 대변하고 있다. 지난 수십 년간 많은 사람들의 삶에 있어서 진실의 근본적 가치는 편의주의와 이기주의로 대체되고 말았다. 사람들은 "이 상황에서 무엇이 진실이냐?"라고 묻는 대신, "어떻게 말해야 이 곤경으로부터 벗어날 수 있는가?"라고 묻는다. 피고는 법정에서 성경에 손을 얹고 오직 진실만을 말하겠다고 맹세하지만 실제로는 그렇게 하지 않는다. 범죄자만 거짓말을 하는 것은 아니다.

오늘날 뉴스는 정치인들로부터 기업체 사장 및 대학 운동 감독에 이르기까지 높은 지위에 있는 사람들의 거짓 행각에 관한 기사로 가득하다. 이제는 더 이상 진실만을 추구하겠다는 사람을 찾아보기 어려운 시대가 되었다.

1. 그것은 언제나 다른 사람의 문제일 뿐이다

최근 창작가 협회(Creators Syndicate)의 칼럼니스트인 미셸 말킨(Michelle Malkin)은 진실과 관련하여, 특히 우리가 다른 사람을 비난하기에 급급할 때, 그것이 얼마나 책임회피적인 도구로 사용될 수 있는지를 보여주는 인상적인 기사를 기고하였다.

다음은 그의 칼럼 내용 중 일부를 발췌한 것이다.

진보적 성향의 '코미디 작가'인 알 프랑켄(Al Franken)은 지난 주 몇 가지 중대한 거짓말을 함으로써 스스로 발목을 잡히는 꼴이 되고 말았다. 그는 이러한 자신의 행위에 대해 유감을 표명하였으나 순결 서약을 한 많은 아이들을 기만한 처사에 대해서는 끝내 입을 다물었다.

다행히도 우리는 '법정 TV'(Court TV)의 '스모킹 건'(Smoking Gun[명백한 증거]) 코너를 통해 그에 관한 모든 진상을 알게 되었다. '생방송 토요일 밤'(Saturday Night Live)이라는 프로그램에 출연해온 그는 하버드 대학 케네디 정부 학교의 '언론, 정치 및 공공 정책에 관한 쇼렌스타인 연구센터'(Shorenstein Center on the Press, Politics, and Public Policy)의 '학술 회원'(웃기는 이야기이다!)이라는 자신의 지위를 남용하여 법무

장관 존 애쉬크로프트(John Ashcroft)를 속이고 그의 성적 사생활을 공
개하는 철없는 짓을 했던 것이었다.

프랑켄은 애쉬크로프트에게 서한을 보내어 'Savin' It' 라는 공립학교 금
욕 프로그램에 관한 책"(거짓말!)을 쓰려고 하니 금욕에 관한 개인적 경
험을 들려달라고 부탁하였다. 그는 애쉬크로프트에게 이 책은 '미국 청
소년을 위한 바른 모범을 제시한' 부시 행정부의 치적을 상세히 다룰 것
이라고 했다(거짓말!). 이에 덧붙여 그는 애쉬크로프트에게 이미 '보건
복지 장관 토미 톰슨(Tommy Thompson)과 윌리엄 J. 버넷(William J.
Bennett), 그리고 백악관 공보담당 비서인 아리 플레이처(Ari Fleisch-
er), 상원의원 릭 샌토럼(Rick Santorum) 및 국가 안보 고문 라이스
(Condoleezza Rice)로부터 자료를 확보했다' 고 장담했다(거짓말, 거
짓말…).

프랑켄은 이와 같이 허위로 작성한 가짜 서한을 소렌스타인 연구소에 알
리거나 승낙도 받지 않은 채, 이미 올 여름 초에 하바드 대학 명의로 애쉬
크로프트 앞으로 발송했던 것이다. 몇 주 후 프랑켄은 애쉬크로프트에게
사과문을 보내었다. 프랑켄은 자신이 그를 일부러 속였다고 털어놓고 그
것은 어디까지나 이달부터 불티나게 시판되고 있는 『거짓말과 거짓말을
하는 거짓말쟁이: 옳은 것에 대한 공정하고 균형 있는 관점』(Lies and the
Lying Liars Who Tell Them: A Fair and Balanced Look at the Right)이라
는 반 보수적인 '풍자적' 저서를 위한 자료를 위해서였다고 밝혔다. 프랑
켄은 애쉬크로프트에게 이 책에서 "순결에 관한 내용은 1-2장에 불과하
며 그것도 오직 순결제일주의만 부르짖는 잘못된 교육을 꼬집는 내용이

었다”는 사실을 조심스럽게 털어놓았다.

“가장 죄송하게 생각하는 것은 그 편지를 소렌스타인 연구소 명의로 보내었다는 사실입니다”라고 한 후 걱정스럽게 “그들을 이와 같이 어렵고 곤란한 입장에 처하게 하여 매우 당황스럽습니다. 부디 연구소나 케네디 학교나 하버드 대학을 원망하지 말아주시기를 바랍니다”라고 하였다. 따라서 프랑켄은 ‘저널리스트와 학자 사이의 교량역’을 자처하며 ‘민주주의에서 언론의 역할 고취를 돕는다는’ 취지 하에 자신의 저서『연구』(research)를 도와준, 그의 고상한 진보적 은인인 하버드에 대해 무례히 행한 것에 대해서는 뉘우쳤다고 할 수 있다. 그러나 그는 다른 단체들-절제력, 철저한 윤리실천, 성실함 및 건강을 장려하는 수많은 긍정적인 운동-에 대해 생각 없이 우롱한 처사에 대해서는 한 마디도 하지 않았다.[1]

프랑켄은 다른 사람의 거짓말을 드러내기 위해서라면 그것에 흥밋거리를 더하기 위해 자신의 직함을 이용하여 거짓말로 속이는 행위쯤은 대수롭지 않다고 생각하는 듯하다. 그러나 그는 이 일에 하버드의 명의를 도용한 일에 대해서는 실제로 유감의 뜻을 표명한 것으로 보인다.

우리는 얼마나 쉽게 다른 사람은 거짓말쟁이며 우리는 진실하다고 자신을 속이는가? 제발 그러지 않기를 바란다. 사실 다른 사람들이 정직해주기를 바란다면 먼저 나 자신의 철저한 정직이 선행되어야 한다. 대부분의 십대는 진실과 사실이 중요하다고 말한다. 우리는 특히 어른들로부터 이러한 진실을 듣고 싶어 하며, 누군가 부정직하면 상처를 입거나 냉소적이 된다. 그러나 막상 우리가 어려운 궁지에 몰리면 그렇게 외치던 진실은 사라져 버리고 우리 역시 다른 사람들과 꼭 같이 진실보다 편법을 찾게 되는 것이다.

조셉슨 윤리 연구소(Josephson Institute of Ethics)가 최근 발표한 자료에 의하면 우리 세대가 얼마나 진실에서 벗어나 있는지를 잘 알 수 있다. 작년 한 해 동안 설문조사대상 고등학생 가운데 93%가 부모님에게 거짓말을 한 적이 있으며, 83%가 선생님에게 거짓말을 했으며, 74%가 시험에서 부정행위를 했다고 대답했다.[2]

아마도 우리는 다른 사람의 눈에서 티를 빼기 전에 자신의 눈에 있는 들보를 제거해야 할 것이다(마 7:4-5 참조). 이것은 우리가 다른 사람에게는 물론 자신에게도 정직해야 한다는 뜻이다. 결국 긍정적인 십대란 궁극적으로 정직한 십대를 말한다. 문제는 우리가 어떻게 삶 가운데 부정과 거짓을 막고 진실의 든든한 기초를 세울 것인가 하는 것이다.

2. 왜 진실인가?

그리스도인으로서 우리는 성경을 통해 긍정적인 삶을 위한 기본적 원리를 발견해야 한다. 우리를 창조하신 하나님은 그의 말씀 가운데 이러한 기본적 원리를 분명히 제시하셨다. 예를 들어 구약성경에서 하나님은 모세에게 이스라엘이 하나님을 섬기고 이웃과 사랑하며 살도록 십계명을 주셨다. 제9계명은 "네 이웃에 대하여 거짓 증거하지 말지니라"(출 20:16)이다. 확실히 정직은 하나님의 책에서 높은 가치를 지닌다. 사실 우리가 하나님이 얼마나 거짓을 싫어하시는지 알고 싶다면 잠언을 보면 된다. 솔로몬은 정직이라는 주제에 대해 많은 교훈을 제시한다.

● 잠언 6장 12-19절

"불량하고 악한 자는 그 행동에 궤휼한 입을 벌리며 눈짓을 하며 발로 뜻을 보이며 손가락질로 알게 하며 그 마음에 패역을 품으며 항상 악을 꾀하여 다툼을 일으키는 자라 그러므로 그 재앙이 갑자기 임한즉 도움을 얻지 못하고 당장에 패망하리라 여호와의 미워하시는 것 곧 그 마음에 싫어하시는 것이 육칠 가지니 곧 교만한 눈과 거짓된 혀와 무죄한 자의 피를 흘리는 손과 악한 계교를 꾀하는 마음과 빨리 악으로 달려가는 발과 거짓을 말하는 망령된 증인과 및 형제 사이를 이간하는 자니라"

● 잠언 11장 1절

"속이는 저울은 여호와께서 미워하셔도 공평한 추는 그가 기뻐하시느니라"

● 잠언 12장 22절

"거짓 입술은 여호와께 미움을 받아도 진실히 행하는 자는 그의 기뻐하심을 받느니라"

● 잠언 19장 5절

"거짓 증인은 벌을 면치 못할 것이요 거짓말을 내는 자도 피치 못하리라"

● 잠언 19장 9절

"거짓 증인은 벌을 면치 못할 것이요 거짓말을 내는 자는 망할 것이니라"

● 잠언 20장 10절

"한결같지 않은 저울추와 말은 다 여호와께서 미워하시느니라"

● 잠언 23장 23절

"한결 같지 않은 저울추는 여호와의 미워하시는 것이요 속이는 서울은
좋지 못한 것이니라"

우리는 다음과 같은 보다 긍정적인 언급도 찾을 수 있다.

● 잠언 23장 23절

"진리를 사고서 팔지 말며 지혜와 훈계와 명철도 그리할지니라"

확실히 이러한 성경 구절들은 우리가 정직해야만 하는 충분한 동
기부여가 된다. 솔로몬의 말처럼 거짓말을 하는 사람은 결국 거짓
말이 들통 날 수밖에 없다. 그러나 우리가 정직해야 하는 것은 비단
그것에 대한 두려움 때문만이 아니다. 더욱 두려운 것은 그 이후의
상황이다. 사람들은 우리를 다시 믿기 어려울 것이며, 친구들은 우
리의 말을 신뢰하지 않으려 할 것이며, 부모님은 우리가 진실하지
못하다고 생각하여 많은 자유를 박탈할 것이다. 만일 거짓이 드러
나지 않고 계속되면 우리는 더욱 더 쉽게 진실을 왜곡할 것이며, 결
국 자신도 미처 깨닫기 전에 우리가 그토록 혐오하던 철저한 사기
꾼이 되어 버린 자신을 발견하게 될 것이다.

우리는 지금부터라도 진실을 소중히 여겨야 한다. 어려서부터 속
이려는 충동에 재갈을 물리는 것은 매우 중요하다. 부정직은 우리
의 삶 전체를 곤경으로 몰고 갈 것이기 때문이다. 그러나 정직은 우
리를 하나님의 은혜로 인도할 것이다.
우리가 만일 십대인 지금부터 진실을 사
랑하고 그 위에 굳게 서는 법을 배운다
면 어른이 되면서 점차 진실한 사람으로

평판이 날 것이며 모든 영역에서 존경을 받게 될 것이다. 예를 들어 우리는 대부분 장차 성공적인 직장을 원한다. 그런데 고용주는 단순한 재능이나 태도 이상의 것을 찾으려 한다. 그들이 원하는 것은 신뢰할 수 있는 사람이다. 그들은 일을 믿고 맡길 수 있겠다고 판단되는 사람을 뽑아 일군으로 키우려 할 것이다. 정직은 실로 앞서가는 최상의 지름길이다.

3. 속이려는 유혹과 압력

여러분은 오늘 역사 시험이 있다는 것을 깜빡 잊어버렸다. 친구(그는 이전 학기에 같은 선생님에게 역사를 배웠다)에게 지난번 시험에 어떤 문제가 출제되있는지 물어볼 수도 있을 것이다. 그렇지 않은가? 더구나 여러분은 반에서 석차를 유지하기 위해 꼭 좋은 성적을 올려야 한다. 여러분은 복도에서 친구를 만나 지난번 시험 내용에 대해 자세히 묻는다. 그러나 몇 가지 중요한 내용을 받아 적고 있는 순간 역사 선생님이 여러분을 향해 걸어오는 것을 본다. 선생님의 얼굴에는 웃음기라고는 찾아볼 수 없다. 그렇게 여러분의 성적은 날아가 버렸다. 동시에 여러분의 명예도 평판도 함께 날아가 버리고 말았다.

잠언 11장 1절은 "속이는 저울은 여호와께서 미워하셔도 공평한 추는 그가 기뻐하시느니라"라고 했다. 우리는 종종 속이는 것을 부정직한 것으로 생각하지 않는다. 우리는 '다른 사람도 모두 그렇게 한다'거나 '만일 이번 시험에서 성적이 나쁘면 부모님께 크게 혼날 것이다'라고 생각하며 자신을 합리화한다. 그러나 속인다는 것은 명백히 거짓말을 하는 것이다. 그것은 선생님에 대한 거짓말이다. 즉, 어떤 것에 대해 모르는 것을 알고 있는 척 말하는 것이다.

어떤 사람은 "무엇이 나쁜가? 나는 아무에게도 상처를 주지 않았다"라고 말한다. 그러나 그것은 사실이 아니다. 속이는 것은 여러분 자신에게 상처를 주는 것이다. 여러분이 알아야 할 것을 몰랐기 때문이 아니다. 발각되면 창피를 당하고 처벌을 받아야 하기 때문도 아니다.

사실은 여러분이 속였는데도 발각되지 않으면 그때부터 여러분은 얼마든지 부정직해도 된다고 생각한다는 데에 있다. 역사 시험에서 부정직해도 괜찮았다면 집에서나 일터에서 속여도 괜찮겠다고 생각하지 않겠는가? 그러다가 졸업이 다가오면 대학 시험에서도 부정을 저지르지 못할 이유가 없지 않은가? 어쩌면 여러분이 부정한 방법으로 대학에 들어간 것이나 또는 그런 방법으로 졸업한 사실을 아무도 모를 수 있다. 그렇게 졸업하면 세금 환급신고와 같은 것에 대해서는 정직하게 신고할 수 있겠는가? 사업 거래는 어떤 식으로 할 것 같은가? 여러분은 장부를 조금 허위로 조작했다고 해서 그것이 뭐 그리 큰 대수인가라고 생각할는지도 모른다. 그러나 사실 그것은 큰 문제이다. 여러분은 자신을 부정직하고 속이는 삶 속에 빠지게 한 것이다. 그리고 이 모든 것은 결국 처음 역사 시험에서의 부정행위로 돌아가는 것이다.

많은 학교에서 볼 수 있듯이, 이와 같이 속이는 행위와 관련하여 같은 급우들로부터 받는 압력은 엄청나다. 이러한 압력은 비단 자신의 이익을 위해 속이라고 유혹할 뿐 아니라 친구를 돕기 위해 속이라고 유혹한다. 이러한 압력과 유혹에 대해 "그것은 잘못된 것이다. 나는 결코 그렇게 하지 않겠다"고 말하기 위해서는 큰 용기와 힘이 필요하다.

물론 사단은 언제나 '그것은 그렇게 나쁜 일이 아니다. 계속해서 그렇게 하라'라고 속삭이는 음성으로 다가온다. 그럴 때마다 우리는 베드로가 초기 그리스도인들에게 경고한 말을 기억해야 한다.

"근신하라 깨어라 너희 대적 마귀가 우는 사자같이 두루 다니며 삼킬 자를 찾나니 너희는 믿음을 굳게 하여 저를 대적하라 이는 세상에 있는 너희 형제들도 동일한 고난을 당하는 줄을 앎이니라"(벧전 5:8-9)

여러분은 진정 이러한 속임수에 결연히 맞서 대적하겠는가? 여러분은 속이려는 유혹을 이길 만큼 정직을 사랑하는가?

다른 사람 모두가 그렇게 할지라도 상관없다. 그리스도인으로서 우리의 삶은 달라야 한다. 에베소서 5장 8-13절에 제시된 바울의 메시지에 귀를 기울여 보라.

"너희가 전에는 어두움이더니 이제는 주안에서 빛이라 빛의 자녀들처럼 행하라 빛의 열매는 모든 착함과 의로움과 진실함에 있느니라 주께 기쁘시게 할 것이 무엇인가 시험하여 보라 너희는 열매 없는 어두움의 일에 참예하지 말고 도리어 책망하라 저희의 은밀히 행하는 것들은 말하기도 부끄러움이라 그러나 책망을 받는 모든 것이 빛으로 나타나나니 나타나지는 것마다 빛이니라"

결국에는 우리를 멸망으로 인도할 이두움의 일을 위해 시간과 정력을 쏟아 부으며 명예를 더럽히려 하는가? 그것은 결코 긍정적인 십대가 되기 위한 방법이 아니다.

4. 거짓말인가, 말을 하지 않은 것뿐인가?

어느 금요일 방과 후에 사라(Sarah)는 엄마에게 친구 에이미(Amy)의 집에서 하룻밤 자고 와도 되겠느냐고 물었다. 엄마는 쾌히 승낙하셨다. 그녀는 에이미에 대해 항상 좋게 생각해 왔다. 그러나 사라의 엄마는 그날 밤 둘이 베스(Beth)의 집에서 열리는 파티에 들를 것이라는 사실은 모르고 있었다. 베스는 난잡한 파티를 여는 것으로 유명했으며 사라는-그리고 사라의 엄마도-그런 사실을 잘 알고 있었다.

사라의 부모님은 한 가지 원칙을 가지고 계셨는데 그것은 사라가 파티에 초대받을 경우 반드시 부모님께 이야기해야 한다는 것이었다. 그들은 파티가 부모님의 책임 하에 열리는 것인지 확인한 후에 승낙을 해 주었다. 그러나 사라가 그 말을 하지 않았다고 해서 엄마에게 해를 끼친 것은 아니다. '나는 엄마에게 거짓말 한 것이 아니다. 나는 단지 파티에 대해 말하지 않았을 뿐이다'라고 스스로 위안하였다.

사라는 정직하지 못하였는가, 아니면 단순히 진실을 말하지 않은 것뿐인가? 아니면 둘 다 같은 말인가? '그분들이 나에게 묻지 않았기 때문에' 구체적으로 묻지 않은 것에 대해 말하지 않았을 뿐이라고 하는 것은 분명 잘못된 것이다. 중요한 것은 '사라가 부모님을 속였느냐'라는 것이다. 그렇다. 그녀는 분명 부모님을 속였다. 그녀는 의도적으로 자신의 행위를 감추려 하였다. 물론 그녀가 한 말에는 거짓이 없다. 그는 속이는 말을 하지 않았기 때문이다. 문제는 그녀가 모든 사실을 말하지 않았다는 데 있다. 그날 밤 에이미의 집에서 잘 것이라고 말한 것은 절반만 사실이다. 그녀는 엄마에게 에이미와 함께 베스의 파티에 갈 것이라는 것은 말하지 않았던 것이다. 잠언 16장 6절은 우리에게 "인자와 진리로 인하여 죄악이 속하게 되고 여호와를 경외함으로 인하여 악에서 떠나게 되느니라"고 상기시킨다.

로마서 13장 12-13절에서 바울은 그리스도인들에게 유익한 권면의 말씀을 주고 있다.

"밤이 깊고 낮이 가까웠으니 그러므로 우리가 어두움의 일을 벗고 빛의 갑옷을 입자 낮에와 같이 단정히 행하고"

본문에 이어지는 말씀은 흥미롭게도 사라에게 꼭 필요한 말씀인 듯하다. 아마도 이 말씀은 사라에게 베스의 파티에 갈 것인지 다시 한번 생각하게 해주는 말씀이 될 것이다.

"방탕과 술취하지 말며 음란과 호색하지 말며 쟁투와 시기하지 말고 오직 주 예수 그리스도로 옷입고 정욕을 위하여 육신의 일을 도모하지 말라"(롬 13:13-14)

이와 같이 정직은 단순한 말 이상의 것에서 드러나야 한다. 만일 우리가 100% 정직하다면, 진실은 우리의 말은 물론 행동이나 행위로부터 빛을 발하게 될 것이다. 아마도 여러분은 '그러니까 요는 우리가 부모님께 아무 것도 숨겨서는 안 된다는 말인가'라고 생각할 것이다. 그렇지 않다. 우리가 말하는 것은 그런 뜻이 아니라 빛 가운데 진실하게 사는 것이 중요하다는 말이다. 우리가 부모님이 허락하지 않을 것이라고 생각하는 일을 부모님 모르게 한다면 그것은 속이는 것이다. 만일 여러분이 영어반에 새로운 학생에게 마음이 있다는 것을 엄마에게는 비밀로 하고 싶다면 그것은 어디까지나 여러분의 프라이버시에 속한 문제이다. 이 둘 사이에는 큰 차이가 있다.

5. 다른 사람에 대한 일

아마도 많은 십대가 정직과 관련하여 직면하는 가장 파괴적인 유혹 가운데 하나는 다른 사람과 관련된 거짓말일 것이다. 상스러운 여자, 질투가 많은 남자 친구, 사회적 야심가 및 불만 세력은 모두 이와 같이 파괴적인 거짓 행위로 이어질 소지가 있다. 불행히도 우리는 다른 사람이 우리에 대해 거짓말 하는 것을 막을 방법이 없다. 우리는 다만 이러한 평판을 하나님께 맡기고 그의 손 안에 안전하게 지켜주실 것을 기도할 뿐이다. 그러나 우리는 우리가 다른 사람에 대한 거짓말을 퍼뜨리는 것만큼은 막을 수 있다. 이러한 거짓말은 상대방에게 엄청난 희생을 가져올 뿐 아니라 사실이 밝혀지면 진실을 호도하는데 일조한 사람들의 명예에도 심각한 타격을 가하게 된다.

노년에 이른 지혜의 사람 솔로몬은 다른 사람에 대한 거짓말을 하는 자들에 대해 다음과 같이 언급하였다.

● 잠언 26장 28절

"거짓말하는 자는 자기의 해한 자를 미워하고 아첨하는 입은 패망을 일으키느니라"

● 잠언 25장 18절

"그 이웃을 쳐서 거짓 증거하는 사람은 방망이요 칼이요 뾰족한 살이니라"

여러분은 정말 이런 죄를 범하고 싶은가! 결코 그렇지 않을 것이다. 험담은 다른 사람에 대한 거짓말을 퍼뜨리기에 알맞은 형태이다. 이러한 험담은 종종 어느 정도의 진실에다 과장이나 거짓말이 섞인 경우가 많다. 그러나 하나님의 수학에서는 진실과 비 진실이 합하면 거짓말이 된다. 레위기를 보면 이스라엘 백성들에 대한 다음과 같은 하나님의 말씀을 찾을 수 있다.

"너희는 도적질하지 말며 속이지 말며 서로 거짓말하지 말며 너희는 내 이름으로 거짓 맹세함으로 네 하나님의 이름을 욕되게 하지 말라 나는 여호와니라 너는 네 이웃을 압제하지 말며 늑탈하지 말며… 너는 네 백성 중으로 돌아다니며 사람을 논단하지 말며"(레 19:11-13, 16)

우리가 만일 긍정적인 십대가 되고자 한다면 자신의 말을 험담이나 비방 및 거짓말과 같이 파괴적 방법으로 사용하지 않아야 한다. 우리의 말을 거짓말을 퍼뜨리는 데 사용할 것이 아니라 유익을 주고 상처를 치유하는 데 사용해야 한다. 잠언 10장 11절은 "의인의 입은 생명의 샘이라도 악인의 입은 독을 머금었느니라"라고 말한다. 초기 그리스도인들을 향한 다음과 같은 바울의 충고는 우리에게 놀라운 도전을 준다.

"무릇 더러운 말은 너희 입 밖에도 내지 말고 오직 덕을 세우는 데 소용되는 대로 선한 말을 하여 듣는 자들에게 은혜를 끼치게 하라 하나님의 성령을 근심하게 하지 말라 그 안에서 너희가 구속의 날까지 인치심을 받았느니라 너희는 모든 악독과 노함과 분냄과 떠드는 것과 훼방하는 것을 모든 악의와 함께 버리고 서로 인자하게 하며 불쌍히 여기며 서로 용서하기를 하나님이 그리스도 안에서 너희를 용서하심과 같이 하라"(엡 4:29-32)

6. 순수한 정직

우리는 얼마 전에 말린 망고를 무료 시식하는 상점에 들렀다. 그런데 얼마나 맛있었는지! 무엇보다 포장지에 적힌 '자연산 망고 100%'라는 문구가 평소 설탕을 싫어하시는 엄마의 마음에 쏙 들었다. 그래서 우리는 두 봉지를 샀다. 우리는 설탕이 첨가되지 않은 정말 훌륭한 건강식품을 먹는다고 생각하며 맛있게 먹었다.

첫 번째 봉투 마지막 몇 개를 먹다가 표시된 성분을 한번 확인해

보고 싶은 생각이 들었다. 우리는 당연히 '망고' 외에는 다른 성분이 없을 것이라고 기대하였으나 놀랍게도 봉투 속 제품에 붙어 있는 상표에는 망고와 함께 설탕이 두 번째 성분으로 표기되어 있었다. '자연산 망고 100%'라니? 포장지는 절반만 정직했던 것이다!

거짓말도 종종 이런 식이 아닌가? 대부분의 거짓말은 약간의 사실을 포함한다(사단은 에덴동산 이후 줄곧 이 방법을 사용해 왔다). 사람들은 진실이라는 것에 대해 약간의 부분적 거짓말이 포함된 개념으로 생각한다.

이제 하나님을 경외하는 젊은이들은 단호한 태도로 정직에 대한 새로운 개념을 가져야 한다. 부분적 정직이 아니라 온전한 진실만이 하나님의 도움을 얻을 수 있다. 핵심은 바로 이것이다. 우리는 하나님께 순수한 마음과 입술을 지켜나갈 수 있도록 노와날라고 기도해야 한다. 아마도 이러한 우리의 기도는 잠언 30장 7-8절의 고백과 같이 나타나야 할 것이다.

"내가 두 가지 일을 주께 구하였사오니 나의 죽기 전에 주시옵소서 곧 허탄과 거짓말을 내게서 멀리 하옵시며 나로 가난하게도 마옵시고 부하게도 마옵시고 오직 필요한 양식으로 내게 먹이시옵소서"

우리가 하나님으로 인해 만족을 누린다면 거짓말을 할 필요가 없다. 우리는 하나님이 우리를 사랑하시며 우리를 보고 계신다는 사실을 알기 때문에 자신에 대해, 그리고 다른 사람에 대해 정직할 수 있다. 따라서 우리는 하나님의 도우심을 통해, 50%나 75% 진실이 아닌 100% 진실을 추구해야 한다. 말과 행동에서 정직하겠다는 새로운 다짐을 하고 긍정적인 십대가 되기 위한 바른 길로 들어서는 여러분이 되기를 바란다.

파워포인트 

묵상

읽을 말씀 : 사도행전 5장 1-10절

1. 아나니아와 삽비라는 왜 죽었는가? 자신의 돈을 전부 가져오지 않았기 때문인가 아니면 거짓말했기 때문인가?
2. 3-6절을 다시 한번 읽어보라. 그들은 누구에게 거짓말을 했는가?

기도

오 놀라우신 진리의 하나님, 하나님을 찬양합니다! 하나님의 신실하신 말씀을 의지합니다. 우리를 향한 하나님의 신실하심이 얼마나 크고 위대한지요. 길과 진리와 생명 되신 독생자 예수님을 인하여 감사합니다. 오직 진실만을 말하며 살게 하시고 속이거나 남을 헐뜯거나 거짓말하려는 유혹에서 벗어나게 하소서. 주님, 저를 감찰하시고 저의 마음을 정결케 하소서. 제 삶에서 거짓을 드러내시고 깨끗하게 해 주소서. 저를 정직하게 하소서. 주님, 저의 도움이 오직 주님께로부터 옴을 감사합니다.
예수님의 이름으로 기도합니다. 아멘.

암송

로마서 13장 13절
"낮에와 같이 단정히 행하고 방탕과 술취하지 말며 음란과 호색하지 말며 쟁투와 시기하지 말고"

 적용

1. 여러분의 삶에서 정직에 대해 어떠한 가치를 부여할 것인지에 대해 지금 즉시 결정하라.

   메모용 쪽지에 진실한 삶을 위한 개인적 다짐을 구체적으로 기록하여 잘 보이는 곳에 비치해 두라. 거짓을 말하거나 행했다면 하나님께 아뢰라. 하나님께서는 그리스도를 통해 여러분을 용서하신다는 사실을 잊지 말라(요 1:9).

2. 후회하며 자괴감에 빠질 것이 아니라 지금 이 순간부터 정직하겠다는 여러분의 결심을 지킬 수 있도록 하나님의 도우심을 간구하라.

" 우리는 지금부터라도 진실을 소중히 여겨야 한다.

어려서부터 속이려는 충동에 재갈을 물리는 것은 매우 중요하다.

부정직은 우리의 삶 전체를 곤경으로 몰고 갈 것이기 때문이다.

그러나 정직은 우리를 하나님의 은혜로 인도할 것이다. **"**

바른관계

THe Power oF RelAtioNshiP

자신이라는 틀 속에 갇힌 사람은
큰 일을 하지 못한다.

– 벤자민 프랭클린(Benjamin Franklin) –

예수께서 대답하시되 첫째는 이것이니 이스라엘아 들으라
주 곧 우리 하나님은 유일한 주시라 네 마음을 다하고 목숨을 다하고 뜻
을 다하고 힘을 다하여 주 너의 하나님을 사랑하라 하신 것이요
둘째는 이것이니 네 이웃을 네 몸과 같이 사랑하라 하신 것이라
이에서 더 큰 계명이 없느니라
〈마가복음 12:29-31〉

9장

영원한 친구를 만나라

두 사람이 한 사람보다 나음은 저희가 수고함으로 좋은 상을 얻을 것임이라 혹시 저희가 넘어지면 하나가 그 동무를 붙들어 일으키려니와 홀로 있어 넘어지고 붙들어 일으킬 자가 없는 자에게는 화가 있으리라 (전 4:9-10)

여러분은 차를 탄 채 즉석 식품을 파는 간이식당 창문을 쳐다보며 '(주문한 음식이) 왜 이렇게 빨리 나오지 않는 거야' 라고 투덜거려 본 적이 없는가? 채 일 분도 안 되는 시간이지만 기다림에 지친 사람처럼 말이다. 광속처럼 빠른 오늘날 사회는 모든 것이 빨리만 되기를 요구한다. 오늘날 우리는 당일 세탁이나 즉석 인화, 10분 아르바이트 및 전자레인지에서 2분 만에 구워내는 케이크는 말할 것도 없고 초고속 인터넷 연결, 단축 다이얼 전화, 고속 정산에 익숙해 있다. 광고가 끝날 때까지 참고 기다릴 여유가 없는 사람들에게 리모콘만큼 편리한 것이 있던가?

우리가 눈코 뜰 새 없이 바쁜 삶을 살고 있다는 것은 의심의 여지가 없다. 그러나 결코 급하게 되지 않는 한 가지가 있다. 그것은 바로 우정이다. 정원에서 자라는 나무와 같이 우정이 성숙하기 위해서는 시간과 노력과 관심이 필요하다. 좋은 우정은 결코 하루밤새 만들어지는 것이 아니라 오랜 시간에 걸쳐 진행되는 하나의 과정이다. 우정은 우리의 삶에 너무나 중요하고 유익하며 긍정적인 요소이기 때문에 그것을 위해 모든 것을 쏟아 부어도 아깝지 않을 만큼 가치가 있다.

십대는 언제나 친구를 필요로 한다. 실제로 친구를 얻기 위해 어떤 일도 불사하는 사람도 있다. 문제는 목적이 무엇이냐 하는 것이다. 많은 친구(양적인 면)를 원하는가, 아니면 의미 있는 친구(질적인 면)를 사귀고 싶은가? 많은 사람들을 알고 그들에게 인기를 얻는 것과, 밀접하고 지속적이며 신실한 관계로 발전시키는 것은 별개의 개념이다. 때때로 여러분은 자신의 개성이나 선호도에 따라 두 가지 모두를 할 수 있다.

1. 관계의 단계

우정과 관련하여 우리가 알아두어야 할 한 가지 사실은 우리의 삶에는 몇 가지 다른 단계의 관계가 존재한다는 것이다. 우리는 이러한 단계를 세 가지의 동심원으로 나타낼 수 있다.

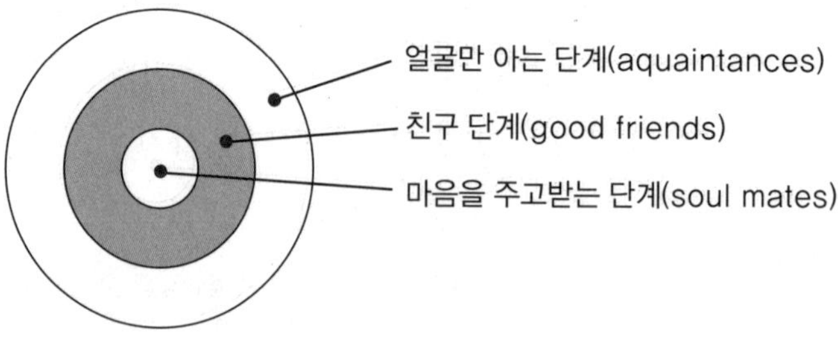

바깥 원은 얼굴만 아는 수준의 단계를 나타내며 서로 아는 사이이기는 하지만 잘 알지는 못하는 사람들이다. 이들과의 대화에서는 대체로 깊은 내용이 오가지 않는다. "잘 지내니? 스페인어 수업 괜찮았니?"와 같이 모든 대화의 내용은 피상적이다.

이와 같이 피상적으로 아는 사람들의 수는 각자의 개성이나 활동범위에 따라 200명이 될 수도 있고 25명이 될 수도 있다. 예를 들어 사교적인 엘리(Ellie Extrovert)는 다른 학생들과 이야기하는 것을 좋아하고 웬만한 클럽에는 모두 가입해 있기 때문에 아는 사람이 수백 명이나 된다. 반면에 내성적인 샤논(Shy Shannon)은 모르는 사람들과 이야기하는 것을 싫어하기 때문에 아는 사람이 별로 없다. 어느 것이 좋고 어느 것이 나쁘다고 이야기할 수는 없다. 사교적이든 내성적이든 또는 중간 정도이든 그것은 단지 개인의 타고난 성품일 뿐이다. 아는 사람이 많으면 좋지만 적다고 해도 문제될 것은 없다.

우리는 이 얼굴만 아는 단계의 바깥 원에서 다음 단계인 친구 단계로 넘어간다. 친구란 같이 밥을 먹거나 수업 전후 복도에서 만나 놀거나 수시로 전화로 안부를 묻거나 주말에 함께 모이는 사람들이다. 우리는 이러한 친구들을 통해 서로간의 유대관계를 확인한다. 이 단계에서는 상호 공감대가 형성되며 점차 친밀한 관계로 발전하게 된다.

대부분의 사람들은 평생 5명에서 25명까지의 친구를 가진다. 의외로 적은 숫자라고 생각하겠지만 그러나 사실 좋은 친구 몇 명이 수십 명의 피상적인 친구보다 낫다. 잠언 18장 24절은 "많은 친구를 얻는 자는 해를 당하게 되거니와 어떤 친구는 형제보다 친밀하니라"라고 했다. 이 말씀의 취지는 이렇다. 피상적으로 아는 친구와 달리 좋은 친구를 얻는 데에는 많은 시간과 노력이 필요하기 때문에 많이 얻기 어렵다는 것이다. 우리는 모두를 즐겁게 할 수는 없다. 친한 동료나 친구를 너무 많이 만들려다 보면 그들 모두와의 관계를 유지하기 위해 정신없이 뛰어다니느라 지쳐 쓰러져 결국 모든 것은 물거품이 되고 말 것이다. 우리는 우리가 돌아 볼 수 있을 만큼의 친구만 가질 수 있다. 고대의 유명한 현인인 아리스토텔레스는 이렇게 말했다.

"만인의 친구는 결국 누구의 친구도 될 수 없다."[1]

우리는 예수님의 사역에서도 이러한 원리를 찾을 수 있다. 그는 주변의 많은 사람들 가운데 특히 몇 명의 친밀한 사람들-제자들, 니고네보, 마리아, 마르다, 나사로, 세례요한-과 가까이 하셨다. 예수님은 이들을 택하시고 함께 지내며 가까이 교제하셨다. 그는 모든 사람에게 모든 것이 되려 하지 않으셨다.

세 개의 동심원 가운데 맨 안쪽의 원은 가장 깊은 단계의 관계를 나타낸다. 우리는 이 원 안의 사람들을 '마음을 나누는 단짝 친구'라고 부른다. 어떤 사람은 이들을 최상의 친구(best friends)라고도 부른다. 이들은 어떤 것도 함께 나눌 수 있는 마음과 마음을 주고받는 친구들이다. 우리는 이들 특별한 친구들과 함께 울고 웃고 화내며 기뻐한다. 우리는 이들이 우리 곁을 떠나 수개월 또는 수년 동안 만나지 못했다 할지라도 다시 만나면 전혀 변함없이 헤어질 때의 순간으로 돌아오게 된다.

이와 같이 특별한 관계로 발전하고 성
장하기 위해서는 많은 시간이 투자되기
때문에 이들은 다른 어떤 관계보다 깊고

풍성하며 때로는 평생을 함께 하기도 한다(여러분이 앞으로 결혼해
서 만날 배우자야 말로 이런 범주의 전형이다). 우리가 만일 이와 같
이 진정한 친구를 평생에 두세 명만 만날 수 있다면 복 받은 것이다.

예수님의 경우 베드로, 야고보, 요한과 이러한 관계를 유지하셨
다. 그분는 언제나 이 세 사람을 데리고 다니시며 가장 중요한 사건
을 함께 하셨다. 그들은 예수님과 함께 산에 올라가 그의 변형을 목
도한 자들이다. 또한 그들은 예수께서 십자가를 지시기 전 겟세마
네 동산에서 기도하실 때 가까이 머물도록 부르신 자들이다.

2. 고독한 곳으로부터 풍성한 존재의미를 찾을 수 있는 곳으로

그렇다면 이러한 관계는 어떻게 발전되어 가는가? 사람들은 어떻
게 얼굴만 아는 단계로부터 친구 단계로 발전하며 한 걸음 더 나아
가 마음을 주고받는 단계로 나아가는가? 우연히 그렇게 되는 것인
가? 물론 가끔은 그런 경우도 있다. 때로는 하나님께서 사람들을 서
로 만나게 하시며 이 경우 즉석에서 관계가 형성되는 것처럼 보이
기도 한다. 그러나 일반적으로 모든 관계 구축은 쌍방으로부터의
노력을 필요로 한다.

우리가 이것을 꼭 기억해야 하는 것은, 친구는 여러 가지 이유로

우리의 삶에 들어오기도 하고 나가기도 하기 때문이다. 고독은 가끔 우리 모두에게 찾아온다. 이때 우리가 취할 수 있는 가장 효과적이고 긍정적인 조치는 다른 사람들과 접촉하는 것이다. 이것은 얼굴만 아는 단계의 사람들로부터 가까운 친구로 발전한 후 마음을 주고받는 단짝 친구 관계로 건너가기 위한 첫 번째 조치에 해당한다. 어떤 식으로 접근해야 하는가? 할머니께서 자주 하시는 말씀처럼 "친구를 사귀려면 상대방에게 자신을 호의적으로 드러낼 수 있어야 한다." 다시 말하면 보다 깊은 우정으로 발전시킬 수 있는 긍정적인 십대가 되기 위해서는 좋은 친구의 자질을 보여주어야만 한다는 것이다.

어떤 자질을 말하는가? 여기에는 다음과 같은 다섯 가지 자질이 있다. 읽는 가운데 자신에 대해 스스로 점검해보라. 주변 사람들과 접촉할 때 이러한 자질들을 가질 수 있도록 하나님께 구하라.

1) 다른 사람에 대한 관심

때때로 우리는 자신이라는 작은 상자 안에 갇혀 안주하고 싶어 한다. 우리는 자신을 향한 눈을 들어 다른 사람들에 대해 관심을 가지기 시작해야 한다. 그들은 무엇을 사랑하는가? 그들은 무엇에 관심이 있는가? 그들이 원하는 것은 무엇인가? 우리가 만일 자신이 원하는 것, 자신의 느낌이나 생각으로부터 시선을 돌려 어떻게 하면 다른 사람의 삶을 더 낫게 할 수 있는가에 초점을 돌릴 수 있다면 진정한 우정의 놀라운 손길을 펼칠 수 있는 것이다.

『어떻게 하면 친구를 얻고 사람들에게 영향을 줄 수 있는가?』

(How to Win Friends and Influence People)의 저자 데일 카네기 (Dale Carnegie)는 다음과 같이 말했다. "당신이 이 년 동안 다른 사람의 관심을 끌려고 노력하는 것보다 두 달 동안 다른 사람에게 더 많은 관심을 가지는 것이 훨씬 많은 친구를 얻을 수 있다."[2]

사도 바울도 같은 말을 하였다.

"아무 일에든지 다툼이나 허영으로 하지 말고 오직 겸손한 마음으로 각각 자기보다 남을 낫게 여기고 각각 자기 일을 돌아볼 뿐더러 또한 각각 다른 사람들의 일을 돌아보아 나의 기쁨을 충만케 하라 너희 안에 이 마음을 품으라 곧 그리스도 예수의 마음이니"(빌 2:3-5)

2) 기뻐하라

우리는 종종 의기소침한 모습을 떨쳐버려야 할 때가 있다. 인생을 즐기라. 그리고 친구들을 즐기라. 언제나 웃음을 잃지 말라. 함께 웃어라. 함께 즐거운 일을 하라. 대부분의 사람들은 함께 울어주고 함께 웃어주며 즐거운 시간을 같이 나눌 사람을 필요로 한다. 성경은 우리에게 거듭해서 기뻐하라고 말한다. 그러나 우리는 지나치게 사소한 일에 사로잡혀 있다. 성적이 내려갔을 때, 우울한 기분이 들 때, 마땅히 받아야 할 벌을 받았을 때 이러한 인생사의 작은 부분들이 우리를 무기력하게 만들거나 다른 사람에게 호감을 주는 사람이 되지 못하게 막을 때가 있다. 그렇기 때문에 우리는 언제나 이러한 수렁으로부터 벗어 나와 우리가 감사해야 할 것들에 초점을 맞추는 현명한 결정을 해야 한다.

감사할 이유가 생각나지 않는가? 그리스도인으로서 우리가 항상 감사하지 않을 수 없는 것이 한 가지 있는데 그것은 친구가 없다고 생각하는 그 순간에도 우리에게는 언제나 그리스도 안에서 완전한 친구가 있다는 사실이다. 우리는 우리의 모든 짐과 걱정과 근심을 그에게 맡길 수 있다. 부정적인 기분이 들 때 그것에 지배 당하는 것이 아니라 그리스도에게 맡기고 오직 그의 기쁨으로 채워주시기를 기도한 후에 밖으로 나가 다른 사람에게 기쁨을 줄 수 있는 일을 하라. 우리가 다른 사람에게 기쁨을 줄 때마다 그 기쁨이 우리에게 돌아온다는 것은 분명한 사실이다.

한 예로, 개인적으로 우리는 장애인 체육대회와 훈련을 주관하는 국제적인 행사에 동참하여 장애인 올림픽을 위한 자원봉사자로 활동하면서 큰 기쁨을 얻었다. 새로운 정신직 활력소가 될 만한 것을 찾고 싶다면 장애인 올림픽 단체에서 하루만 같이 일해보라! 그처럼 사랑스러운 선수들과 하나가 되어 웃고 뒹굴며 하루를 보낼 때마다 그들의 순수하고 감동적인 기쁨은 고스란히 우리의 것이 된다.

3) 충실하라

잠언 17장 17절은 "친구는 사랑이 끊이지 아니하고"라고 했다. 이 말씀에 비추어볼 때 우리는 과연 진정한 친구가 얼마나 될까라는 의구심이 들지 않을 수 없다. 불행히도 사랑이 끊이지 않는 성실함은 오늘날 찾아보기 매우 힘든 덕목이 되어버렸다. 십대를 포함하여 많은 사람들은 끝까지 친구의 편이 되어주지는 않는다. 특히 그가 '군중' 으로부터 조롱을 당하거나 버림 받은 경우는 더욱 그렇다. 그러나 한결같이 충실하지 않은 친구는 결국 진정한 친구가 아니다. '충실'은 친구가 줄 수 있는 가장 중요한 선물이다.

어떻게 하면 자신의 충실함을 보여줄 수 있는가? 한 가지는 말을 삼가는 것이다. 다른 사람에 대한 험담을 하고 싶은 마음은 참기 어려운 유혹이지만 친구에 대한 험담에 끼어들 경우 우리는 대수롭지 않은 몇 마디의 말 때문에 우정을 잃게 된다. 사실이라고 해서 다른 사람에게 말해도 좋다는 말은 아니다. 게다가 우리에게 자신의 친구에 대해 험담하는 사람은 우리가 없을 때는 다른 사람에게 우리의 험담을 늘어놓을 사람이다. 그런 친구는 결코 우리가 원하는 친구도, 우리가 되고 싶은 친구도 아니다.

"한 친구에게 진실이 입증된 사람은 모든 사람에게도 그럴 자격이 있다"라는 말이 있다.[3] "메리를 놀리지 마! 난 그 애가 좋아"라거나 "로빈에 대해 그렇게 말하지 마! 그는 착한 애야"라고 말할 수 있는 사람이 된다는 것은 쉬운 일이 아니다. 그러나 그런 말을 단호히 할 수 있을 때-때로는 자신의 입장이 곤란한 처지에 놓일지라도-우리가 충실한 친구임이 입증되는 것이다. 뿐만 아니라 덤으로 얻는 것도 있다. 사람들은 결국 험담하거나 조롱하는 사람들을 떠나 충실하고 신실함이 입증된 사람 주변에 모이게 된다는 것이다.

그렇다고 하더라도 때때로 우정은 사라지기도 한다. 사람이나 환경은 변한다. 충실함은 같은 친구를 모두 영원히 사귄다는 의미는 아니다. 충실함이란 과거나 현재의 친구에 대해 결코 험담을 하지 않겠다는 선택이다. 그것은 어떤 일이 있어도 그들을 배신하지 않는 것을 의미한다.

예수님은 친구가 자신을 배반하며(가룻 유다) 가까운 친구가 우정을 부인하는(베드로) 아픔을 겪으셨다. 우리는 이런 일을 당할 때 우리에게 상처 준 사람에게 보복하려 해서는 안 된다. 그 대신 우리는 고통과 분노를 예수님께 가져가야 한다. 그는 우리와 함께 안타까워하시며 우리의 상처를 이해하신다. 그들을 용서하고 계속 전진하도록 도와주실 분은 오직 예수님뿐이다.

4) 허물을 덮어주라

토마스 풀러(Thomas Fuller)는 "우리가 결점 없는 친구를 기대한다면 결코 친구를 얻지 못할 것이다"[4]라고 하였다. 고대 터키의 속담에도 같은 말이 나온다.

"완전한 친구를 찾는 사람은 한 사람의 친구도 얻지 못한다."

사실 모든 사람은 자신만의 약점이나 결함이 있다. 이것은 우리에게도 있으며 우리의 친구들에게도 있다. 친구들이 우리의 약점을 이해해주기를 바라듯이, 그들의 약점이나 부족한 것을 기꺼이 덮어줄 수 있어야 한다. 우리가 만일 다른 사람이 조그만 실수를 범할 때마다 화를 낸다면 얼마 있지 않아 자신에게 남은 친구가 별로 없다는 사실을 깨닫게 될 것이다.

우리를 향하신 하나님의 은혜의 모범은 다른 사람의 과실을 용서하라는 교훈의 좋은 예가 된다. 예수께서 십자가에 달려 돌아가심으로 하나님은 우리의 모든 죄를 덮어주시고 놀라운 죄사함의 은총을 주셨다. 우정이란 우리가 이와 동일한 은혜로 다른 사람을 바라볼 때 자라게 된다.

그러나 허물을 덮는다는 것은 비정상적인 관계를 언제까지나 유지해야 한다는 뜻은 아니다. 만일 친구가 우리에게 계속해서 진실하지 못하다면 그 친구와는 거리를 둘 필요가 있다. 다른 부정직한 일이나 권위에 대한 도전 역시 근심의 원인이 될 수 있다. 우리는 이 문제에 대해 다음 장에서 계속해서 다룰 것이다. 허물을 덮는 것이 중요하다고 하는 말은 죄를 덮어두라는 말이 아니다. 죄는 정당하게 처리되어야 하며 결코 용납해서는 안 된다.

어떤 친구와의 관계에서 문제가 발생했을 경우 어떻게 할 것인가? 가령 얼마 동안 알고 지내던 한 친구가 여러분에게 잘못을 범했다고 하자. 그와 조용히 만나 직접 해결하는 것도 좋은 방법이다. 친구와 대면하면 모든 것을 정직하게 털어놓을 수 있고 실제로 우정을 되찾을 수도 있다. 반면에 문제를 회피하면 관계가 깨어질 수 있다. 그러나 이와 같은 대면은 신중하고 기도하는 마음으로 이루어져야 한다. 모든 것을 문제 삼아서는 안 된다. 그것이 과연 대면하여 해결해야 할 만큼 중요한 문제인가에 대한 분별력이 있어야 한다. 사소한 일만 있어도 친구와 대면하여 문제를 해결하려 한다면 많은 친구를 잃게 될 것이다.

5) 진실하라

때때로 우리는 사람들에게 호감을 얻기 위해 가면을 쓰고 자신을 거짓으로 나타낼 필요가 있다고 생각한다. 그러나 결코 그렇지 않다! 사람들은 거짓되거나 가식적인 사람이 아니라 진실한 사람에게로 모인다. 위선적인 사람을 친구로 원하는 사람은 아무도 없다. 우리는 모두 솔직하고 정직하며 말과 행위와 믿음이 일치하는 사람을 친구로 원한다. 만일 어떤 사람이 만나는 그룹마다 다른 모습으로 나타난다면 그의 우정은 오래 가지 못할 것이다.

물론 진실하라는 말은 무책임하고 부정적인 행동을 하면서 "이것이 나의 진실한 모습이야"라고 변명만 하면 된다는 말이 아니다. 자신을 그대로 드러내어야 하지만, 어디까지나 최선을 다하는 모습을 보여야 한다. 만약에 여러분이 언제나 불평만 하고 싶다면 결코 '자신에게 진실하기 위해서'라는 그럴듯한 구실을 대지 말아야 한다. 오히려 불평을 그치고 감사하며 즐거워하라. 결국 진실한 사람이 되는 열쇠는 우리의 변덕스런 기분에 따라 사는 것이 아니라 끊임없이 긍정적인 선택을 하며 사는 것이다.

3. 친구를 현명하게 선택하라

솔직히 말해 모든 사람이 좋은 친구를 사귀는 것은 아니다. 실제로 우리의 삶에 좋지 못한 영향을 끼치는 사람도 있다. 성경은 좋은 친구를 사귀어야 한다고 경고한다. 솔로몬은 "지혜로운 자와 동행하면 지혜를 얻고 미련한 자와 사귀면 해를 받느니라"(잠 13:20)라고 했다.

친한 친구일수록 더욱 신중히 사귀어야 한다. 성경은 우리가 사귀는 친구를 닮아간다고 말하기 때문이다. 바울은 초기 그리스도인들에게 바로 이러한 위험을 경고하였다.

"속지 말라 악한 동무들은 선한 행실을 더럽히나니"(고전 15:33)

불행히도 악이 선을 잠식하는 것이 인간의 본성이다. 때때로 선이 악을 교화시키기도 하지만 그런 경우는 드물다. 속지 말라!

이것은 우리가 다른 사람을 비판하고 판단하라는 말이 아니라 분별력을 가져야 한다는 말이다. 어떤 친구가 어리석은 삶을 살거나 위험한 삶을 산다면 그들과 사귀지 말아야 한다. 그것은 결코 그들을 무례히 대하거나 대적하라는 말은 아니다. 다만 가능한 친절한 태도로 대하되, 그들과 함께 어떤 장소에 가거나 일을 하는 것을 멈추어야 한다는 말이다.

얼마 전에 한 친구가 잘못된 모임에 가입하였다. 코리(가명)는 새로운 친구들의 영향으로 마약에 손을 대고 기독교 신자로서의 삶에서 멀리 떠나고 말았다. 그러나 하나님은 그녀의 삶을 놀랍게 변화시키셨다. 코리는 결국 완전히 돌아왔다. 그녀는 전혀 새로운 무리의 사람들-그녀를 바른 길로 인도한 신실한 그리스도인들-을 사귀기 시작했다. 그녀는 그 후로 주님을 위해 살았으며 옛 친구들을 비롯한 많은 사람들에게 강력하고 긍정적인 영향을 주었다.

긍정적인 십대가 되기 위해서는 친구를 신중히 사귀어야 한다. 얼굴만 아는 단계의 사람들 가운데는 여러 유형의 사람이 있을 수 있다. 그러나 우리가 많은 시간을 함께 보내게 될 친구 단계의 사람들을 사귀기 위해서는 현명한 선택이 필요하다. 제임스 하우엘

(James Howell)이 오래 전에 말했듯이 "친구는 책과 마찬가지로 많지는 않지만 신중히 선택해야 한다."5)

4. 완전한 친구를 만나라

누군가를 낙심시켜 본 적이 있는가? 어쩌면 그들은 대화하기를 원하였으나 여러분이 바빴을 수 있다. 혹은 여러분의 말이나 행동이 진실하지 못했을 수도 있다. 우리는 모두 이와 같은 실수가 있기 때문에 친구로 인해 후회하기도 한다.

아마도 여러분은 살면서 친구로 인해 낙심한 적이 있었을 것이다. 사실 완전한 친구는 없다. 어떤 친구도 우리를 위해 24시간, 한 주일 내내 헌신할 수는 없나. 우리의 말을 들어수고 필요한 모든 지혜를 제공해 주는 친구는 없다. 완벽하게 신실하거나 사랑해 주거나 용서해 주는 사람은 아무도 없다. 오직 한 분 밖에는.

앞서 말한 대로 예수님만이 완전한 친구이시다. 그분은 모든 요구를 충족시킬 수 있는 유일한 분이다. 그분은 언제나 우리를 위하신다. 그분의 사랑은 완전하고 풍성하며 즐겁고 진실하며 신실하다. 성경은 우리를 향한 하나님의 사랑의 음성으로 가득하다.

다음은 우리가 애독하는 두 본문이다.

"누가 우리를 그리스도의 사랑에서 끊으리요 환난이나 곤고나 핍박이나 기근이나 적신이나 위험이나 칼이랴 기록된바 우리가 종일 주를 위하여 죽임을 당케 되며 도살할 양같이 여김을 받았나이다 함과 같으니라 그러나 이 모든 일에 우리를 사랑하시는 이로 말미암아 우리가 넉넉히 이기느니라 내가 확신하노니 사망이나 생명이나 천사들이나 권세자들이나 현재 일이나 장래 일이나 능력이나 높음이나 깊음이나 다른 아무 피조물이라도 우리를 우리 주 그리스도 예수 안에 있는 하나님의 사랑에서 끊을 수 없으리라"(로마서 8장 35-39절)

"보라 아버지께서 어떠한 사랑을 우리에게 주사 하나님의 자녀라 일컬음을 얻게 하셨는고 우리가 그러하도다 그러므로 세상이 우리를 알지 못함은 그를 알지 못함이니라 사랑하는 자들아 우리가 지금은 하나님의 자녀라 장래에 어떻게 될 것은 아직 나타나지 아니하였으나 그가 나타내심이 되면 우리가 그와 같을 줄을 아는 것은 그의 계신 그대로 볼 것을 인함이니"(요한일서 3장 1-2절)

하나님이 우리를 얼마나 많이 사랑하시는지를 참으로 깨달을 때만이 우리는 긍정적인 친구와 긍정적인 십대가 될 수 있다. 우리에 대한 하나님의 사랑의 온전한 깊이와 넓이를 깨달음으로 우리는 더욱 자신감을 가질 수 있으며 모든 관계에서 풍성함을 누릴 수 있다. 한 걸음 더 나아가 우리는 마음에 넘쳐흐르는 하나님의 풍성하신 은혜와 사랑을 주변 사람들에게 전할 수 있다.

파워포인트 

묵상

읽을 말씀 : 요한복음 15장 1-17절

1. 예수께서 우리에게 요구하시는 관계에 대해 말해보라. 여러분은 어떻게 하면 이러한 관계를 발전시킬 수 있다고 생각하는가?
2. 본문을 통해 예수님이 우리에게 명하시는 것은 무엇인가?

기도

영화로우신 사랑의 하나님 아버지, 저를 향하신 주님의 신실하신 사랑을 찬양합니다. 주님께서 항상 저와 함께 하시며 언제나 지켜주심을 감사합니다. 저의 삶에 친구들을 보내어 주심을 감사하오며 그들에게도 주님의 사랑을 베풀어 주시기 원합니다. 다른 사람에 대한 진정한 관심과 사랑으로 좋은 친구가 되게 도와주소서. 신실하고 진실하며 용서하며 긍정적이 될 수 있는 힘과 능력을 주소서. 완전한 친구가 되어주신 주님께 모든 찬양과 감사를 드립니다. 저를 사랑하시는 은혜를 찬양하오며 예수님의 이름으로 기도 합니다. 아멘.

암송

요한복음 15장 12절

"내 계명은 곧 내가 너희를 사랑한 것같이 너희도 서로 사랑하라 하는 이것이니라"

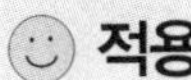 적용

본장의 동심원 그림을 다시 한번 살펴보라. 자신의 관계는 어떻게 형성되어 있는지 적어보라.

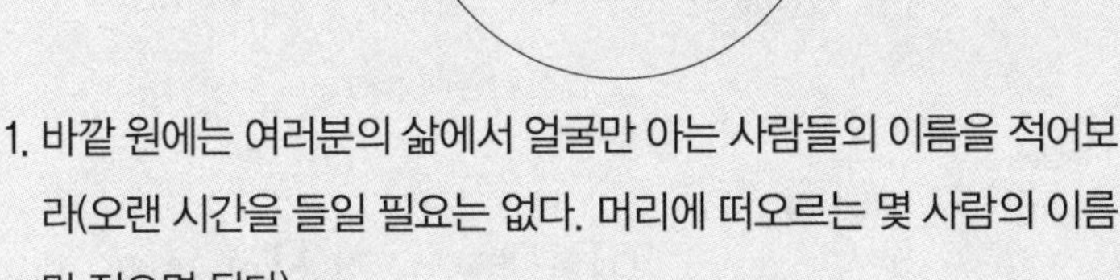

1. 바깥 원에는 여러분의 삶에서 얼굴만 아는 사람들의 이름을 적어보라(오랜 시간을 들일 필요는 없다. 머리에 떠오르는 몇 사람의 이름만 적으면 된다).

2. 중간 원에는 친한 친구들의 이름을 적어보라.

3. 마지막으로 맨 안쪽 원에는 마음을 주고받는 단짝 친구들의 이름을 적어보라. 그림을 보면서 하나님께 기도하며 이들과 점점 더 가까이 지낼 수 있게 해 달라고 구하라.

4. 본장에서 제시한 좋은 친구의 자질들을 살펴보고 여러분의 삶 속에서 그러한 자질들을 계발하고 강화하겠다는 약속을 하라.

10장

화목한 가정을 만들라

가정의 화목은 나의 발전의 원동력이다

서로 마음을 같이 하며 높은데 마음을 두지 말고 도리어 낮은데 처하며 스스로 지혜 있는 체 말라 (롬 12:16)

여러분은 자신의 가정이 완전하지 않다고 생각하는가? 어느 가정이나 마찬가지이다. 밖에서 볼 때에는 완전한 것처럼 보이는 가정도 사실은 그렇지 않다고 감히 단언할 수 있다. 모든 가정은 어느 정도의 어려움과 문제와 갈등을 안고 있다. 왜냐하면 가정이라는 곳은 장점과 약점을 모두 가진, 흠 있는 죄인들로 구성된 집단이기 때문이다. 어떤 가정도 이러한 갈등으로부터 자유로울 수는 없다.

여러분은 어쩌면 '그러나 다른 사람은 나의 가정에 대해 잘 모른다. 우리 가족은 서로 사이가 좋지 않다. 붕괴된 가정에 대해 다룬 잡지가 있다면 우리 가정이야말로 표지를 장식할 만한 가정이다'라고 생각할 것이다. 맞는 말이다. 우리는 여러분이 처한 상황을 정확히 모른다. 그러나 우리가 아는 것은 하나님께서 모든 것을 보고 계시며 그가 여러분의 모든 형편을 알고 계신다는 사실이다. 그는 여러분과 함께 계시며 여러분을 도와주고 싶어 하신다. 여러분은 결코 혼자가 아니다.

혹은 이렇게 생각할는지도 모른다. 우리 가정은 매우 훌륭하고 정상적이다. 나는 불평을 할 수 없다. 나보다 상황이 좋지 않은 학생도 얼마나 많은가? 그런데도 왜 나는 부모님께 화를 내는가? 마땅히 다른 형제들과 더 사이좋게 지내야 하지 않는가? 여러분 역시 유별난 가정이 아니다. 아무리 좋은 가정에서도 십대 시절에는 가족 관계가 혼란스러울 때가 있다. 문제는 때로는 상상할 수도 없는 가족 문제나 갈등에 대해 어떻게 긍정적으로 대처할 것인가라는 것이다.

1. 부모님에 대한 이해

여러분은 부모님이 여러분을 단 한번이라도 이해해주기를 바란 적이 없는가? 누구나 그런 경험이 있을 것이다. 그러나 상황을 바꾸어 여러분이 부모님을 이해하려고 노력해본 적은 있는가? 저 유명한 성 프란시스(Saint Francis of Assisi)의 기도에는 이런 구절이 있다.

"다른 사람이 나를 이해해 주기를 바라기 보다는 그들을 이해하게 해 주소서."

사실 부모님은 여러분이 생각하는 것보다 더 많이 여러분을 이해하고 계신다. 그분들도 모두 한 때는 여러분과 같은 십대 시절이 있었다.

부모님이 우리에 대해 알고 있는 것은 우리가 그들에 대해 알고 있는 것보다 조금 더 클 뿐이라고 생각하는 것만큼 위험한 생각도 없다. 물론 지난 수십 년간 쏟아져 나온 수많은 책이 그들에게 어떻게 하면 십대를 사랑하고 대화하며 양육할 수 있을 것인가에 대한 지식을 전달한 것은 사실이다. 우리가 의아하지 않을 수 없는 것은 '도대체 그들에게 그 많은 책이 필요할 만큼 우리가 잘못되었다는 말인가' 하는 것이다.

솔직히 엄마가 『십대 자녀 육아 길라잡이』(Parenting Teenagers for Dummies)라는 책을 사 들고 왔을 때 우리 두 자매 모두 반발심이 든 것은 사실이다. 그렇게도 우리가 골치 아픈 존재인가? 물론 우리도 잘 알고 있다. 우리는 가끔 신경질적이어서 내뿌도 하고 두덜거리기도 한다. 그러나 그렇다고 꼭 그런 책이 필요한가? 아마도 누군가 십대를 위해 『자식을 지나치게 걱정하는 골치 아픈 부모 다루기』라는 책을 써야 할 것이다.

우리는 이러한 '부모/십대 간의 이해'라는 문제에 대해 고심하던 중 십대가 부모에 대해 진정 깨달아야 할 두 가지 중요한 사실이 있다는 것을 알게 되었다. 우리가 만일 이 두 가지만 이해한다면 엄마 아빠와 관련된 다른 모든 것들에 대해서도 훨씬 더 잘 이해할 수 있을 것이다.

1) 부모님의 훈계를 받아들이라

일반적으로 부모님이 우리를 가르치고 훈련하며 훈계하는 것은 우리를 사랑하며 성공적인 어른으로 성장하기를 바라기 때문이다.

부모님이 제시하는 규칙은 화나고 짜증나며 부당한 것처럼 보이지만 그것은 결코 엄마 아빠가 우리를 못살게 굴려고 구속하려는 것이 아니다. 사실 부모님은 우리가 나가서 맘대로 살도록 내버려 두는 것이 가장 편하다. 그러나 그분들은 우리를 사랑하기 때문에 (그리고 우리를 어느 정도 이해하기 때문에) 규칙을 정하고 행동의 자유를 제한하신다.

성경은 하나님께서 우리의 자녀를 이와 같이 다루게 하신다는 사실을 상기시킨다. 잠언 3장 11-12절은 "내 아들아 여호와의 징계를 경히 여기지 말라 그 꾸지람을 싫어하지 말라 대저 여호와께서 그 사랑하시는 자를 징계하시기를 마치 아비가 그 기뻐하는 아들을 징계함같이 하시느니라"라고 했다. 하나님은 우리의 유익을 위해 사랑으로 대하시고 가르치시며 훈련하시고 훈계하신다. 우리는 우리를 위한 그의 위대한 사랑의 표시인 훈계를 멸시해서는 안 된다. 하늘에 계신 우리의 아버지는 우리를 사랑과 훈계로 다루신다. 세상의 부모님도 마찬가지이다.

2) 부모님도 우리처럼 불완전한 사람이다

그러나 그분들은 하나님께서 우리를 위해 세우신 권위자이다.

부모님도 인간이다. 그분들은 완전하지 않으며 또 스스로 그렇다고 주장하는 부모도 별로 없다. 그분들에게도 허물과 약점이 있으며 부모로서 실수를 하기도 한다(우리도 부모가 되면 마찬가지이

다). 우리는 이것을 긍휼과 용서와 이해라는 유익한 약으로 생각해
야 한다.

이와 함께 우리는 부모님은 하나님이 우리 가정에 보내신 권위자
임을 알아야 한다. 에베소서 6장 1-3절은 "자녀들아 너희 부모를
주 안에서 순종하라 이것이 옳으니라 네 아버지와 어머니를 공경하
라 이것이 약속 있는 첫 계명이니 이는 네가 잘 되고 땅에서 장수하
리라"라고 했다.

우리의 모든 삶에서 만나는 권위자들은 선생님으로부터 정치 지
도자에 이르기까지 모두 완전하지 않은 사람들이다. 그럼에도 불구
하고 우리는 하나님께서 우리를 위해 세우신 권위자를 공경해야 한
다. 이러한 공경은 부모님에 대한 것으로부터 시작되어야 한다.

하나님 외에는 완전한 부모가 없다. 사실 하늘에 계신 완전하신
아버지는 육신의 부모에게 허물과 약점이 있다는 것을 아시고 우리
의 권위자로 세우셨다. 그러므로 우리가 부모를 공경하면 하나님을
공경하는 것이며 또한 하나님의 복을 받는 자가 된다.

2. 자신에대한 이해

우리가 정말 부모님이 우리를 이해해 주기를 바란다면 먼저 우리 자신
에 대해 이해해야 한다. 우리는 앞서 십대로서 우리 자신에 대해 꼭 알아
야 할 두 가지 중요한 사실에 대해 규명한 바 있다. 이것은 물론 일반론에
관한 이야기이다. 그러나 우리가 정직하다면 대부분의 우리에게는 다음

과 같은 두 가지 문제점이 있다는 것을 (괴롭겠지만) 인정하지 않을 수
없다.

1) 우리가 아무리 똑똑하다고 생각해도 다 알지는 못한다

사실 인정할 것은 인정하고 넘어가자. 부모님은 인생을 우리보다
더 많이 살았다. 비록 그들이 우리가 좋아하는 락 그룹이나 영화배
우의 이름은 모른다 할지라도 적어도 인생 경험을 통해 우리가 모
르는 것을 한두 가지는 더 알고 있다. 잠언 15장 5절은 "아비의 훈계
를 업신여기는 자는 미련한 자요 경계를 받는 자는 슬기를 얻을 자
니라"라고 했다.

2) 우리는 과도기적 시기를 지나고 있다

우리는 성인이 거의 다 되었다. 그러나 우리는 여전히 어리다. 우
리는 여러 면에서 독립하고 싶어 하지만 어떤 면에서는 여전히 의
존적이다. 모든 십대는 태도나 행동에 있어서 어느 정도 반항적인
시기를 거친다. 이것은 다른 사람과의 관계, 특히 가족과의 관계에
있어서 자신을 절제해야 한다는 것은 보여준다. 에베소서 4장 26절
의 말씀과 같이 "분을 내어도 죄를 짓지" 말아야 한다.

지금까지 우리는 부모와 십대 자녀 간의 냉엄한 현실에 대해 여과
없이 살펴보았다. 큰 문제가 될만한 것은 없다는 것이 우리의 생각
이다. 그렇게 생각하지 않는가? 이제
문제는 어떻게 하면 이러한 통찰력을
활용하여 가족 구성원과 좀더 잘 지
낼 수 있을 것인가라는 것이다.

아름다운 삶의 들판에서 가
족과 함께 즐거움을 누리라.

(Albert Einstein)

3. 긍정적인 갈등

이러한 갈등은 불가피하다. 갈등이 없는 가정은 없다. 그 이유는 모든 가정은 결점을 가진 사람들로 구성되어 있기 때문이다(물론 우리도 마찬가지이다). 우리는 나이 차이가 많이 나지 않는 자매이지만 언제나 티격태격하며 끊임없이 다투는 시기를 거쳤다. 그러나 우리는 부모님이나 형제와 다투었다고 자신을 실패자로 자책해서는 안 되며 오히려 가정이라는 곳은 불화가 있기 마련이라는 사실을 인정하고 받아들여야 한다. 중요한 것은 이러한 불화에 대해 어떻게 대처할 것인가 하는 문제이다.

예를 들어 가족 구성원(혹은 그것과 관련된 다른 사람들)과의 다툼은 이기고 지는 것이 없어야 한다. 중요한 것은 어디까지나 상대방이 나를 이해하고 나도 그의 입장을 이해하는 선에서 끝나야 한다는 것이다. 우리는 적절한 해결책을 찾아낼 수도 있고 그렇지 못할 수도 있다. 우리는 서로 만족할 수도 있고 그렇지 못할 수도 있다. 그러나 그런 것은 문제가 되지 않는다. 때때로 문제는 시간과 함께 저절로 해결되기도 한다.

다음은 우리가 가정의 갈등을 해결할 때 기억해야 할 몇 가지 규칙이다.

지켜야 할 것

1. 공손한 언어를 사용하라.

2. 사실에 충실하라.

3. 나중에 후회할 말은 하지 말라.

4. 필요하면 언제든지 사과하고 상대방의 사과는 받아들이라.

5. 하나님께 지혜와 인도하심을 구하라.

6. 절제와 온유함으로 자신의 진의를 이해시키라.

7. 다른 사람의 말을 이해하려고 노력하라.

8. 반드시 이기려 하지 말고 자신을 이해시키려 하라.

9. 기꺼이 용서하고 받아주며 새로운 마음으로 시작하라.

해서는 안 되는 일

1. 비꼬는 말이나 상처 주는 말, 특히 상대의 인격에 관한 것

2. 이기적인 자세

3. 과거의 상처를 들추는 것

4. 과장된 말이나 거짓말

5. 고함이나 비명

6. 주제와 무관한 말이나 같은 말을 반복하는 것

7. 모든 것을 문제 삼아 논박하는 것(쟁점을 정확히 찾아라)

무슨 일이든 문제 삼아 논쟁하려고 해서는 안 된다. 때로는 희생할 줄도 알고 참고 꿀꺽 삼키기도 하며 모른 척하기도 해야 한다. 때때로 우리는 부모님이 시키는 말씀이 듣기 싫을지라도 반발하지 않고 그분들의 권위를 받아들여야 한다. 논박할 수 있는 권리를 사용하지 않는다고 해서 결코 유약함을 드러내는 것이 아니다. 그것은 강함의 표시이다. 그것은 자기희생과 절제를 보여주는 행위이다. 또한 그것은 예수께서 십자가에 달리실 때 어떤 권리도 사용하지 않으신 예수님의 모범을 따르는 것이기도 하다.

마태복음 5장 39절에서 예수님은 상대가 한쪽 뺨을 때리면 다른 쪽 뺨도 대라고 하셨으며 마태복음 5장 9절에서는 "화평케 하는 자는 복이 있나니 저희가 하나님의 아들이라 일컬음을 받을 것임이요"라고 하셨다. 바울은 로마서 12장 17-21절에서 다음과 같이 호소하였다.

"아무에게도 악으로 악을 갚지 말고 모든 사람 앞에서 선한 일을 도모하라 할 수 있거든 너희로서는 모든 사람으로 더불어 평화하라 내 사랑하는 자들아 너희가 친히 원수를 갚지 말고 진노하심에 맡기라 기록되었으되 원수 갚는 것이 내게 있으니 내가 갚으리라고 주께서 말씀하시니라 네 원수가 주리거든 먹이고 목마르거든 마시우라 그리함으로 네가 숯불을 그 머리에 쌓아 놓으리라 악에게 지지 말고 선으로 악을 이기라"

본문에서 말하는 의미는 분명하다. 우리는 모든 문제에 대해 일일이 대응하여 싸워서는 안 되며 '보복해서도' 안 된다는 것이다. 대신에 우리는 이타적이고 겸손한 자세로 무엇이 맞서 싸울 가치가 있는 것이며 무엇이 그렇지 않을 것인지를 구별해야 한다. 우리는 부모, 형제 및 다른 가족 구성원들과 싸우기 전에 '이것이 정말 싸워야 할만한 가치가 있는 것인가'라고 물어보아야 한다. 사실 이런 것들을 생각하기 위해 감정을 자제한다는 것이 쉬운 일은 아니다. 우리는 대부분 즉석에서 폭발해버리고 만다. 그러나 우리는 하나님의 능력을 통해 자신을 절제할 수 있다. 우리의 삶 가운데 역사하시는 그분의 능력은 우리의 능력을 초월하는 사랑과 인내와 절제력을 주신다.

4. 공손한 복종

부모님이 정한 규칙이나 징계가 지나치게 엄하거나 이해할 수 없다는 생각이 들 때에는 어떻게 할 것인가? 결국 앞에서 언급한 대로 부모님은 완전하지 않다는 대답을 할 수밖에 없다. 그분들이 실수했다고 생각하면 어떤가?

성경이 부모를 공경하라고 한 것은 우리에게 상처를 주는 사안에 대해 아무런 의견도 제시하지 말라는 말은 아니다. 다만 자신의 의견을 부드럽고 겸손하며 공손한 태도로 제시하라는 의미이다. 대부분의 부모님은 우리가 공손한 태도로 접근하면 쉽게 다가갈 수 있다.

다음은 우리의 경험에서(그리고 '효과적인 방법'에 대해 엄마와 의논한 후에) 나온 여섯 가지 단계이다.

1) 이것이 과연 문제화시킬 만한 가치가 있는 사안인지 결정하라

부모님이 정한 특정 규칙이나 징계가 공정하지 못하다고 따지기 전에 먼저 부모님의 입장이 되어 왜 그들은 이러한 규칙이나 징계를 하게 되었는지 이해해 보라. 그런 후에도 여러분이 오해와 불공정한 대우를 받았으며 징계가 잘못되었다고 생각한다면 문제를 제기할 수도 있을 것이다.

2) 이야기할 시간과 장소를 미리 말씀드리고 허락을 받으라

부모님에게 상의하고 싶은 일이 있으니 15분(또는 원하는 만큼)만 시간을 내어달라고 공손히 부탁하라.

3) 먼저 부모님의 뜻을 충분히 이해한다는 뜻을 밝히라

부모님에게 그들의 마음을 이해한다는 말씀을 먼저 드리는 것은 매우 중요하다(가능한 충분히). 예를 들면, "저는 엄마 아빠가 왜 주말에는 11시 30분까지 집에 들어오라고 하시는지 압니다. 제가 안전하게 귀가할 수 있는 시간이기 때문입니다. 그렇지만…"이라고 먼저 이해하는 마음을 보여 드리라.

4) 자신의 요구를 명확하고 간결하며 논리적으로 말씀드리라

"귀가 시간을 좀 더 늦추어 주시면 좋겠습니다. 학교 댄스파티나 영화는 대부분 11시 30분에 마치기 때문에 집에까지 오려면 시간이 좀더 필요합니다."

5) 확신을 심어드리라

"부모님 말씀을 거역하는 일은 절대 하지 않겠습니다. 제 의견을 참작해 주시라고 부탁하는 것입니다. 귀가 시간을 몇 시로 정하시든 그 시간까지는 반드시 들어오도록 하겠습니다."

6) 감사하라

여러분의 의견을 들어주신 것에 대해 고맙다는 말씀을 드리라. 생각대로 되지 않았다고 해서 분개하거나 원망하지 말라. 부모님에게 생각할 시간을 드리라. 때로는 "지금 즉시 대답해 주시지 않으셔도 됩니다. 생각해 본 후에 나중에 말씀해 주세요"라고 말하라.

우리는 이 여섯 가지 단계를 지킴으로 부모님에게 우리가 책임감 있고 예의바르며 자제심이 강하다는 것을 보여줄 수 있다(나중에 학교 교수님이나 직장 상사에게도 동일한 방식으로 문제를 해결할 수 있을 것이다). 또한 이 여섯 가지 단계는 부모님의 입장에서 바라보는 시각에 대해 생각해 볼 수 있는 기회를 제공해 준다. 그러나 무엇보다 중요한 것은 결과와 관계없이 이런 상황을 통해 하나님께서 우리에게 교훈하시고자 하는 것을 겸허히 받아들이는 것이다. 부모님이 허락하지 않더라도 하나님께서 부모님을 세우신 목적이 있음을 깨닫고 그 결정을 받아들여야 한다. 그것으로 우리가 할 수 있는 최선을 다한 것이다. 우리는 보다 큰 비전-영원한 것-에 시선을 고정시킴으로, 즉 부모 공경을 통해 하나님을 공경하는 사람들에게 주실 축복을 바라봄으로, 더 큰 슬픔을 방지할 수 있다. 결국 이와 같이 영원한 관점에서 볼 때 과연 우리가 고심하고 있는 이 문제가 그렇게 중요한 것인가라는 생각을 다시 한번 해 볼 수 있을 것이다.

5. 그분들이 나를 노엽게 할때

때때로 우리가 느끼는 갈등 가운데는 실제로는 갈등이 아닌 경우도 있다. 이러한 갈등은 정작 문제의 본질과는 무관한, 단지 성격상의 문제일 뿐이다. 이러한 성격상의 차이는 종종 갈등을 야기한다. 우리는 부모나 형제 또는 친구에 대해 "그가 나를 화나게 한다"고 말하며 상대하지 않으려 한다. 이런 사람들이 꼭 들어야 할 긴급 속보가 있다. 그것은 모든 사람은 어떤 형식이나 모습으로든 다른 사람을 화나게 만든다는 것이다. 이 지구상의 모든 사람은 누구나 다른 사람이 싫어할 요소를 가지고 있다.

특정인에 대해 우리가 싫어하는 요소가 다른 사람에게는 아무런 문제가 되지 않을 수 있다. 반대로 우리에게 별 문제되지 않는 어떤 사람의 버릇이나 기벽이 다른 사람에게는 심한 불쾌감을 줄 수도 있다. 그럼에도 십대라면 누구나 형제자매만큼 자신을 화나게 하는 존재도 없다는 사실에 수긍할 것이다. 형제나 자매가 왜 우리를 그토록 노엽게 하는가? 우리가 그들과 너무 가까이 있어서 작은 결점도 크게 보이는 것인가? 아니면 그들에 대한 질투 때문이거나 그들의 성격에 지쳐 버렸기 때문인가? 우리가 화를 내는 이유가 무엇이든, 우리는 대부분 형제를 용납할 수 있는 처방전이 있다.

도대체 용납이란 무엇인가? 골로새서 3장 13절은 이렇게 말한다. "누가 뉘게 혐의가 있거든 서로 용납하여 피차 용서하되 주께서 너희를 용서하신 것과 같이 너희도 그리하고." NLT(New Living Translation)는 이 본문을 "누가 뉘게 잘못[NIV는 불평]이 있거든 서로 용납하여 피차 용서하되 주께서 너희를 용서하신 것과 같이 너희도 그리하고"라고 번역한다. 여러분은 진정 형제나 자매의 잘못을 용납하고 싶은가? 그렇다 하더라도 그것은 결코 쉬운 일이 아니다. 그러나 만일 하나님께서 우리를 은혜로 대하셨다면 우리 역시 다른 사람-특히 한 가족-에게 그렇게 대해야 할 것이다.

어떻게 하면 형제나 자매를 용납할 수 있는가?

첫번째 방법은 하나님께 우리를 통해 그들에게 하나님의 사랑을 쏟아 부을 수 있게 해 달라고 기도한다. 하나님의 사랑은 허다한 죄를 덮는다. 성경은 사랑의 본질에 대해 이렇게 말한다.

> "누구든지 예수를 하나님의 아들이라 시인하면 하나님이 저 안에 거하시고 저도 하나님 안에 거하느니라 하나님이 우리를 사랑하시는 사랑을 우리가 알고 믿었노니 하나님은 사랑이시라 사랑 안에 거하는 자는 하나님 안에 거하고 하나님도 그 안에 거하시느니라
>
> 누구든지 하나님을 사랑하노라 하고 그 형제를 미워하면 이는 거짓말하는 자니 보는바 그 형제를 사랑치 아니하는 자가 보지 못하는바 하나님을 사랑할 수 없느니라 우리가 이 계명을 주께 받았나니 하나님을 사랑하는 자는 또한 그 형제를 사랑할지니라"(요일 4:15-16, 20-21)

두 번째 방법은 가족의 좋은 점에 초점을 맞추고 부정적인 것은 덮어두는 것이다. 우리는 형제나 자매 또는 다른 가족들에 대해 가장 좋은 것만 기대하고 생각해야 한다. 그것은 우리 역시 그들이 그렇게 해주기를 바라기 때문이다.

그러나 여기에는 한 가지 중요한 단서가 있다. 만일 여러분이 가족 가운데 학대당하는 사람이 있다면 보고만 있어서는 안 된다. 다른 사람을 용납해야 한다는 것은 가족 구성원의 명백히 파괴적인 죄를 간과하라는 뜻은 아니다. 만일 여러분이 신체적으로나 감정적으로, 또는 성적으로 다른 가족 구성원으로부터 학대당하고 있다면 지금 즉시 용기를 내어 신뢰할 수 있을만한 경건한 사람을 찾아가서 이야기해야 한다. 하나님은 여러분의 진정한 아버지가 되신다는

사실을 믿고 용기를 가져야 한다. 부모님은 우리의 요구나 바라는 것들을 모두 충족시켜줄 수 없다. 오직 그리스도만이 우리의 위로와 힘이 되신다. 하나님은 우리의 궁극적인 부모가 되신다.

6. 건강한 가정의 특징

우리는 본 장이 건강한 가정(결코 '완전한 가정'이 아니다. 그런 가정은 없다)의 모습과 연결되기를 바란다. 건강한 가정은 전형적으로 다음 열 가지의 특징으로 구별할 수 있다.

①가족 구성원 각자에게 예외적인 임무가 부여된다.

②진리와 은혜로 교통한다.

③가족 구성원 각자의 가치와 독특함을 인정한다.

④ 서로에 대해 학대하거나 수치를 주거나 통제하거나 협박하지 않겠다고 다짐한다.

⑤강력한 영적 공감대를 나눈다.

⑥상대를 존중하라고 가르친다.

⑦서로에게 책임감을 고취시킨다.

⑧함께 기도한다.

⑨절기나 기념일을 함께 즐긴다.

⑩곤경에 처하면 서로 돕는다.

긍정적인 십대가 되기 위해, 현재 우리가 속해 있는 가정이 이와 같은 특징을 가질 수 있도록 노력하자. 어쩌면 여러분은 '그러나 우리 가정은 건강한 가정과는 거리가 멀다'라고 할는지도 모른다. 걱정할 필요 없다. 우리는 가족 간의 새로운 관계 구축을 위해 하나님의 인도하심을 구하면서 우리에게 주신 것들을 사용하여 할 수 있는 최선을 다하기만 하면 된다. 나중에 우리가 어른이 되면 우리 가정은 열 가지 특징을 모두 갖춘 건강한 가정이 될 것이다. 하나님의 도우심을 통해 이 놀라운 특징들은 후대로 계속해서 이어질 것이다. 결국 하나님은 우리의 가정에 목적을 두고 행하실 것이다. 가족을 사랑과 존경과 인내로 대하는 것이야말로 우리가 할 수 있는 가장 긍정적인 일이다.

파워포인트

묵상

읽을 말씀 : 고린도전서 13장

1. 본문에 의하면 왜 사랑은 중요한가?

2. 참된 사랑을 묘사한 부분에 줄을 쳐보라. 이러한 사랑은 가능한가?

3. 요한일서 4장 16절을 읽어보라. 사랑은 어디에서 오는가?

기도

사랑의 하나님, 저를 향하신 주님의 풍성하고 자비로운 사랑을 찬양합니다. 주님은 신실하시며 주님의 사랑은 확실하고 진실함을 믿습니다. 제 속에 거하며 저의 삶 가운데 주님의 사랑을 나타내심을 감사합니다.

주님의 은혜로우신 사랑이 저를 통해 가족들에게 전해지게 하소서.

주님을 공경하듯이 부모님을 공경할 수 있도록 도와주소서.

형제자매의 과실을 용납하고 용서할 수 있는 힘을 허락하소서. 저의 모든 요구를 충족시켜 주심을 감사합니다. 순간순간 주님의 사랑 안에 거하게 하소서.

예수님의 이름으로 기도합니다. 아멘.

암송

요한일서 4장 7절

"사랑하는 자들아 우리가 서로 사랑하자 사랑은 하나님께 속한 것이니 사랑하는 자마다 하나님께로 나서 하나님을 알고"

 적용

1. 고린도전서 13장을 다시 한번 읽고 지금까지 개인적으로 가족들에게 부족했던 '사랑의 영역' 이 무엇인지 말해보라.

2. 하나님의 도우심을 구하고 이번 주부터 가족과의 관계에서 달라진 모습을 보이기로 결심하라.

3. 부모님에게 제기할 문젯거리가 있다면 본장에서 제시한 단계를 따라 공손히 말씀드려 보라.

11장

창의적인
데이트를 하라

성공적인 데이트를 위해서 전략과 수단이 필요하다

여러분이 데이트하는 상대는 하나님의 하나뿐인 피조물이다. 하나님은 여러분 한 사람 한 사람을 각각 다르게 만드셨다. 하나님은 여러분을 사랑하듯이 여러분의 데이트 상대도 사랑하신다. 그를 이 세상에서 단 하나 뿐인 사람으로 대하라.
(수지 쉘렌버거&그렉 존슨〈Susie Shellenberger and Greg Johnson〉)

실제 데이트 현장을 중계하는 리얼리티 쇼 프로가 전파를 탔다. 방송국은 어떻게 이러한 프로들('The Bachelor'[독신 남성], 'The Bachelorette'[독신 여성])을 또 한번 방영할 생각을 했을까? '백만장자 조'(Joe Millionaire) 역시 매우 독특한 프로그램이다. 그 외에도 '사랑이냐 돈이냐'(For Love or Money), '완전한 만남'(Perfect Match) 및 '시골 사람 잭의 사랑'(Outback Jack) 등 유사한 프로그램이 줄을 이었다. 이들 쇼 프로는 모두 실제 상황을 다룬 '리얼리티 TV' 프로그램이다. 그러나 실제로는 아무도 그와 같은 잔인한 데이트 게임을 하고 싶지 않을 것이다.

데이트는 특히 이성에 대한 이해나 이성과의 관계에서 우리를 보다 성숙하게 한다는 점에서 매우 멋진 경험이 될 수 있다. 데이트는 남여 사이에 발생하는 복잡한 문제들에 대해 어떻게 대처하고 대화하며 다루는지를 배울 기회를 제공한다. 제대로만 한다면 데이트만큼 의미 있고 즐거우며 축복된 것도 없다. 그러나 잘못된 데이트는 우리를 향하신 하나님의 목적으로부터 벗어나 엉뚱한 길로 접어들게 할 수 있다.

언제부터 데이트를 시작할 것인가?

데이트를 시작하는 시기는 부모님과 상의해서 결정하는 것이 좋다. 여러분은 자신의 성숙도나 데이트 상대의 인격 등 여러 가지 요소를 고려해 보아야 한다. 여러분이 속한 단체나 주변 사람 역시 중요하다.

우리가 사는 달라스는 매우 큰 도시이지만 우리는 주로 교회나 학교를 통해 교제하는 몇몇 가정으로 이루어진 보다 작은 공동체를 중심으로 모인다. 따라서 모든 사람이 서로 잘 아는 상황이기 때문에 더욱 큰 책임감을 갖지 않을 수 없다.

일반적으로 데이트의 목적은 장차 결혼을 하기 위한 준비 과정으로서 잠재적인 결혼 상대자가 가지고 있는 좋은 점과 싫은 점을 볼 수 있게 해 준다. 데이트는 사랑하는 사이로 발전하여 결혼에 이를 수 있기 때문에 항상 신중하고 현명하게 접근할 필요가 있다.

성공적인 데이트를 위해 알아두어야 할 몇 가지 사항에 대해 살펴보자.

1. 데이트의 실재

여러분은 대체로 다음 두 가지 범주 가운데 하나에 속할 것이다. 즉, 이성 친구를 찾는 중이거나 아니면 이미 이성 친구가 있는 경우이다. 대부분의 십대는 데이트에 대해 어느 정도의 매력을 느낀다. 왜 그런가? 여러분은 왜 그러한 매력을 느끼는지 생각해 보았는가? 다음에 제시하는 몇 가지 가능성에 대해 살펴보자.

1) 이성 친구는 안정감을 줄 것이라고 생각한다

여러분은 이성 친구를 통해 하나의 인격체로서 보다 안정감을 얻게 될 것이라고 생각하기 때문이다.

흥미롭게도 이성 친구를 사귀는 것은 생각만큼 안정감을 주지 못한다. 첫째로 여러분이 만나려는 상대가 친구 관계를 오랫동안 유지하고 싶어 할 것이라는 보장이 없다. 고등학교 시절에 사귀던 사람과 결혼까지 하는 사람도 있지만 그런 경우는 매우 드물며 대부분 언젠가는 헤어진다. 데이트 하는 사이는 수시로 감정이 바뀌거나 상대가 달라지기도 한다(그런 경우는 허다하다). 그것은 여러분이 안정을 기대할만큼 견고하지는 않다.

사실 여러분의 안정은 내부에서 우러나와야 한다. 그것은 하나님이 여러분을 참으로 사랑하시며 결코 떠나지 않으신다는 사실에 대한 깊은 내적 확신으로부터 나온다. 물론 여러분은 "나는 그리스도로만 만족하기 때문에 이성 친구를 원하지 않는다"라고 말하기는 어려울 것이다. 세상은 우리에게 일정한 관계를 형성할 것을 요구하며 그러한 관계가 형성되어 있지 않으면 무엇인가 잘못되었다는 사실을 끊임없이 주지시키려 한다. 관계 형성이 되어 있지 않다고 해서 잘못되었다는 것은 분명 어폐가 있지만, 실제로 하나님은 우리가 모두(특별한 경우도 있겠지만) 배우자를 만나기를 바라신다. 그러므로 배우자에 대한 기대나 소망은 자연스러운 것이며 하나님의 뜻이기도 하다.

여러분이 알아야 할 한 가지 중요한 사실은 이성 친구가 사랑이나 안정에 대한 여러분의 욕구를 모두 채워주지는 못한다는 것이다. 그(또는 그녀)는 여러분의 삶에서 하나님을 대신할 수 없다.

2) 데이트는 여러분을 유명하게 해 줄 것이라고 생각한다

유명해지기 위해 이성 친구를 원한다면 다시 한번 생각해 보는 것이 좋을 것이다. 만일 인기를 얻기 위한 발판으로 다른 사람을 이용해야 한다면 여러분은 어쩌면 잘못된 연줄을 잡고 있는지도 모른다.

여러분은 왜 유명해지고 싶은지 생각해보라. 모든 사람이 당신을 좋아해 줄 것이라고 생각하기 때문인가? 그렇다면 여러분이 모르고 있는 한 가지 비밀을 알려주겠다. 그것은 인기 있는 사람도 모든 사람으로부터 사랑을 받지는 못한다는 것이다. 이성 친구를 자신의 유명세나 인기를 위한 방편으로 이용해서는 안 된다. 그러므로 인기를 얻으려하기 보다 먼저 친절하고 웃음을 주며 진실한 사람이 되라. 그리고 그러한 과정을 통해 여러분이 만나게 되는 진실한 친구들을 사귀라.

3) 모든 사람이 이성 친구를 가지고 있다고 생각한다

물론 우리는 여러분이 사는 마을에 살지 않으며 여러분이 다니는 학교에 다니지도 않는다. 그러나 우리가 거의 확실히 단언할 수 있는 것은 여러분이 알고 있는 십대 친구들이 모두 누군가와 교제하는 것은 아니라는 사실이다. 여러분 외에는 모두 데이트를 하고 있는 것 같지만 한번 자세히 살펴보라. 사실 많은 십대는 짝이 없으며 그들은 여럿이 함께 어울려 다니며 노는 것을 좋아한다. 그런 친구들을 찾아 함께 어울려 즐겁게 지내고, 여러분만이 이성 친구가 없어 섭섭하다는 생각을 더 이상 하지 않기를 바란다.

4) 이성 친구와의 육체적 관계를 원하기 때문이다

이러한 동기는 매우 잘못된 것이다. 이것은 전적으로 말초 신경적 욕구에 지나지 않으며 전혀 지혜로운 생각이 아니다. 이런 생각은 아예 버려야 한다.

5) 이성 친구를 사귀면 행복해질 것이라고 생각한다

안정에 대한 기대와 마찬가지로 행복은 다른 누군가로부터 얻을 수 있는 것이 아니다. 여러분은 자신의 감정이나 기분을 다른 사람에게 맡길 수 없다. 아무도 그러한 짐을 맡을 수 없다. 오히려 여러분은 이성 친구가 여러분의 삶의 한 부분이 되기 전에 스스로 행복한 사람이 될 필요가 있다. 관계를 형성한다는 것은 많은 수고를 필요로 한다. 그것은 항상 즐겁고 쉬운 과정만은 아니다.

결혼에 있어서도 마찬가지이다. 여러분은 자신의 행복을 배우자에게 맡길 수 없다. '자신에게 중요한 사람'이 있건 없건 여러분이 지금 행복한 사람이 되는 법을 배우는 것이 중요한 이유는 바로 이 때문이다. 실제로 여러분이 이성 친구가 없는 상태에서 행복하면 할수록 이성 친구가 있을 때에는 더욱 행복해질 것이다. 행복에는 흡인력이 있다!

위에서 제시한 것들 가운데 여러분이 이성 친구를 원하는 이유가 있는가? 여러분의 삶에서 '특별한 사람'이 있거나 그러한 사람을 원하는 것이 나쁘다는 말은 아니니 오해 없기 바란다. 실제로 우리는 대부분 이성과의 관계를 진지하게 고려할 때에 이 다섯 가지 이유 중 하나를 염두에 두게 된다. 그러나 우리가 주장하는 것은 이것이다. 그것은 긍정적인 십대가 되기 위해서는 이성 친구를 사귀려는 동기에 대해 다시 한번 점검해보고 데이트가 생각만큼 화려한 것은 아니라는 사실을 인식할 필요가 있다는 것이다. 우리는 그리스도와의 관계를 통해 모든 안정과 정체성 및 행복의 주된 근원을 발견해야 한다. 그렇게 할 때에 다른 관계도 모두 제 자리를 찾게 될 것이다.

2. 창의적인 데이트

여러분이 여러 명과 사귀든 단 한 사람을 사귀든, 우리가 꼭 알아두어야 할 사항이 있다. 그것은 지난날에 모든 사람이 해 왔던 것과 동일한 방식으로 데이트를 하지 말라는 것이다. 다시 말하면 창의적이 되어야 한다는 것이다. 새로운 것을 시도해 보라. 즐거움을 가지고 임하라. 평범함에서 벗어나보라. 다음에 제시한 독창적인 데

이트를 따라해 보거나 상상력을 동원하여 자신만의 멋진 데이트를
생각해 내어 보라.

특별한 저녁 만찬

멋진 식사 준비를 위해 여러 가지 흥미 있는 요리비법을 찾아보
라. 필요한 재료의 리스트를 만든 후 함께 시장에 가서 필요한 것들
을 구입하라. 집에 와서 함께 재료를 다듬고 칼질을 하고 구우라. 그
렇게 해서 만들어진 요리를 함께 즐기라.

동영상 마니아

가정용 DVD를 빌려보거나 팀을 구성해 동영상 거리 촬영 계획을
세우라. 동영상에 담을 재미있는 장면들(상점에서 손과 무릎으로
기는 장면 등)을 구상한 후 시내를 돌아다니며 캠코더 메모리를 채
워보라. 다 끝나면 집으로 돌아와 팝콘을 튀겨 먹으며 완성된 제품
을 시청하라.

세차 데이트

자신의 차나 부모님의 차를 직접 손으로 세차하며 보다 생산적인
데이트를 해보라.

스포츠 데이트

함께 스포츠를 즐겨보라. 여러분은 스포츠를 잘할 필요는 없다.
사실 처음 하는 운동이 더 재미있을 때가 있다. 볼링이나 스키트 사
격도 좋고 테니스나 골프도 좋다. 가상전쟁놀이나 소형 자동차 타

기 및 아이스스케이팅도 해보라.

쇼핑

함께 즐길 수 있는 가게만 찾는다면 쇼핑도 재미있다. 서점이나 스포츠용품점, 장난감 가게 및 전자제품 코너도 함께 가기 좋은 곳이다. 정해진 목적을 가지고 가라(가령, 누군가에게 줄 선물을 사거나 세일 기간에 맞춘 할인구매 등). 지출 금액(5달러, 또는 10달러 등)을 결정하고 그 금액으로 누가 가장 좋은 물건을 사는지 경쟁해보라. 지역 벼룩시장이나 중고품 염가 판매 시장을 이용하는 것도 좋다.

화려한 외출

맛있는 음식과 함께 소풍 가방을 꾸려 하이킹을 가거나 함께 공원에서 원반던지기 놀이를 하거나 개를 데리고 산보하거나 아름다운 날씨를 즐겨보라. 밤에 망원경이나 또는 육안으로 별을 관찰해 보라.

행사장 이벤트

지역 공연, 박람회 및 축제와 같은 행사가 언제 어디서 열리는지 관심을 갖고 살펴보라. 함께 특별한 이벤트를 준비하여 참가함으로 즐거운 추억을 만들어보라.

물 풍선 게임

차가운 물을 넣은 풍선을 만들어 공원이나 야외로 나가 게임을 해보라. 여러 가지 자세로 풍선을 주고받으며 점차 간격을 넓힌다. 풍선이 터질 때까지 얼마나 멀리 던질 수 있는지 보라.

운동

운동을 좋아하면 함께 운동을 하라. 달리기, 역기, 수영 또는 자전거 타기는 즐거움을 줄 뿐 아니라 건강에도 도움이 된다.

창조적인 동업

여러분과 친구(또는 친구들)가 함께 즐길 수 있는 공예와 관련된 일을 찾아 창조적인 능력을 발휘해보라. 크라프트 스토어(craft store)를 돌아다니며 아이디어를 얻으라. 음악에 조예가 깊다면 함께 노래를 만들어 녹음해보라.

봉사 활동

여러분의 공동체에서 봉사할 수 있는 일이 무엇인가? 여러분은 둘이서 또는 단체로 무료급식배달이나 장애인 올림픽 또는 지역 불우아동을 돕는 일에 동참할 수 있다. 교회 선교부나 지역 단체를 통해 도움이 필요한 곳을 찾아보라.

기도 모임

근처에 있는 교회에 가서 함께 예배를 드리라. 주일 낮 예배나 수요 예배(그것도 물론 좋은 시간이기는 하지만) 보다는 예배가 없는 날 기도하러 오는 사람들을 위해 교회 문을 열어놓는 때를 이용하라. 엄마와 아빠는 베일러 대학을 함께 다니며 데이트를 할 때 근처에 있는 교회를 찾아 함께 성경을 읽고 기도를 했다고 한다. 그러던 중 하루는 아빠가 엄마에게 프러포즈를 했다. 아빠는 고린도전서 13장을 다 외운 후에 엄마에게 낭송했던 것이다(기발한 착상 아닌가!).

맛있는 햄버거 찾기

지역에서 나오는 햄버거를 모아 마을에서 가장 맛있는 햄버거를 찾아보라. 구석진 곳에 있는 가게까지 샅샅이 뒤져라. 때로는 작은 구멍가게에서 파는 햄버거나 튀김이 제일 맛있는 경우도 있다. 최고의 햄버거를 찾고 나면 최고의 밀크셰이크를 찾아보라.

3. 안전한 데이트

불에 너무 가까이 가면 화상을 입을 수 있다. 만일 유혹을 뿌리치지 못하고 가까이 하면 유혹에 넘어갈 수 있다. 데이트에 있어서도 종종 그것에 수반되는 성적 유혹으로부터 자신을 지키기 위해 일정한 개인적 수칙을 세워 놓고 안전한 데이트를 해야 한다.

성경은 분명히 성적인 죄의 유혹으로부터 피하여 도망하라고 말씀한다. 잠언 4장 25-27절은 "네 눈은 바로 보며 네 눈꺼풀은 네 앞을 곧게 살펴 네 발의 행할 첩경을 평탄케 하며 네 모든 길을 든든히 하라 우편으로나 좌편으로나 치우치지 말고 네 발을 악에서 떠나게 하라"라고 말씀한다. 솔로몬은 계속해서 성적인 범죄의 덫에 걸리는 것이 얼마나 위험한 일인지에 대해 언급한다. 결국 그는 성적인 유혹에 빠진 한 사람의 운명을 통해 자신의 메시지에 대한 결론을 내린다.

"그는 훈계를 받지 아니함을 인하여 죽겠고 미련함이 많음을 인하여 혼미하게 되느니라"(잠 5:23)

흔히 지혜로운 자와 어리석은 자의 차이점에 대해 말할 때 지혜로운 자는 유혹으로부터 피하려는 마음이 있는 자로 언급된다. 유혹은 언제나 있으며 그것은 우리의 삶 가운데 실존한다. 그러나 지혜로운 자는 그러한 것들로부터 자신을 지킨다. 예를 들어 구약성경에 나오는 요셉은 보디발의 아내가 그를 꾀어 동침하자고 했을 때 즉시 달아났다. 창세기 39장 6-12절을 읽어보면 알겠지만, 그는 유혹을 받을 때 그것에 대해 생각해 보기 위해 어정대는 우를 범하지 않고 무조건 도망했다. 바울은 고린도전서 6장 18-20절에서 성적인 죄의 위험에 대해 다음과 같이 경고하였다.

"음행을 피하라 사람이 범하는 죄마다 몸 밖에 있거니와 음행하는 자는 자기 몸에게 죄를 범하느니라 너희 몸은 너희가 하나님께로부터 받은바 너희 가운데 계신 성령의 전인 줄을 알지 못하느냐 너희는 너희의 것이 아니라 값으로 산 것이 되었으니 그런즉 너희 몸으로 하나님께 영광을 돌리라"

그렇다면 이와 같이 중요한 시기에 죄로부터 자신을 안전하게 지킬 수 있는 방법은 무엇인가?

다음은 데이트 할 때 지켜야 할 몇 가지 개인적인 수칙이다.

● 이성 친구는 누구라도 자신의 침실에 들어서는 안 된다.
● 아무도 없는 집안에서 함께 놀지 않는다.
● 소파에 누워 키스하지 않는다.

● 차를 세워둔 채 뒷좌석에 함께 앉지 않는다.

● 과도한 신체접촉을 삼간다.

여러분은 이 리스트에 다른 수칙들을 더 넣을 수도 있다. 중요한 것은 데이트를 시작하기 전에 자신의 한계를 미리 정하는 것이다. 데이트를 할 때 할 수 있는 행동과 해서는 안 되는 행동을 미리 마음속에 정해 두어야 한다는 것이다. 자신이 정한 한계를 미리 알고 있으면 감정이 넘치는 상황에서도 제동을 걸기 쉽다. 이렇게 하면 유혹에 쉽게 이끌리거나 생각지도 않은 유혹에 빠지는 것을 미연에 방지할 수 있다.

이와 같이 일반적인 수칙 외에 여러분이 지켜야 할 선이 어디까지인지에 대해 구체적으로 말하기는 어렵다. 그러나 우리가 말할 수 있는 것은, 여러분이 할 수 있는 가장 지혜롭고 긍정적인 방법은 앞으로의 결혼 생활을 위해 최대한 자신의 신체적 영역을 온전히 보전해야 한다는 것이다. 여러분은 특히 자신의 몸과 마음을 허락하는 일에 신중해야 한다. 저스틴 루카두(Justin Lookadoo)와 헤일리 모건(Hayley Morgan)이 『데이트』(Dateable)라는 자신들의 저서에서 주장한 대로 "여러분이 허락하는 만큼 데이트가 끝난 후 상처로 남게 된다."[1]

마릴린 모리스(Marilyn Morris)는 전국에 있는 모든 십대에게 절제의 중요성과 유익에 대해 주장한 바 있다. 그녀가 '성공을 위한 목적'(Aim for Success)이란 프로그램에서 주장한 내용은 매우 중요하다. 다음의 글을 읽어보라.

여러분이 이성을 만나게 되면 두 사람의 관계는 자연스럽게 발전해 나간다. 이러한 관계는 대화로부터 시작하여 성적인 관계에까지 이른다.

대화

포옹 및 키스

열정적 키스

신체 접촉

옷 벗기기

성적 관계

어느 단계에서 멈출 것인지는 여러분에게 달려 있다. 십대는 종종 끝까지 진행되기 전에 중도에서 끝내면 안전할 것이라고 생각하지만 그 정도 선에서도 얼마든지 성병을 얻을 수 있다.

나는 대학생들과의 대화를 통해 만일 꿈과 목적을 가진 중고등학생이 임신이나 성병이나 감정적 상처를 피하고자 한다면 어느 선에서 멈추어야 한다고 생각하는지에 대해 물어보았다. 대학생들은 십대의 경우 서로 대화를 하거나 가벼운 포옹이나 키스 정도에서 멈추어야 한다고 대답했다. 왜 그렇게 생각하느냐고 물어보니 열정적인 키스를 할 경우 본격적인 성적 흥분이 시작되기 때문이라고 대답하였다. 사람이 성적으로 흥분하면 가라앉히기 힘들며 그러한 진행을 늦추는 것이 결코 쉽지 않다는 것이었다. 심지어 자신은 절제해야 한다고 외치는 사람도 말처럼 행동이 쉽게 따라주지 않는다. 따라서 문제는 여러분의 꿈과 목적을 이루고 임신이나 성병 또는 감정적 상처로부터 자신을 보호하기 위해 과연 어느 선에서 멈추기로 결정했느냐 하는 것이다.[2]

4. 순결이라는 선물

절제를 어떤 시각에서 바라보는 것이 좋을까? 누군가에게 주었던 가장 좋은 선물을 생각해보라. 아마도 어버이날 엄마에게 준 선물이나 생일날 가장 친한 친구에게 준 선물일 것이다. 귀중한 선물을 주는 것은 받는 사람에게 복일 뿐 아니라 주는 사람에게도 복이다.

이제 여러분이 언젠가 맞이할 평생의 반려자에 대해 생각해보라. 아마도 여러분이 그를 만나기 전 지금부터 그를 위해 준비할 수 있는 가장 귀한 선물은 성적 순결일 것이다.

우리는 오늘날 매스컴이 마치 순결을 지키는 것이 어리석고 불가능한 일인 것처럼 현혹시키고 있다는 것을 잘 알고 있다. 그러나 TV나 영화나 잡지는 진실만을 말하는 곳이 아니다. 물론 결혼할 때까지 순결을 유지한다는 것이 쉬운 일은 아니다. 철저한 원칙과 성품 및 절제력을 갖춘 강인하고 훌륭한 인격을 갖추지 못한다면 불가능한 것이 사실이다. 그러나 하나님의 은혜로 세상에는 순결을 유지한 사람들이 많다. 할리우드 영화의 한 장면은 결코 우리 모두의 모습이 아니다. 십대 시절의 부정이 결혼 생활의 아픔을 가져올 수도 있다는 것은 슬픈 사실이 아닐 수 없다. 그러나 배우자를 위해 '자신을 온전히 지킨 사람'은 말할 수 없는 복을 쌓아둔 것이다. 할리우드는 이런 차원의 이야기는 결코 하지 않는다.

제니(Jenny, 가명)를 예로 들어보자. 그녀는 고등학교 및 대학 시절에 처음에는 남자 친구와 그리고 나중에는 여러 명의 사람들과 문란한 성생활을 하며 방탕하게 보냈다. 그녀는 대학을 졸업한 후

"

하나님의 은혜로 그리스도를 알게 되었다. 하나님은 그녀의 삶에 훌륭한 그리스도인을 보내주셨으며 결국 두 사람은 결혼까지 이르게 되었다. 불행히도 방탕한 삶의 결과는 누군가 그리스도인이 되었다고 해서 완전히 감추어지지 않았다. 대학 시절에 만나던 사람 가운데 한 사람이 그녀에게 성병을 옮겼던 것이다. 그녀는 남편에게 같은 병을 옮겼을 뿐 아니라 부부 관계를 가질 때마다 심한 고통에 시달렸다. 수년 간의 상담과 치료 끝에 결혼생활은 정상적으로 회복되었다. 그러나 이러한 제니의 삶은 결코 바람직하지 못한 것임을 보여준다.

우리 사회는 성병이 만연되어 있다. 물론 그것에 관해 이야기하는 사람은 아무도 없다. 요즘은 영화배우나 상급반 왈패들 가운데서도 그런 이야기를 하는 사람을 찾아볼 수 없다. 그러나 그것은 여전히 존재한다. 때때로 성병은 증상이 나타나기 전 수년 동안 잠복기를 거치기도 한다. 어떤 사람은 성병에 감염된 줄도 모르고 새로운 파트너에게 무심코 '선물'로 주기도 한다.

성병을 막을 수 있는 확실한 방법은 한 가지뿐이다. 결혼할 배우자를 위해 자신을 순결하게 지키는 것, 오직 그것만이 확실한 방법이다. 성적 범죄를 피하는 것은 하나님이 정하신 법이기도 하다. 많은 사람들은 하나님의 법을 떠나 사는 것이 곧 인생을 즐기는 것으로 착각하고 있다는 것은 부끄러운 일이 아닐 수 없다. 결국 하나님의 계획을 떠나 사는 것은 상처와 좌절과 죄책감과 절망으로 인도할 뿐이다.

매스컴이 떠드는 과장을 믿지 말라. 성적 순결은 확실히 가능하다. 혼전 관계는 결코 옳지 않다. 콘돔에 관한 거짓 정보를 믿지 말

라. 많은 십대는 콘돔만 사용하면 괜찮다고 생각한다. 결혼한 사람들 가운데 임신을 피하기 위해 콘돔을 사용하는 사람들에게 정말 그것이 산아 제한에 가장 효과적인 방법이 될 수 있는지 물어보라. 좋다. 당황스럽다면 묻지 않아도 된다. 우리가 대답해주겠다. 결론만 말하자면 그렇지 않다는 것이다. 결혼한 사람들 가운데 아직 아이를 가질 준비가 되지 않은 사람들은 콘돔이 믿을 수 없다는 사실을 잘 알고 있다. 그것은 여러 가지 면에서 안전하지 못하며 결코 가장 믿을 수 있는 산아 제한 방법이 아니다.

그런데도 우리 사회는 왜 그것을 강력히 권장하는가? 그것은 사람들이 아무런 타격도 입지 않으면서 죄를 지을 수 있는 방법을 찾고 있기 때문이다. 그러한 거짓말에 현혹되지 말라! 결혼 후에 이루어지는 부부간의 정상적인 관계야말로 유일하게 안전한 최상의 관계이다.

결국 데이트를 한다는 것은 결혼을 위한 준비에 불과하다. 한낱 연습에 불과한 것에 자신의 모든 것을 낭비한다면 어떻게 실제 결혼 생활을 위해 자신을 보전할 수 있겠는가? 이것은 리얼리티 TV가 아니라 리얼리티 그 자체이다. 데이트를 하나의 게임으로 접근하지 말고 생존을 위한 훈련장으로 생각하라. 그렇게 할 때에 우리는 참으로 긍정적인 십대가 될 수 있다.

파워포인트

 묵상

읽을 말씀 : 에베소서 5장 25-33절

1. 이 말씀에서 결혼은 어떠한 모습인가?

2. 이 말씀은 어떻게 여러분이 결혼할 때까지 순결을 지키도록 도와주는가?

3. 에베소서 6장 10-20절을 읽어보라. 그리스도인은 유혹과 싸워 하나님께서 예비한 삶으로 인도함을 받기 위해 어떠한 무기가 필요한가?

기도

위대하시고 영화로우신 하나님, 주님은 저의 영혼을 사랑하시는 분이십니다. 아무도 그 자리를 대신할 수 없음을 고백합니다. 저를 향하신 한없이 풍성하고 자비로운 사랑을 감사합니다. 저의 모든 기쁨은 주님의 품 속에 있습니다. 그리스도 안에서 형제자매를 순수하고 경건하게 사랑하도록 도와주소서. 저를 세속에 휩쓸려 유혹에 빠지지 않게 하소서. 결혼할 때까지 순결을 지킬 수 있는 절제력과 능력을 주소서. 저의 유일한 배우자가 될 사람에게 순결을 선물로 주기를 원합니다. 저의 삶을 위한 당신의 계획을 수행할 수 있는 능력을 주심을 감사합니다. 예수님의 이름으로 기도합니다. 아멘.

암송

고린도전서 10장 13절

"사람이 감당할 시험 밖에는 너희에게 당한 것이 없나니 오직 하나님은 미쁘사 너희가 감당치 못할 시험당함을 허락지 아니하시고 시험당할 즈음에 또한 피할 길을 내사 너희로 능히 감당하게 하시느니라"

☺ 적용

1. 시간을 내어 기도하라. 이성과의 관계에서 개인적으로 가장 적정한 선이 어디까지이며 필요한 수칙이 무엇인지에 대해 하나님의 뜻을 물어라.

2. 정해진 수칙을 종이에 기록하고 고린도전서 10장 13절을 맨 밑에 적어라. 기록한 종이를 잘 보이는 곳에 간수하라.

3. 이러한 목적을 함께 나눌 수 있는 신실한 친구를 찾아라.

4. 개인적으로 결정한 허용범위에 대해 친구와 이야기를 나누고 서로 책임을 지겠다고 약속하라.

" 소망은 큰 선물이 될 수 있다.

아마도 그것은 우리가 줄 수 있는 가장 큰 선물 가운데 하나일 것이다.

잘 알다시피 사람들은 좌절하거나 두려워하거나 낙심될 때 혼자라는

느낌을 받는다.

그들에게는 누군가 하나님의 치유의 손길과

그를 향한 소망이 있다는 것을 상기시켜 줄 사람이 필요하다. **"**

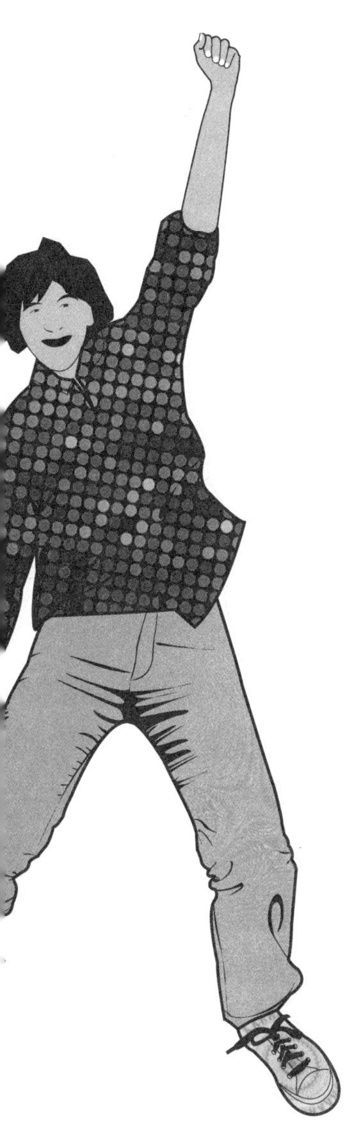

태도

THe Power oF AttiTuDe

능력이란 여러분이 할 수 있는 일이다.
동기(motivation)는 그러한 능력으로
무엇을 할 것인지를 결정한다.
태도는 그 일을 어떻게 할 것인지를 결정한다.
— 루 홀츠(Lou Holtz) —

12장

소망을 가지라

모든 것이 무기력해 보일 때 위를 바라보라

소망의 하나님이 모든 기쁨과 평강을 믿음 안에서 너희에게 충만케 하사 성령의 능력으로 소망이 넘치게 하시기를 원하노라 (롬 15:13)

인생에서 모든 것이 잘 풀려나갈 때 소망을 가지기는 쉽다. 그러나 일이 잘 안 풀릴 때는 어떤가? 여러분이 의기소침해 있을 때, 온 세상이 무너져 내릴 것만 같은 생각이 들 때, 그때야말로 진정 소망이 필요한 때이다. 그러나 그것을 어떻게 얻을 것인가? 소망은 어디서 오는가?

플로리다 주 올랜드 출신인 제니퍼 하몬(Jennifer Harmon)은 인생의 비극이 어떤 것인지를 경험한 사람이다. 그러나 그녀는 그러한 비극 가운데서 소망을 찾은 사람이기도 하다. 우리 엄마는 수년 전 서로의 친구를 통해 제니퍼를 만났는데 엄마는 그녀의 이야기를 통해 큰 감명을 받았다. 다음은 그녀가 들려준 이야기이다.

나는 지극히 정상적인 십대를 보낼 수도 있었다. 나는 언제나 바쁜 학교생활을 보내었으며, 여고 학군단(JROTC)의 단원으로 활발한 활동을 하였다. 방과 후에는 지하철에서 일을 하거나 친구들과 놀았다. 나는 달리기, 공 다루기, 기타 연주, 해변 산책, 파도타기, 파티 등 재미있는 일이라면 무엇이든 좋아하였다.

나는 기독교 가정에서 자라 거의 매주 교회에 다녔지만 하나님을 진정으로 믿지는 않았다. 나는 인생에서 필요한 모든 것을 가졌다고 생각했다. 나의 모든 희망과 꿈은 나 자신 안에 있었으며 모두 내가 성취할 수 있는 것들이었다. 나는 인생을 이 땅에서 사는 동안 즐기는 하나의 유희라고 생각하였다. 게다가 나는 어렸기 때문에 나에게는 언제나 즐거운 시간과 친구들, 데이트, 학교, 일만 있는 듯했다. 나 혼자 힘으로도 잘해 나가고 있는 때에 왜 하나님이 필요하겠는가?

고등학교를 졸업하던 해 여름은 내 인생의 가장 행복한 시기 가운데 하나였다. 나는 이제 열여덟이 되었으며 센트럴 플로리다 대학에서의 생활이 시작되기 전 마지막으로 편안하고 즐거움이 가득한 여름을 보내는 중이었다. 모든 것은 순조롭게 진행되는 것 같았으며 오직 무지개 빛 약속만이 기다리고 있는 듯했다.

그러나 무더웠던 그해 7월 4일 오후에 이 모든 계획은 다 날아가 버리고 말았다. 나는 같이 일을 하던 친구들과 함께 독립기념일을 기해 야유회를 가기로 했다. 그 날은 원래 스키와 배구를 할 예정이었으나 아직 이른 시간이라 도착해서보니 먼저 온 사람들이 함께 모여 이야기를 하고 있었다.

나는 밖에 앉아 있으려니 지루하기도 하고 덥기도 해서 호수 쪽으로 가서 다이빙을 하기로 했다. 나는 수영복으로 갈아입고 다이빙 할 수 있는 곳으로 향했다. 그러나 나는 불과 3피트 깊이의 얕은 물속으로 뛰어들 것이라고는 꿈에도 상상하지 못하였다.

나는 그 날 있었던 일을 상세히 기억한다. 나는 당시 멋있는 다이빙을 하고 있다고 생각했다. 폼도 훌륭했다(그만큼 섬뜩한 결과를 낳고 말았지만). 그러나 이와 같이 태평하고 안일한 생각은 얕은 호수 바닥으로 인해 일시에 중단되고 말았다. 나는 내 손이 예기치 않은 진흙 바닥에 닿은 순간을 기억한다. 갑자기 손이 휘어지며 바닥에 머리가 닿았다. 목이 꺾이는 소리가 들리는가 했더니 이내 얼굴을 처박고 말았다. 나는 머릿속으로는 얼른 나와서 몸 상태를 살펴보아야 한다고 생각하였다. 그러나 수영을 하려고 했으나 조금도 몸을 가눌 수 없었다. 더욱 놀란 것은 눈을 떠서 살펴보니 몸을 꼼짝도 할 수 없는 상태에서 혼자 물 속을 떠다니고 있었던 것이다. 나는 전혀 움직일 수 없었던 것이다!

극도의 공포가 엄습해 왔다. 나의 모든 신경은 숨을 참는데 집중하였다. 나는 지금까지 워낙 장난을 잘 쳤기 때문에 친구들도 장난으로 여길 것이라는 생각이 들었다. 숨을 참을수록 점차 호흡이 가빠와 금방 죽을 것만 같았다. 나는 이렇게 생명이 끝날 것이라고는 생각도 하지 못하였다. 나는 더 이상 참을 수 없을 때까지 숨을 참았다. 이제 끝나는구나라는 생각이 들었다. 더 이상 숨을 참지 못할 순간이 되었을 때 누군가 나를 건져 내었다. 나는 그렇게 살아났던 것이

다! 그들은 나를 물가에 눕히고 말을 시켜가며 구급차를 불렀다.

의료진이 도착한 후 나는 병원으로 후송되었다. 나는 나에게 일어난 일을 믿을 수 없었다. 도저히 현실이 아닌 것 같았다. 어깨 밑으로는 어떤 움직임이나 감각도 없었다. 나는 평생을 불구로 지낼 일에 대해 생각해 보았다. 나는 그러한 생각만으로도 그때 그 자리에서 죽는 것이 낫겠다고 생각하였다.

수술 전에 가족들이 와서 모든 것이 잘 되게 해 달라고 기도하였다. 그 날 이후 한동안의 일은 기억이 잘 나지 않는다. 나는 9일 동안 위독한 상태에서 폐렴과 폐 질환, 포도상구균 감염 및 요로 감염 등 각종 질병과 싸워야 했다. 상황은 더욱 악화되어 갔다. 부모님은 소망을 가지려 했으나 "회복되기 어려울 것 같다"라는 말을 매일 들어야 했다.

그러나 애틀랜타 병원(Atlanta's Shepherd Center)으로 옮긴 후부터 어느 정도 의식이 회복되었다. 나는 어느 날 아침 중환자실에서 깨어났을 때의 일을 기억한다. 그때 나는 목에 인공호흡기가 설치되었다는 사실을 알았다. 나는 말을 할 수 없었다. 코에는 무엇인가 부착되어 있었으며 물론 전혀 미동도 할 수 없었다. 처음에는 약 기운으로 인해 현실에 대한 인식이 없었다. 그러나 시간이 지나면서 약 기운이 점차 떨어지자 새롭게 변해버린 삶의 환경 앞에 망연자실하지 않을 수 없었다. 당시 내가 얼마나 큰 충격과 믿을 수 없는 상황에 있었는지는 말로 표현할 길이 없다. 나의 인생은 어서 빨리 깨고 싶은 끔찍한 꿈이 되고 말았다. 그러나 결코 사라질 수 없는 악몽이었다.

처음 한 달간은 가장 견디기 어려운 기간이었다. 모든 것이 다 사라진 것처럼 보였다. 어떤 징벌보다 혹독한 징벌이었으며 끝이 없는 징벌이었다. 내가 하던 일, 자동차, 기거하던 방, 소유물(서핑 보드, 기타, 저글링 볼, 자전거…)은 사라졌으며 내가 의지하는 모든 것도 다 날아가 버리고 말았다. 인생의 모든 소망과 꿈은 산산조각이 나 버린 듯했으며 인간으로서의 모든 권리는 빼앗기고 말았다. 나는 그때 '지금껏 열심히 산 것이 결국 이렇게 되기 위해서란 말인가? 도대체 어떻게 살았기에 이렇게 되었다는 말인가? 왜 나에게 이런 일이 일어났는가?'라고 생각한 기억이 난다.

내 머릿속에는 또 하나의 의문이 계속해서 스치고 지나갔다. 그것은 '내가 만일… 했더라면?' 하는 것이었다. 그것은 마치 사막에서 탈출구를 찾는 것과 같이 아무런 의미 없는 몸부림에 불과했다. 만약 무릎을 껴안는 자세로 다이빙을 했다면 어떻게 되었을까? 그곳에서 바로 집으로 갔더라면 어찌 되었을까? 지하철에서 일을 하지 않았더라면(그래서 야유회에 같이 간 친구들을 아예 만나지 않았더라면) 어찌되었을까? 그러나 이러한 생각들은 부질없는 짓이었으며 사태에 아무런 도움도 되지 못했다.

이런 부질없는 생각과 현실을 부인하려는 태도와 함께, 만일 하나님이 계신다면 아마도 그가 나를 징계하셨을 것이라는 생각이 들었다. 아니면 아마도 그가 나의 주의를 끌려고 했을 것이다. 나는 하나님께 필사적으로 매달려 만일 다시 한번 기회를 준다면 인간으로서 할 수 있는 최선의 삶을 살겠다고 다짐하였다. 그러나 이러한 다짐은 겨우 두 주간 정도 계속되었을 뿐이다. 나는 점차 상황에 적응하기 시작하면서 다시 의심과 불신 속으로 빠져 들어갔다.

처음에 나는 다시 움직일 수 있을 것이라고 철석같이 믿었다. 걷는 것까지는 크게 기대하지 않았으나 적어도 양 손은 다시 쓸 수 있을 것이라고 확신하였다. 그것은 어쩌면 현실에 대한 더 큰 부인이었을 수도 있고 아니면 그것이 나에게 남은 마지막 한 자락의 희망이었는지도 모른다. 나는 개인적 용무를 보거나 기타를 칠 수 있으며 누군가를 안아볼 수 있을 때까지 마냥 기다리고 있을 수만은 없었다. 그러나 내가 할 수 있는 일이라고는 기다리는 것밖에 없었다.

결국 나는 앞으로 평생 움직이지 못할 수도 있다는 가능성을 받아들이려고 노력하는 수밖에 없었다. 그것은 앞으로 내가 지고가야 할 가장 힘든 부분이었다. 내가 알던 모든 것들에 작별을 고한다는 것은 끔찍한 절망이었다. 나는 하루 종일 옛 사진을 바라보며 하염없이 울었다.

어느 날 아침 물리치료를 받던 중 스피커를 통해 시스터 하젤(Sister Hazel)의 '행복'(Happy)이라는 노래가 온 방에 울려 퍼졌다. 그때 나는 사고가 일어나기 전날 밤의 기억이 떠올랐다. 그날은 모든 것이 완벽한 하루였다. 나는 독립기념일을 기념하는 불꽃놀이를 보며 시스터 하젤의 노래를 음미하며 친구들과 즐거운 시간을 보내고 있었다. 지극히 정상적인 멋진 날이었다.

나는 다시 한번 그 시절로 돌아가 그때 그 소녀가 되고 싶었다. 그녀에게는 웃음이 있었으며 삶에 대한 즐거움이 있었다. 그녀는 행복했다. 그녀에게는 휠체어가 필요 없었다. 노래가 계속되는 동안 나의 눈에는 눈물이 가득찼다. 나는 옛 삶으로 돌아가고 싶었다. 그러나 사고가 일어났다는 사실을 믿지 않으려 하면 할수록 더 큰 절망 속으로 빠져들었다. 어찌하든 조만간에 현실을 받아들이지 않을 수 없는 상황이었다.

나는 사고를 받아들이기로 시작한 날을 뚜렷이 기억한다. 그 날은 사고가 난지 2개월이 막 지난 후였으며 나는 왜 내 인생이 이렇게 되었는가 생각

하며 또 한번 울고 있었다. 그러나 이번만큼은 유독 무엇인가 다르다는 느
낌이 들었다. 나는 아파서 울 수밖에 없을 만큼 온 몸에 통증을 느꼈던 것
이다. 그때 처음으로 몸이 까딱하고 움직이기 시작하였다. 달라진 것이라
고는 아무 것도 없었으나 나는 무엇이든 붙잡고 일어나야만 했다. 이제 더
이상 자신을 측은히 바라보고만 있을 것이 아니라 최선을 다해 살아가야
만 했다.

그것은 좋은 소식이었다. 그러나 한편으로 내가 또 다시 하나님의 가능성
을 나의 삶에서 몰아내려 했다는 것은 결코 좋은 소식이 아니었다. 나는
모든 것을 스스로의 힘으로 할 수 있다는 것을 보여주고 싶었다. 나는 최
대한 사고 이전의 상태로 돌아가고 싶었다. 아무런 증거도 보이지 않는 하
나님을 위해 나의 삶을 바꿀 이유가 없었던 것이다. 나는 나의 삶에 대한
어떤 실제적인 소망도 가질 수 없었다. 이전의 소망이나 꿈은 사고로 산산
조각이 나버려 더 이상 다시 가질 수 없었기 때문에 내가 할 수 있는 것이라
고는 이 상태로 행복하게 지내며 최선을 다해 나의 능력을 발휘하다가 죽
는 것이었다.

결국 하나님에 대한 나의 생각을 바꾸어 놓은 사건은 2001년 9월 11일에
있었던 테러 공격이었다. 나는 인생이 얼마나 연약하고 불확실한 존재인
가에 대해 생각하기 시작하였다. 하나님이 정말 살아 계셔서 다시 한번 기
회를 줄 수도 있지 않을까? 그가 살아계신다는 어떤 증거라도 있는가? 만
일 사후 세계가 있다면 어떻게 될 것인가? 나는 자신이 언젠가는 죽을 것
이며 하나님과의 관계를 제외한 어떤 것도 더 이상 중요치 않게 될 것이라
는 실제적인 문제에 봉착해야 했다.

나는 결국 예수님에게 기회를 드리기로 했다. 나는 끊임없이 그분을 찾으며 그분에 관해 배우기로 결정하였으며 그분은 결코 그런 나를 무력하게 놓아두지 않으셨다. 나는 참으로 진실하고 놀라운 하나님을 온전히 경외하게 되었다. 그분은 나의 눈을 열어 세상이 줄 수 있는 어떤 것보다 위대한 소망을 주셨다.

나는 더 이상 나의 삶을 하찮고 무의미한 것으로 보지 않았다. 나는 만유를 창조하신 하나님께서 나를 아시고 사랑하시며 돌보신다는 사실을 알았기 때문이다. 나는 그분이 나에 대해 내가 생각하는 어떤 것보다 위대한 목적을 가지고 계신다는 사실을 안다. 나에게는 이와 같은 세상에서의 소망과 함께 그분과 함께 영원히 살 것이라는 더욱 큰 소망이 있다. 아무리 어려운 상황에 처할지라도 나에게 소망이 있는 것은 나의 하나님이 내가 처한 환경보다 크시기 때문이다. 하나님은 나에게 새로운 생명을 주셨으며 이제 나는 매일 새로운 소망 가운데 나의 가장 친한 친구이신 하나님과 함께 살아간다.[1]

1. 여러분을 향한 소망

여러분은 제니퍼와 같이 극적인 삶의 변화를 경험하지는 않았을지 모르지만 여러분의 삶 역시 여러 가지 어렵고 힘든 일이나 실망과 낙담을 경험한 때가 있었을 것이다. 우리에게는 모두 그러한 경험이 있다. 그렇기 때문에 우리는 어떠한 삶의 환경에서 어떠한 경험을 하고 있든지 한 가지 사실만은 잊지 않아야 한다. 그것은 하나님께서는 결코 우리를 떠나지 않으신다는 것이다. 그분은 끝까지 신실하시다. 환경은 변하고 사람들은 우리를 실망시킬지라도 하나님은 언제나 우리 편이 되신다. 우리가 그분을 믿고 의지할 때 우리에게는 소망이 있다.

우리는 어떻게 하나님이 우리와 함께 하신다는 사실을 알 수 있는가? 예수님은 승천하시기 전 제자들에게 하신 마지막 말씀을 통해 그들이 계속해서 복음전파 사역을 수행하게 될 것이라는 소망을 주셨다. 이 말씀은 우리에게도 동일한 소망을 준다.

"내가 너희에게 분부한 모든 것을 가르쳐 지키게 하라 볼지어다 내가 세상 끝 날까지 너희와 항상 함께 있으리라 하시니라"(마 28:20)

또한 예수님은 하나님께서 우리에게 성령을 보내셔서 우리 가운데 거하게 하사 우리를 가르치고 우리에게 능력을 주시며 우리를 위로하게 하실 것이라고 말씀하셨다(요 16:5-15, 행 1:8).

하나님께서 우리와 함께 하신다는 것과 그분이 우리를 위한 계획을 가지고 계신다는 사실에 소망이 있다. 예레미야 29장 11절은 "나여호와가 말하노라 너희를 향한 나의 생각은 내가 아나니 재앙이 아니라 곧 평안이요 너희 장래에 소망을 주려 하는 생각이라"라고 했다. 우리가 낙심하며 왜 그런 일이 일어났는지 이해하지 못할지라도 하나님은 보다 큰 계획을 가지고 계신다. 그의 시선은 영원을 향하

신다. 우리가 보기에 우리의 상황이 아무런 희망이 없어 보일지라도 하나님은 여전히 일하신다. 그는 아직 우리에 관한 일을 끝내지 않으셨다. 우리에 대한 그의 계획은 여전히 시행되고 있다.

시편 37편 23-24절은 "여호와께서 사람의 걸음을 정하시고 그 길을 기뻐하시나니 저는 넘어지나 아주 엎드러지지 아니함은 여호와께서 손으로 붙드심이로다"라고 말씀한다. 개인적으로 우리는 제니퍼의 가슴 아픈 사연을 생각하면서 우리가 싫어하는 삶의 부분-우리의 힘으로 통제할 수 없는 상황-조차도 하나님의 위대한 목적을 위해 사용될 수 있다는 사실을 깨닫는 기회가 되었다. 인생은 결코 힘든 상황에 처했다는 이유만으로 끝나버리는 것이 아니다. 우리를 사랑하시는 하나님 아버지는 우리가 처한 상황에서 생각할 수 있는 것보다 훨씬 큰 소망의 계획을 가지고 계신다.

2. 하나님으로부터 오는 소망

구약성경에서 가장 중요한 인물 가운데 하나인 다윗은 하나님과 그의 말씀에서 모든 소망과 도움을 찾았다. 그럼에도 다윗의 삶은 결코 평탄하지 못하였다. 사울 왕은 다윗을 질투한 나머지 몇 번이나 그를 죽이려 하였다. 다윗은 고국을 떠나 다른 나라로 도망치지 않을 수 없었으며, 결국 적군의 영토에서 살아야 했다. 참으로 낙심하지 않을 수 없는 상황에 처한 자가 있다면 바로 다윗이라고 할 수 있다.

우리 가운데 이처럼 실제적인 생명의 위협을 받으면서 사는 사람은 별로 없다. 그러나 우리 모두는 어떤 식으로든 낙심과 절망을 경험했거나 앞으로 경험하게 될 것이다. 여러분은 가장 친한 친구를 잃고 이제는 아무와도 이야기할 사람이 없다고 생각할 수도 있다. 성적이 떨어져 아무리 애써도 다시 끌어올릴 방법이 없는 것처럼 보일 때도 있을 것이다. 집안에서 어려운 일을 당해 다시 회복할 가망이 전혀 없는 현실에 대해 갈등할 수도 있을 것이다.

만일 여러분이 이러저러한 이유로 낙심한 상태에 있다면 다윗을 생각해보라. 그가 사울과 대적을 피하기 위해 가장 친한 친구와 아내에게서 달아나 블레셋 땅에 살 때에 어떤 생각이 들었겠는가? 그는 완전히 버림받았다는 생각이 들지 않았겠는가? 시편 42편에 나오는 다윗의 부르짖음을 들어보자.

"하나님이여 사슴이 시냇물을 찾기에 갈급함 같이

내 영혼이 주를 찾기에 갈급하니이다

내 영혼이 하나님 곧 생존하시는 하나님을 갈망하나니

내가 어느 때에 나아가서 하나님 앞에 뵈올꼬

사람들이 종일 나더러 하는 말이

네 하나님이 어디 있느뇨 하니

내 눈물이 주야로 내 음식이 되었도다

내가 전에 성일을 지키는 무리와 동행하여

기쁨과 찬송의 소리를 발하며

저희를 하나님의 집으로 인도하였더니

이제 이 일을 기억하고 내 마음이 상하는도다

내 영혼아 네가 어찌하여 낙망하며

어찌하여 내 속에서 불안하여 하는고

너는 하나님을 바라라

그 얼굴의 도우심을 인하여 내가 오히려 찬송하리로다

내 하나님이여 내 영혼이 내 속에서 낙망이 되므로

내가 요단 땅과 헤르몬과 미살산에서 주를 기억하나이다

주의 폭포 소리에 깊은 바다가 서로 부르며

주의 파도와 물결이 나를 엄몰하도소이다

낮에는 여호와께서 그 인자함을 베푸시고

밤에는 그 찬송이 내게 있어 생명의 하나님께 기도하리로다

내 반석이신 하나님께 말하기를

어찌하여 나를 잊으셨나이까

내가 어찌하여 원수의 압제로 인하여 슬프게 다니나이까 하리로다

내 뼈를 찌르는 칼같이 내 대적이 나를 비방하여 늘 말하기를

네 하나님이 어디 있느냐 하도다

내 영혼아 네가 어찌하여 낙망하며

어찌하여 내 속에서 불안하여 하는고

너는 하나님을 바라라

나는 내 얼굴을 도우시는 내 하나님을 오히려 찬송하리로다"

아마도 여러분은 기권을 선언하는 타월을 던지고 싶을 때가 있었을 것이다. "하나님은 어디 계십니까? 왜 나에게 이런 일이 일어나게 하셨습니까?" 다윗 왕과 제니퍼는(그 외의 수많은 사람들은 말할 것도 없이) 모두 동일한 질문을 던졌다. 그리고 그들은 한 가지 대답을 발견했다. 우리는 비록 하나님과 그분의 계획을 언제나 다 알 수는 없지만 그의 사랑과 선하심에 소망을 둘 수 있다는 것이다. 하나님의 섭리의 내막을 아는 것은 우리에게 주어진 몫이 아니다. 우리에게는 그럴 능력도 없다. 이것이 바로 욥기가 전하는 메시지의 전부이다. 모든 일은 우리의 이해를 훨씬 뛰어넘는 섭리 속에서 발생한다. 그러나 하나님은 결코 우리를 떠나지 않으신다. 그는 언제나 우리와 함께 하시며 우리가 환란과 고난과 고통 가운데 처할지라도 함께 하신다. 그는 더욱 큰 그림을 보고 계시며 우리의 삶을 위한 영원한 계획을 가지고 계신다. 우리가 소망을 가져야 할 이유는 바로 여기에 있다.

3. 다른 사람에 대한 선물

소망은 큰 선물이 될 수 있다. 아마도 그것은 우리가 줄 수 있는 가장 큰 선물 가운데 하나일 것이다. 잘 알다시피 사람들은 좌절하거나 두려워하거나 낙심될 때 혼자라는 느낌을 받는다. 그들은 자신이 처한 상황과 슬픔과 고통 너머에 있는 것을 보지 못한다. 그들에게는 누군가 하나님의 치유의 손길과 그를 향한 소망이 있다는 것을 상기시켜줄 사람이 필요하다.

다른 사람에게 소망을 주기 위해서는 아무런 어려움도 없는 완전한 삶을 살고 있어야만 하는 것은 아니다. 사실 고난이나 어려움을 겪어본 사람이 자신과 비슷한 처지에 있는 사람들을 더 잘 돕고 격려하는 경우도 많다. 우리는 다음에 제시한 고린도후서 1장 3-7절의 말씀과 같이 소망과 위로는 받을 수도 있고 줄 수도 있다는 사실을 알아야 한다.

"찬송하리로다 그는 우리 주 예수 그리스도의 하나님이시요 자비의 아버지시요 모든 위로의 하나님이시며 우리의 모든 환난 중에서 우리를 위로하사 우리로 하여금 하나님께 받는 위로로써 모든 환난 중에 있는 자들을 능히 위로하게 하시는 이시로다 그리스도의 고난이 우리에게 넘친 것같이 우리의 위로도 그리스도로 말미암아 넘치는도다 우리가 환난받는 것도 너희의 위로와 구원을 위함이요 혹 위로받는 것도 너희의 위로를 위함이니 이 위로가 너희 속에 역사하여 우리가 받는 것 같은 고난을 너희도 견디게 하느니라 너희를 위한 우리의 소망이 견고함은 너희가 고난에 참예하는 자가 된 것같이 위로에도 그러할 줄을 앎이라"

로마서 10장 13-15절은 우리가 다른 사람에게 줄 수 있는 소망에 대해 상기시킨다.

"누구든지 주의 이름을 부르는 자는 구원을 얻으리라 그런즉 저희가 믿지 아니하는 이를 어찌 부르리요 듣지도 못한 이를 어찌 믿으리요 전파하는 자가 없이 어찌 들으리요 보내심을 받지 아니하였으면 어찌 전파하리요 기록된바 아름답도다 좋은 소식을 전하는 자들의 발이여 함과 같으니라"

긍정적인 십대가 되기 위해 다음과 같은 가능성에 마음을 열어두고 있어야 한다. 즉 우리는 소망이 필요한 다른 십대에게 하나님의 사랑의 복음을 전하기 위해 보냄을 받은 사신일 수 있다는 것이다. 아마도 우리가 아는 누군가는 외롭거나 두려워하거나 낙심에 빠져 있을 것이다. 그는 예수 그리스도를 믿음으로 얻는 구원과 소망에 대해 모르고 있을 수도 있다. 우리는 그러한 사람이 소망의 다리를 건너도록 도울 수 있다. 우리는 이러한 과정을 통해 점차 더욱 강건한 위로와 격려를 피차간에 받게 되는 것이다. 물론 그것이 동기는 아니지만 이와 같이 고양된 자부심은 종종 다른 사람들과 소망의 선물을 나누는 과정에서 예기치 않은 부산물로 주어진다.

여러분은 다른 사람에게 소망의 치유적 메시지를 전하도록 하나님의 부르심을 받은 자로 사용되고 싶지 않는가? 그럴 준비가 되어 있는가? 여러분은 알고 있는가? 하나님의 '조용하고 세미한 음성'(왕상 19:12)이 들려오고 있다는 것을. 우리가 소망을 받을 뿐만 아니라 다른 사람들에게 소망을 줄 수도 있다는 사실이 얼마나 놀라운가?

파워포인트

 묵상

읽을 말씀 : 시편 40편

1. 시인은 하나님께서 시인을 위해 하신 일에 대해 무엇이라고 했는가?

2. 그는 하나님께 무엇을 구하였는가?

3. 시인의 삶은 언제나 좋은 환경으로 가득하였는가?

4. 그의 소망은 어디에 있는가?

기도

소망과 위로의 하나님, 언제나 저와 함께하시는 주님을 찬양합니다. 저를 떠나시지 않는 주님, 저를 끝까지 사랑하시고 자비로 대하심을 감사합니다. 힘들고 어려울 때 오직 주님만을 바라볼 수 있도록 도와주소서. 주님과 동행하며 오직 주님에게서 저의 소망을 찾기를 원합니다.

주님, 제가 낙심하거나 힘이 없을 때 저에게 소망을 주소서. 모든 것이 캄캄할 때 한 줄기 소망의 빛을 보게 하소서. 모든 것이 형통한 때에도 오직 주님만 바라보기를 원합니다. 저에게 주신 소망을 다른 사람과 함께 나눌 수 있도록 도와주소서. 저의 삶에 즐거운 시간과 힘든 시간을 주시고 그러한 시간들을 통해 교훈을 얻게 하시니 감사합니다. 예수님의 이름으로 기도합니다. 아멘.

암송

시편 40편 11절

"여호와여 주의 긍휼을 내게 그치지 마시고 주의 인자와 진리로 나를 항상 보호하소서"

☺ 적용

1. 지금 즉시 다른 사람에게 소망을 전하는 사람이 되라.

   좌절하거나 낙심한 친구가 있는가? 그를 위해 무엇을 할 수 있는가?

   전화를 하겠는가? 편지를 쓰겠는가? 차 한 잔 하자고 권하겠는가?

   도움의 손길과 격려하는 말을 더욱 많이 하라.

2. 친구에게 하나님은 여전히 살아계셔서 그와 함께 하신다는 확신

   을 주라.

3. 그가 아직 예수님을 모른다면 함께 복음을 나누라.

13장

기쁨이 있는가

진정한 기쁨을 누리라

기쁨은 그리스도인의 삶에 있어서 하나의 사치나 단순한 액세서리가 아니다. 그것은 우리가 참으로 하나님의 놀라운 사랑 가운데 거하고 있으며 그 사랑에 만족하고 있다는 표징이다. (앤드류 머레이〈Andrew Murray〉)

여러분은 '우유를 마셨나요?' (Got Milk?)라는 짧은 문구가 적힌 우유 광고를 기억하는가? 이 두 마디는 윗입술에 크고 흰 우유자국이 선명히 남아 있는 유명인사들의 사진과 함께 제시된다. 그들이 우유를 사랑한다는 증거를 얼굴에 확실히 드러낸 것이다.

우리는 다 우유를 사랑하는 사람은 아닐지 모르나 우리의 얼굴-그리고 우리가 말하고 행하는 모든 것-에는 우리가 무엇을 사랑하고 있는지 나타난다. 문제는 다른 사람들도 우리의 삶에서 드러나는 기쁨을 통해 그리스도에 대한 우리의 사랑과 감사를 분명히 볼 수 있는가라는 것이다.

오늘날 우리는 기쁨을 발산하는 그리스도인을 찾아보기 힘든 시대에 살고 있다. 이 사실은 슬픈 일이 아닐 수 없다. 그것은 마치 '왈도 찾기'(Where's Waldo?)라는 '숨은 그림 찾기' 게임에서 왈도를 찾는 것만큼이나 어렵다. 이래서야 되겠는가? 그리스도인으로서 우리는 이 지구상에서 가장 기뻐하는 피조물이 되어야 한다. 무엇보다도 우리가 믿는 하나님은 결코 우리를 떠나지 않으신다. 우리는 오직 그분의 은혜로 살아간다. 우리는 그분의 넘치는 자비와 풍성한 사랑을 받은 자이다. 우리는 그분의 아들을 통해 죄 사함을 받은 자들이다. 그러나 우리 가운데 많은 사람은 날마다의 투쟁적 삶에서 이 세상 것들에 대한 끈질긴 애욕으로 인해 그리스도 안에서의 기쁨을 다 소진해 버린 것처럼 보인다.

만일 불신자들이 많은 그리스도인이 그리스도 안에서 놀라운 영적 축복의 삶을 누리는 것을 본다면 훨씬 많이 그리스도에게로 나아올 것이다. 아마도 여러분은 기독교를 대적했던 독일의 철학자 니체(Friedrich Nietzsche)를 알 것이다. 그는 당시 기독교인들을 향해 "나는 그들이 조금만 더 구원받은 사람들처럼 보인다면 그들의 구원을 믿겠다"[1]고 했다고 하니 억장 무너지는 말 아닌가?

1. 완전하지 않아도 기쁨을 누릴 수 있다

때때로 우리는 진실로 기쁨에 찬 사람을 만날 때가 있다. 성경에는 이런 사람들이 많다. 그들의 삶은 완전했는가? 전혀 그렇지 않다. 다윗을 보라. 그는 기쁨으로 가득했다. 그러나 앞 장에서 살펴보

왔듯이 그는 결코 평탄한 삶을 살지 못했다. 사도 바울 역시 순탄한 삶을 살지 못한 또 한명의 사람이다. 사실 그는 감옥에 갇혀 매를 맞고 여러 차례 죽을 고비를 넘겼다. 이유가 무엇인가? 그것은 그가 예수님에 대한 복음을 전하기로 했기 때문이다. 얼마나 불공평한가! 누군가 절망하고 낙심하지 않을 수 없는 형편에 처한 사람이 있다면 바울이야말로 바로 그러한 사람일 것이다. 그러나 그는 감옥에 갇혀 있으면서 성경에서 가장 긍정적이며 기쁨으로 가득한 책 가운데 하나인 빌립보서를 썼다. 그는 초기 그리스도인들에 대해 이렇게 외쳤다.

"주 안에서 항상 기뻐하라 내가 다시 말하노니 기뻐하라"(빌 4:4).

예수님도 기뻐하셨다. 물론 그분은 "간고를 많이 겪었으며 질고를 아는 자"(사 53:3)이다. 그분은 우리의 죄를 위해 십자가에서 고난을 받고 죽으셨다. 그러나 예수님은 종종 기쁨에 대해 말씀하셨으며 제자들이 그것을 경험하기를 원하셨다. 그가 죽음을 목전에 두고 제자들에게 하신 말씀을 들어보자.

"내가 진실로 진실로 너희에게 이르노니 너희는 곡하고 애통하겠으나 세상은 기뻐하리라 너희는 근심하겠으나 너희 근심이 도리어 기쁨이 되리라 여자가 해산하게 되면 그 때가 이르렀으므로 근심하나 아이를 낳으면 세상에 사람 난 기쁨을 인하여 그 고통을 다시 기억지 아니하느니라 지금은 너희가 근심하나 내가 다시 너희를 보리니 너희 마음이 기쁠 것이요 너희 기쁨을 빼앗을 자가 없느니라 그 날에는 너희가 아무 것도 내게 묻지 아니하리라 내가 진실로 진실로 너희에게 이르노니 너희가 무엇이든지 아버지께 구하는 것을 내 이름으로 주시리라 지금까지는 너희가 내 이름으로 아무 것도 구하지 아니하였으나 구하라 그리하면 받으리니 너희 기쁨이 충만하리라"(요 16:20-24)

우리는 충만한 기쁨을 경험할 수 있다. 그것은 그리스도의 죽음을 통해 우리의 모든 죄를 용서 받았으며 그의 부활을 통해 영광스러운 소망과 영생에 대한 약속을 가지고 있기 때문이다. 어느 누구도, 어떤 환경도 이 기쁨을 빼앗아갈 수 없다.

사실 기쁨은 훌륭하고 행복한 삶을 사는 사람들에게만 있는 것이 아니다. 누구보다 기쁨이 가득한 사람들 가운데는 보통 이상의 어려운 삶을 사는 사람도 있다. 그것은 기쁨이 환경으로부터 오는 것이 아니라 하나님으로부터 오기 때문이다. 행복은 환경과 함께 오고 간다. 좋은 성적을 받았거나 친구와 재미있게 놀거나 시합에서 이기는 것은 분명 여러분을 행복하게 만든다. 그러나 일이 잘 풀리지 않을 때, 시험 성적이 나쁘거나 이성 친구로부터 버림을 받으면 슬퍼진다. 기쁨은 그런 것이 아니다. 기쁨은 여러분의 삶에서 일어나는 것들에 기초하여 오고 가지 않는다. 여러분은 삶 가운데 어떤 일에 슬퍼할 수 있지만 그 가운데서도 여전히 기쁨이 있다. 그것은 힘들고 어려운 순간에도 여전히 지속되는 내적 즐거움과 평화이다.

2. 기쁨을 앗아가는 요소

불행히도 우리는 살면서 너무나 쉽게 그리스도 안에 있는 우리의

기쁨을 빼앗기도록 내어준다. 이러한 것들은 다른 사람으로 하여금 우리가 마땅히 비추어야 할 기쁨을 보지 못하도록 막는 장애물과 같다. 이와 같이 영원한 계획으로부터 자신과 환경으로 시선을 돌리게 하여 하나님께서 허락하신 기쁨을 누리지 못하도록-다른 사람들이 보지 못하도록-막는 '기쁨을 앗아가는 요소'들에 대해 살펴보자.

1) 바쁜 삶

축구, 학생 자치위원회(student council), 치어리더, 직장, 교회 활동, 봉사 활동 등 우리가 앞으로 할 수 있는 멋진 일은 얼마나 많은지 모른다. 그러나 우리는 스트레스를 받을 만큼 지나치게 많은 일을 하지 않도록 유념해야 한다. 엄마가 우리를 뷔페에 데려갈 때마다 하시는 말씀처럼 "먹을 만큼만 접시에 담아야 한다."

여기에 위대한 삶의 교훈이 있다. 우리의 스케줄도 기쁜 마음을 유지할 수 없을 만큼 지나치게 많은 일로 채워 넣어서는 안 된다. 나(Grace)의 캘린더에는 언제나 성경 공부나 교회 행사와 같이 그럴듯한 일들로 빽빽이 채워져 있다. 그러나 너무 바쁘게 돌아다니다 보니 이러한 활동들을 통해 기쁨을 발견하기보다 그저 시늉만 하고 다닐 뿐이다. 때때로 나는 전도서 3장 1절의 말씀을 되새겨야 할 필요가 있었던 것이다.

> 여호와를 의지하는 자는 복이 있도다.
>
> (시 40:4)

"천하에 범사가 기한이 있고 모든 목적이 이룰 때가 있나니."

여러분은 모든 것을 금년에, 또는 이번

학기에 다 하려고 해서는 안 된다. 그보다는 자신에게 가장 적절한 일이 무엇이며 어떤 활동이 여러분의 은사와 재능을 활용할 수 있으며 무엇을 추구해야만 여러분의 삶의 목적과 부합될 것인지에 대해 신중히 생각해보아야 한다. 여러분이 꼭 해야 할 일이 아닌 것들에 대해서는 과감히 거절하라. 여러분이 만일 쓸데없는 일이 아니라 꼭 해야 할 일만 하고 일 때문에 기진맥진하거나 스트레스를 받지 않도록 스스로를 지켜 나간다면 여러분의 삶은 보다 밝은 기쁨으로 가득 차게 될 것이다.

2) 죄

세상은 죄가 즐거운 것이며 행복과 기쁨을 가져다 준다고 속삭인다. 그러나 죄로 인한 행복은 언젠가 사라진다. 우리가 바른 일을 하며 하나님과 그의 말씀에 순종하며 살 때 기쁨은 언제까지나 유지된다. 예수님은 요한복음 15장에서 넘치는 기쁨에 대한 하나님의 공식을 말해준다.

"아버지께서 나를 사랑하신 것 같이 나도 너희를 사랑하였으니 나의 사랑 안에 거하라 내가 아버지의 계명을 지켜 그의 사랑 안에 거하는 것 같이 너희도 내 계명을 지키면 내 사랑 안에 거하리라 내가 이것을 너희에게 이름은 내 기쁨이 너희 안에 있어 너희 기쁨을 충만하게 하려 함이니라 내 계명은 곧 내가 너희를 사랑한 것같이 너희도 서로 사랑하라 하는 이것이니라"(요 15:9-12)

다윗은 오직 하나님의 길로 행할 때만이 기쁨이 온다는 것을 알았다. 그는 "나의 하나님이여 내가 주의 뜻 행하기를 즐기오니 주의 법이 나의 심중에 있나이다 하였나이다"(시 40:8)라고 외쳤다. 그는 시편 1편에서 다음과 같이 고백하였다.

"복 있는 사람은

악인의 꾀를 좇지 아니하며

죄인의 길에 서지 아니하며

오만한 자의 자리에 앉지 아니하고

오직 여호와의 율법을 즐거워하여

그 율법을 주야로 묵상하는 자로다

저는 시냇가에 심은 나무가

시절을 좇아 과실을 맺으며

그 잎사귀가 마르지 아니함 같으니

그 행사가 다 형통하리로다

악인은 그렇지 않음이여

오직 바람에 나는 겨와 같도다

그러므로 악인이 심판을 견디지 못하며

죄인이 의인의 회중에 들지 못하리로다

대저 의인의 길은 여호와께서 인정하시나

악인의 길은 망하리로다"

다음은 이 모든 것을 잘 설명해 주는 하나의 수학 등식이다.

작은 죄가

근심을 더하고(+)

열정을 빼앗아가며(−)

어려움을 배가시키며(x)

비전을 조각낸다(÷).

그리스도와 그분의 길을 따름으로 우리의 슬픔을 덜고 기쁨을 배
가시키자.

3) 이기주의

우리는 자신에게 빠지기 쉽다. 그래서 우리가 한 일, 하고 있는 일,
그리고 앞으로 할 일에 대해 생각하는데 모든 시간을 보내게 된다.
그러나 우리가 지나치게 자신을 중심으로 산다면 자신의 성공에 대
해 교만하거나 실패에 대해 낙심하고 절망하게 된다. 어느 쪽이든
이기주의라는 것은 참으로 기쁨을 앗아가는 요소이다. 성경은 우리
에게 언제나 으뜸이 되라고 말하지 않는다. 오히려 예수님은 “내가
너희를 사랑한 것같이 너희도 서로 사랑하라”(요15:12)라고 하심
으로 그럴 때 참된 기쁨이 온다는 것을 보여주셨다. 그렇다면 예수
님은 어떻게 그의 사랑을 보이셨는가? 그는 다른 사람을 위해 자신
을 아낌없이 내어주셨다. 마가복음 10장 43-45절에 보면 “너희 중
에 누구든지 크고자 하는 자는 너희를 섬기는 자가 되고 너희 중에
누구든지 으뜸이 되고자 하는 자는 모든 사람의 종이 되어야 하리
라 인자의 온 것은 섬김을 받으려 함이 아니라 도리어 섬기려 하고
자기 목숨을 많은 사람의 대속물로 주려 함이니라”라고 했다.

여러분은 다른 사람을 위해 무엇을 할 수 있는가? 아마도 전화를 걸거나
편지를 쓰거나 사랑스럽게 안아줄 수 있을 것이다. 우리는 개인적 경험을
통해 우리가 자신의 사소한 문제로부터 시선을 돌려 다른 사람을 사랑하고

섬길 때 풍성한 기쁨이 온다는 사실을 깨달았다. 자신에게 초점을 맞추면 기쁨이 달아나지만 다른 사람에게 초점을 맞추면 기쁨을 주는 자가 된다.

4) 용서치 않음

우리의 삶에 드리운 또 하나의 어두운 구름으로서 기쁨을 가로막는 요소는 용서치 않는 것이다. 여러분은 지금 즉시 누군가 용서해야 할 사람이 없는가? 어쩌면 여러분은 부모님을 용서해야 할 것이다. 물론 그들은 완전하지 않으며 때로는 그들의 말이나 행동에 문제가 있기도 하다. 그러나 여러분은 그들을 진심으로 용서해야만 한다. 때로는 친구나 형제자매가 여러분에게 상처를 주었을 수도 있다. 어쩌면 그들은 용서받을 자격이 없는 자들인지도 모른다. 그렇다면 과연 용서받을만한 자격을 갖춘 사람이 누가 있겠는가? 우리도 똑같은 자들이 아닌가? 그럼에도 불구하고 하나님은 추하고 죄로 가득한 우리에게 놀라운 사랑과 용서의 손을 내미신다. 예수께서 십자가에 달려 돌아가심으로 우리의 죄는 깨끗이 씻음을 받았다. 따라서 이제 우리도 다른 사람들에게 용서의 손을 내밀어야 한다.

예수님과 바울은 용서에 대해 자주 언급했다. 에베소서 4장 32절에서 바울은 "서로 인자하게 하며 불쌍히 여기며 서로 용서하기를 하나님이 그리스도 안에서 너희를 용서하심과 같이 하라"라고 했다. 예수님은 마태복음 18장에서 제자들에게 일곱 번만 아니라 일흔 번씩 일곱 번이라도 용서하라고 하셨다. 이어서 예수님은 많은 빚을 탕감 받았으나 자신에게 약간의 빚이 있는 자를 용서치 않은 한 종에 관한 비유를 들려주셨다. 우리는 결코 그런 종과 같은 사람이 되어서는 안 되겠다.

5) 근심

우리의 기쁨을 가로막는 가장 큰 먹구름은 환경과는 무관하며 오히려 우리가 가진 잠재력이나 가능성에 대한 회의감에서 비롯된다. 근심은 기쁨을 잠식하며 모든 생각과 감정을 쉽게 사로잡아버린다. 그것은 실제로 나쁜 일이 발생한 것이 아니라 추측에 불과하며 앞으로 일어날지도 모를 일에 대한 하나의 두려움일 뿐이다. 우리는 근심과 기쁨을 동시에 안고 살 수는 없다. 오히려 우리는 우리의 근심을 우리의 미래를 아시고 우리의 짐을 대신 져 주시는 그분에게로 가져가야 한다. 베드로전서 5장 7절은 우리에게 "너희 염려를 다 주께 맡겨버리라 이는 저가 너희를 권고하심이니라"라고 상기시킨다.

우리는 모두 걱정을 덜어버리고 기도를 많이 하는 건강한 다이어트를 해야 한다. 솔직히 말해 우리는 종종 미래적 근심과 현재적 근심을 모두 안고 산다. 우리는 자주 앞으로 올 미래에 대해 근심한다(수능 시험을 잘못 치면 어쩌나! 가고 싶은 대학에 가지 못하면 어쩌나! 직장을 찾지 못하면 어쩌나!). 아울러 한편으로는 날마다 학교 공부나 친구 및 인간관계에 대한 현재적 근심에 사로잡혀 있다. 그러나 초점을 하나님께로 향할 때 우리의 삶 가운데 역사하시는 그의 손길을 보게 될 것이라는 것을 알고 있다. 그러므로 하나님께서 우리를 위하여 예비하신 계획을 방해하거나 우리를 짓누르는 짐을 계속 지고 있어서는 안 된다! 그 대신 하나님이 주시는 기쁨으로 행하며 매 순간 그리스도에게 근심을 내어놓는 긍정적인 십대가 되어야 한다.

3. 그리스도를 위해 빛을 비추라

기독교를 알리는 가장 효과적인 방법은 기쁨에 찬 그리스도인이라는 말이 있다. 예수님은 산상수훈에서 "너희는 세상의 빛이라 산 위에 있는 동네가 숨기우지 못할 것이요 사람이 등불을 켜서 말 아래 두지 아니하고 등경 위에 두나니 이러므로 집안 모든 사람에게 비춰느니라 이같이 너희 빛을 사람 앞에 비춰게 하여 저희로 너희 착한 행실을 보고 하늘에 계신 너희 아버지께 영광을 돌리게 하라"(마 5:14-16)라고 말씀하셨다. 우리의 기쁨은 온 세상이 볼 수 있는 빛이다. 친구들이나 급우들, 선생님 및 다른 사람들이 주 안에 있는 우리의 기쁨을 볼 때 그들은 우리를 통해 발산되는 하나님의 빛으로 가까이 오거나, 아니면 적어도 우리에게 그 이유를 물어보지 않을 수 없을 것이다.

우리는 스스로 기쁨을 만들어 낼 수 없다. 그러려고 노력은 하지만 참되고 영원한 기쁨은 하나님의 선물이자 우리와 함께 하시는 성령의 열매로서 오직 예수 그리스도와의 바른 관계를 통해서만 온다. 그것은 그리스도를 믿고 그의 제자가 되는 것으로부터 시작한다. 구원은 기쁨을 가져다준다. 바울은 "그 불법을 사하심을 받고 그 죄를 가리우심을 받는 자는 복이 있고 주께서 그 죄를 인정치 아니하실 사람은 복이 있도다 함과 같으니라"(롬 4:7-8)라고 했다.

여러분은 죄사함의 기쁨을 맛보았는가? 만일 여러분이 아직까지 예수 그리스도를 통한 하나님의 구원의 은혜를 맛보지 못하였다면 지금 즉시 그렇게 하라. 에베소서 2장 8-9절은 "너희가 그 은혜를 인하여 믿음으로 말미암아 구원을 얻었나니 이것이 너희에게서 난 것이 아니요 하나님의 선물이라 행위에서 난 것이 아니니 이는 누구든지 자랑치 못하게 함이니라"라고 했다. 우리는 스스로 구원할 수 없으며 오직 하나님만이 우리를 구원하실 수 있다. 우리가 그의 아들의 보혈의 공로를 믿을 때 우리의 죄 사함을 받고 새로운 피조물이 된다.

또한 기쁨은 우리가 그분을 섬길 때에 온다. 시편 100편 1-2절에는 "온 땅이여 어호와께 즐거이 부를지어다 기쁨으로 여호와를 섬기며 노래하면서 그 앞에 나아갈지어다"라고 했다. 기쁨이 없는가? 하나님을 섬기라. 여러분의 관점이 달라질 것이며 자신을 향한 시선은 위대하신 창조주 하나님을 바라보게 될 것이다. 그분이 여러분을 사랑하시며 돌보시고 용서하시며 당신의 사랑하는 자녀로 삼으심을 기뻐하라.

앞을 향해 여러분의 빛을 밝게 비추라. 그것이 긍정적인 십대가 되는 길이다. 다음은 예배와 기쁨에 대해 환희에 찬 음성으로 노래하고 있는 시편 98편 4-6절이다.

"온 땅이여 여호와께 즐거이 소리할지어다

소리를 발하여 즐거이 노래하며 찬송할지어다

수금으로 여호와를 찬양하라

수금과 음성으로 찬양할지어다

나팔과 호각으로 왕 여호와 앞에 즐거이 소리할지어다"

파워포인트 

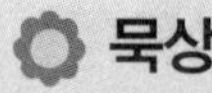 **묵상**

읽을 말씀 : 빌립보서 4장(전체)

1. 언제 기뻐해야 하는가?

2. 바울이 어떤 환경에 처하든지 만족할 수 있었던 비결은 무엇인가?

기도

천지의 주인이신 하나님 아버지, 주님을 찬양합니다. 주님께서는 참으로 두렵고 놀라우신 하나님이십니다. 주님은 저의 빛이요 구원이십니다. 저의 기쁨은 오직 주님께 있습니다.

저의 죄를 용서해주시고 영원한 생명을 주심을 감사합니다. 또한 저를 사랑하시고 돌보아주심을 감사합니다.

주님의 빛을 비추기를 원하오니 주님이 주신 기쁨을 다른 사람들이 보고 주님께 나아올 수 있도록 도와주소서.

제 삶에서 기쁨을 빼앗아 가는 요소들을 보여주시고 환란 가운데 처할지라도 주님의 기쁨과 평안과 즐거움과 만족을 주소서. 예수님의 이름으로 기도합니다. 아멘.

암송

빌립보서 4장 4절

"주 안에서 항상 기뻐하라 내가 다시 말하노니 기뻐하라"

 **적용**

1. '기뻐할 내용'에 관한 리스트를 만들라. 일기장이나 메모지에 주안에서 기뻐하지 않을 수 없는 이유를 적어보라.

2. 뒷면에는 현재 여러분의 삶에서 기쁨을 빼앗아간다고 생각하는 요소들을 적고, 각각의 요소 뒤에 지금 당장 그것을 제거할 수 있는 방법을 적어보라.

3. 그리스도 안에 있는 기쁨을 온전히 누리겠다는 다짐을 하라.

4. 다른 사람들이 여러분을 전과 다르게 보는지 살펴보라.

"끊임없이 구하고 두드리며 기도해야 한다.
친밀한 기도 생활은 긍정적인 십대의 핵심적인 특징이며,
하나님과의 관계에 있어서 보다 깊고 충만하며
의미 있는 관계를 형성할 수 있는 비결이다."

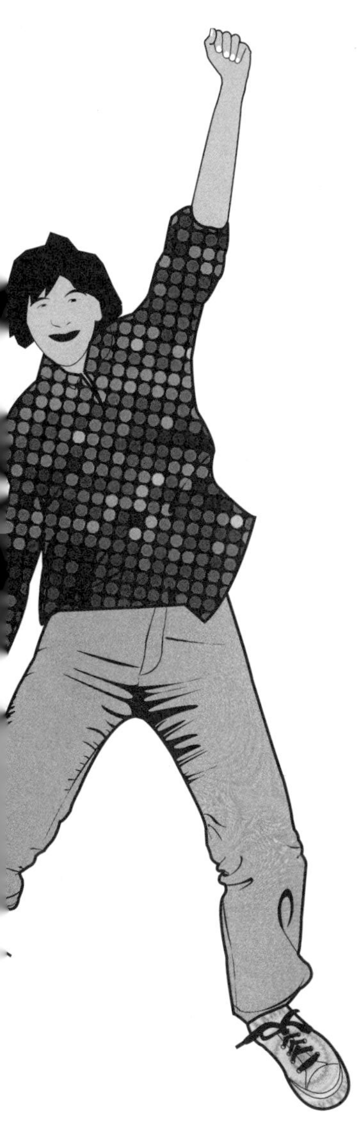

신앙

THe
Power
oF
Falth

믿음은 단순하지만 그 효과는 엄청나다.
– 챨스 스턴(J. Charles Stern) –

주는 미쁘사 너희를 굳게 하시고 악한 자에게서 지키시리라
너희에게 대하여는 우리의 명한 것을 너희가 행하고 또 행할 줄을
우리가 주 안에서 확신하노니 주께서 너희 마음을 인도하여 하나님의
사랑과 그리스도의 인내에 들어가게 하시기를 원하노라
〈데살로니가후서 3:3-5〉

14장

하나님과 친밀한 교제를 나누라

친밀한 기도 생활의 비결을 배우라

여러분은 가까운 친구와 마지막으로 연락을 나눈 것이 언제인가? 어제인가? 몇 시간 전인가? 아니면 몇 분 전인가? 오늘날 기술 문명 덕에 우리는 얼마든지 친한 친구와 가까이 지낼 수 있게 되었다. 이메일이든 컴퓨터 메시지이든 핸드폰이든, 대화야말로 서로의 관계를 더욱 공고히 형성하는 핵심적인 요소가 되었다. 우정(연인 간의 애정을 포함하여)은 어떤 식으로든 대화를 나누지 못하면 점차 시들해지고 말 것이다.

여러분의 말을 거의 알아듣지 못하거나 아무런 공감대를 형성할 수 없는 증조부와 같은 사람과 이야기하는 것만 아니라면 일반적으로 다른 사람들과의 채팅은 기분 좋은 일이다. 기도도 마찬가지이다. 어떤 사람은 우리를 전혀 이해하지 못하시는 나이 많은 할아버지를 대하듯 '천국에 있는' 하나님과 대화하려 한다. 그것만큼 잘못된 것도 없다. 기도는 사랑 많으신 하나님 아버지와 당신의 사랑하시는 자녀들(우리)과의 즐거운 대화이다. 기도는 너무나 생생하고 확실한 삶의 한 부분이기 때문에 기도 없이 하루를 지낸다는 것은 상상할 수도 없다.

1. 모든 것을 이해하시는 하나님

완전하고 영원하신 하나님이 우리를 이해하고 우리의 약점이나 문제점까지 헤아리신다는 것이 쉽게 믿어지지 않지만 그것은 사실이다. 어떻게? 그는 아들을 보내어 우리 가운데 거하게 하시며 우리와 동일한 삶을 경험하게 하셨다. 히브리서 기자는 예수님을 우리의 대제사장(인간을 대표하여 하나님을 섬기는 일을 하도록 부르심을 받은 자)으로 제시한다.

"그러므로 우리에게 큰 대제사장이 있으니 승천하신 자 곧 하나님 아들 예수시라 우리가 믿는 도리를 굳게 잡을지어다 우리에게 있는 대제사장은 우리 연약함을 체휼하지 아니하는 자가 아니요 모든 일에 우리와 한결같이 시험을 받은 자로되 죄는 없으시니라 그러므로 우리가 긍휼하심을 받고 때를 따라 돕는 은혜를 얻기 위하여 은혜의 보좌 앞에 담대히 나아갈 것이니라"(히 4:14-16)

우리는 이 본문으로부터 두 가지 놀라운 진리를 발견할 수 있다.

하나는 예수님은 우리에 대해 잘 이해하고 계신다는 것이며, 또 하나는 그분은 우리가 기도를 통해 그의 보좌 앞으로 담대히 나아오기를 바라신다는 것이다. 예수님은 이 땅에 계시면서 몸소 시험을 당하시고 핍박을 받아 그것이 어떤 것인지 알고 계시며 신체적인 한계도 경험하셨다. 우리가 섬기는 하나님은 우리를 이해하신다. 그렇기 때문에 우리는 그분이 우리를 자비와 사랑으로 다루실 것이라고 믿는다. 우리는 모든 염려와 근심을 그분께 맡길 수 있다. 베드로전서 5장 7절은 "너희 염려를 다 주께 맡겨 버리라 이는 저가 너희를 권고하심이니라"라고 했다.

2. 하나님과의 교제

여러분이 어느 날 대통령으로부터 백악관 집무실에서 만나 함께 이야기를 하고 싶다는 초청을 받았다고 생각해보라. 대통령은 여러분과 사귀고 싶어 하며 중요한 국사에 대해 이것저것 의논하고 싶어 한다고 하자(다소 비약된 예긴 하지만). 여러분은 첫 대면에서 대통령에게 몇 가지 문제에 대한 자신의 생각을 이야기하고 그 문제에 관해 협조를 구하려고 한다. 여러분은 어떤 식으로 접근할 것 같은가? 대통령에게 곧장 가서 대통령 임기 중에 이루어주기를 원하는 모든 것을 일사천리로 얘기할 것인가? 결코 그렇게 하지는 않을 것이다.

여러분은 아마도 백악관으로 초청해 주셔서 감사하다는 말과 함께 만나게 되어 영광이라는 말을 할 것이다. 그리고는 요구 사항을 말하기 전에 먼저 그의 말을 듣고 자기를 부른 정확한 목적을 알고자 할 것이다. 그런 후에도 여러분은 섣불리 본론에 들어가지 않고 여러분의 요구 사항에 대한 시행 여부는 전적으로 대통령의 판단에 달렸다는 사실을 염두에 두면서 자신의 요구사항을 조심스럽게 내어놓을 것이다.

이제 하늘에 있는 만왕의 왕, 만유의 하나님께서 여러분을 그의 보좌에 초청하였다고 생각해보자. 그는 여러분과 교제하기를 원하시며 여러분의 요구 사항을 듣고 싶어 하신다. 여러분이 믿든 믿지 않든 이 시나리오는 앞의 예와 큰 차이가 없다. 성경에 의하면 이것은 실제이다. 여러분은 이 자비로우신 왕에게 어떻게 다가가겠는가? "사랑하는 하나님, 동창회에 데려 갈 애인이 필요합니다. 할 수만 있으면 저는 정말 잘 생긴 아이와 같이 가고 싶습니다. 그리고 부모님이 나를 나쁘게 생각하지 않도록 해 주시면 좋겠습니다. 참, 그리고 수학 시험 칠 때에도 도와주세요. 공부에 필요한 모든 것들을 채워주시고 꼭 A학점 받도록 해 주세요, 아멘"이라고 할 것인가?

이런 기도도 모든 염려와 근심을 하나님께 맡기는 것이기는 하다. 그러나 우리가 대통령에게 겸손과 두려움과 존경하는 마음으로 나아가야 한다는 것을 아는 사람이라면 적어도 필요한 요구사항만 일사천리로 쏟아내기 전에 먼저 만유의 주께 영광과 경배를 드리고 교제를 나누어야 할 것이다. 만유의 하나님께서 우리와 교제하시기를 원한다는 사실이 얼마나 놀라운 일인지 생각해보았는가? 그와 이야기하며 그의 놀라우신 속성을 찬양하며 그가 이루신 사역에 대해 감사할 수 있다는 것이 얼마나 영광스러운 일인가?

어쩌면 기도는 여러분에게 생소한 것일 수도 있다. 여러분은 '하나님을 어떻게 찬양하고 감사할 것인가?'라고 생각할는지도 모른다. 그것은 생각보다 쉽다. 먼저 그의 속성에 대해 찬양하라. 그는 전지전능하시고 무소부재하시며 자비와 인자와 은혜가 풍성하시다. 그는 만물의 창조자요 위대하신 하늘의 왕이시며 우리를 사랑하는 분이시다. 예수님은 평화의 왕, 하나님의 어린 양, 세상의 구주이시다. 성령님은 우리의 위로자이시며 치유자이시며 보혜사이시다.

다음으로 하나님께서 여러분에게 주신 복에 대해 감사하라. 그가 여러분의 삶에 보내어 주신 사람들에 대해 감사하라. 날마다 베풀어 주시는 양식과 여러분이 살고있는 집에 대해 감사하라. 그의 자비와 용서하심에 대해 감사하라. 어려움을 당할 때 여러분과 함께 계심을 감사하라.

기도하는 자가 단순히 구하기만 하는 기도에서 한 걸음 더 나아갈 때 여러분은 하나님과 보다 깊은 교제를 경험하게 된다. 또한 여러분은 그분이 여러분을 위해 무엇인가를 해 주셨기 때문이 아니라 오직 그분의 속성으로 인해 그분을 사랑하게 될 것이다. 기도는 의무가 아니라 기쁨이다. 우리는 삶을 통해 이것이 정말로 그러하다는 것을 발견하였다. 여러분 역시 그러한 기도의 기쁨을 경험할 수 있다.

3. 응답받지 못한 기도

　여러분은 왜 어떤 기도는 응답을 받지 못하는가라는 의문을 가진 적이 없는가? 결론적으로 성경은 "구하라 그러면 너희에게 주실 것이요"(마 7:7)라고 말씀하신다. 아마도 여러분은 하나님께 구하였으나 아무런 응답도 받지 못하였거나 원하는 것을 얻지 못한 경험이 있을 것이다. 개인적으로 우리는 둘 다 경험하였다. 하나님께서 우리의 문제를 해결해주시도록 기다리는 동안은 괴로운 시간이다.

　그러나 잠시 생각해 보라. 응답에는 여러 유형이 있다. 가령 여러분이 부모님에게 침실에 TV를 놓아달라고 했다고 하자.

　부모님은 세 가지의 가능한 응답을 할 수 있다.

　첫 번째는 '그렇게 해 주겠다'는 것이다(그것이야말로 여러분이 바라는 것이다).

　두 번째 응답은 '안 된다'는 것이다(침실에 TV가 있으면 유익하지 못하다고 생각하는 구체적인 이유가 있을 것이다).

　세 번째 응답은 '잠시 기다려라'는 것이다(이유는 알 수 없지만 그들은 여러분이 침실에 TV를 두려면 좀더 자라야 한다고 판단했을 것이다).

　부모님의 반응이 무엇이든 그것은 분명히 하나의 대답이다. 그것은 여러분이 듣고 싶은 대답이 아닐 수도 있다. 그럴지라도 여러분은 부모님이 여러분을 사랑하시고 여러분에게 가장 유익한 것이 무엇인지 알고 계신다고 믿어야 할 때가 있다.

만일 하나님께서 우리의 모든 기도에 '그렇게 해 주겠다'고 응답하시면 어떻게 되겠는가? 세상은 실로 엉망이 되고 말 것이다. 왜냐하면 하나님이 세상을 관장하시는 것이 아니라 우리가 세상을 책임질 수밖에 없기 때문이다. 만일 연약함과 비정상적인 사고와 실수하기 쉬운 성향에도 불구하고 인생이 모든 것을 지배하는 자가 된다면 어떻게 되겠는가? 개인적으로 우리는 하나님께서 유일한 주관자가 되심을 감사한다. 그는 보다 큰 그림, 영원한 것을 보고 계신다. 우리는 자신이 무엇이 가장 좋은 것인지 안다고 생각할는지 모르지만 참으로 모든 것을 아시는 분은 지혜와 사랑이 풍성하신 하나님뿐이시다.

한 가지 예를 들어보자. 나(Grace)는 정말 가수가 되고 싶은 적이 있었다. 가수 선발 대회가 나에게 새로운 기회를 줄 것이라고 생각하며 대회에 참가하기까지 했다. 나는 심사위원들에게 좋은 점수를 받게 해 달라고 하나님께 열심히 기도하였지만 결국 좋은 점수를 받지 못하였다. 사실 내가 받은 점수는 매우 실망스러운 것이었다. 그러나 하나님은 이와 같이 닫힌 문을 이용하여 나를 위해 다른 영역의 문을 열어주셨다. 지금 돌이켜보면 하나님께서 그때 '안 된다'는 응답을 통해 나를 다른 방향으로 가게 하신 것이 얼마나 감사한지 모른다.

만일 하나님이 우리가 원하는 모든 것을 언제든지 주는 슈거 대디(sugar daddy[자녀가 달라는 대로 무조건 주는 아빠])라면 과연 우리는 그가 우리에게 무엇을 해 주어서가 아니라 오직 그의 속성 때문에 그를 사랑한다고 말할 수 있겠는가? 때를 따라 우리에게 필요한 것을 제공하시는 하나님께 감사하라! 우리에게 가장 유익한 것이 무엇인지 아시며 우리가 원하는 모든 것을 다 주지는 않으시는 그분께 감사하라.

아마도 여러분은 지금쯤 다소 의아하다는 생각을 하고 있을 것이다. 그러면 왜 기도하는가? 하나님이 이미 모든 계획을 가지고 계시며 나에게 가장 좋은 것이 무엇인지 아시는데 굳이 기도할 필요가 있는가? 내가 하나님의 마음을 바꿀 수 있는가? 다른 설명에 앞서 우리가 확실히 아는 한 가지는 하나님께서 기도하라고 명하셨다는 것이다. 성경에는 진실로 위대한 하나님의 사람들은 모두 기도하는 사람들이었음을 알 수 있다. 구약성경에서는 아브라함, 모세, 여호수아, 드보라, 다윗, 솔로몬, 다니엘, 그리고 많은 선지자를 예로 들 수 있다. 신약성경에도 제자들이 예수님께 기도를 가르쳐 달라고 했을 때 예수님은 "하나님은 필요한 모든 것을 아시니 귀찮게 기도하지 말라"라고 하시지 않았다. 이와는 정 반대로 그분은 제자들에게 위대한 기도의 모범을 제시하셨다. 그것이 바로 우리가 잘 아는 주기도문이다(마 6:9-13).

예수님은 제자들에게 기도하는 방법뿐 아니라 어떻게 기도해야 할지에 대해서도 가르치셨다. 누가복음 18장 1-8절에 보면 끈질긴 과부에 관한 비유에 대해 나온다.

"항상 기도하고 낙망치 말아야 될 것을 저희에게 비유로 하여 가라사대 어떤 도시에 하나님을 두려워 아니하고 사람을 무시하는 한 재판관이 있는데 그 도시에 한 과부

가 있어 자주 그에게 가서 내 원수에 대한 나의 원한을 풀어 주소서 하되 그가 얼마
동안 듣지 아니하다가 후에 속으로 생각하되 내가 하나님을 두려워 아니하고 사람
을 무시하나 이 과부가 나를 번거롭게 하니 내가 그 원한을 풀어 주리라 그렇지 않으
면 늘 와서 나를 괴롭게 하리라 하였느니라 주께서 또 가라사대 불의한 재판관의 말
한 것을 들으라 하물며 하나님께서 그 밤낮 부르짖는 택하신 자들의 원한을 풀어 주
지 아니하시겠느냐 저희에게 오래 참으시겠느냐 내가 너희에게 이르노니 속히 그
원한을 풀어 주시리라 그러나 인자가 올 때에 세상에서 믿음을 보겠느냐 하시니라"

본문은 하나님의 아들이 직접 말씀하신 것으로 우리가 기도하되
끈질기게 기도하라는 것이다. 기도는 순종이다. 그리고 그것은 변
화시키는 능력이 있다. 우리의 기도는 능력이 있다. 그것은 환경에
영향을 줄뿐만 아니라 우리에게 유익한 역사를 일으킨다. 기도는
우리의 초점을 하나님과 그분의 영원한 계획에 맞추게 하며 세상
근심을 면하게 한다. 또한 기도는 하나님이 모든 것을 주관하시는
분이시며 우리가 모든 것을 주관하려 해서는 안 된다는 것을 깨닫
게 해준다.

4. 우리를 방해하는 요소

우리의 기도를 방해하는 요소가 있는가? 물론이다. 누가복음 18
장 9-14절을 보라.

"또 자기를 의롭다고 믿고 다른 사람을 멸시하는 자들에게 이 비유로 말씀하시되 두

사람이 기도하러 성전에 올라가니 하나는 바리새인이요 하나는 세리라

바리새인은 서서 따로 기도하여 가로되 하나님이여 나는 다른 사람들 곧 토색, 불의,

간음을 하는 자들과 같지 아니하고 이 세리와도 같지 아니함을 감사하나이다 나는

이레에 두 번씩 금식하고 또 소득의 십일조를 드리나이다 하고

세리는 멀리 서서 감히 눈을 들어 하늘을 우러러 보지도 못하고 다만 가슴을 치며 가

로되 하나님이여 불쌍히 여기옵소서 나는 죄인이로소이다 하였느니라

내가 너희에게 이르노니 이 사람이 저보다 의롭다 하심을 받고 집에 내려갔느니라

무릇 자기를 높이는 자는 낮아지고 자기를 낮추는 자는 높아지리라 하시니라”

본문이 교훈하는 것은 무엇인가? 하나님 앞에 설 때 우리는 결코 교만해서는 안 되며 한없이 겸손해야 한다는 것이다. 우리의 태도는 “주여 당신의 뜻이 나의 삶 가운데 이루어지기를 원합니다. 나는 언제나 부족한 죄인임을 고백합니다. 나를 용서해 주심을 감사하오며 나같은 죄인을 사용해주심을 감사합니다”라는 자세가 되어야 한다.

물론 이 비유는 죄인이 되어도 좋다는 말은 아니다. 하나님께 불순종하는 삶은 기도의 방해 요소가 된다. 시편 기자는 “내가 내 마음에 죄악을 품으면 주께서 듣지 아니하시리라”(시 66:18)라고 하였다. 솔로몬은 잠언 28장 9절에서 “사람이 귀를 돌이키고 율법을 듣지 아니하면 그의 기도도 가증하니라”라고 하였다. 예수님도 “너희가 나를 택한 것이 아니요 내가 너희를 택하여 세웠나니 이는 너희로 가서 과실을 맺게 하고 또 너희 과실이 항상 있게 하여 [그 후에] 내 이름으로 아버지께 무엇을 구하든지 다 받게 하려 함이니라”(요 15:16)라고 하였다.

고의로 계속해서 불순종하며 열매 없는 그리스도인의 삶을 사는 것은 기도에 영향을 주게 된다. 그러나 우리는 기도의 응답만을 위해 그러한 삶을 사는 것은 아니다. 내가 만일 선하게 살면 하나님께서 나의 기도를 내가 원하는 대로 들어주실 것이라고 생각하는 것은 잘못이다. 동시에 성경은 만일 우리가 죄 가운데 살면 우리의 기도를 듣지 않으신다고 분명히 말씀하신다. 그러나 우리가 반드시 기억해야 하는 것은 비록 우리가 '선하게' 살지라도, 때로는 우리가 원하는 것을 정확히 들어주시는 것만이 하나님께서 우리를 가장 사랑하시는 방법은 아니라는 사실을 기억해야 한다.

우리의 기도를 방해하는 또 하나의 요소는 자신의 이기적인 정욕으로 구하는 것이다. 다음은 야고보가 초기 그리스도인들에게 권면한 말씀이다.

"너희 중에 싸움이 어디로, 다툼이 어디로 좇아 나느뇨 너희 지체 중에서 싸우는 정욕으로 좇아 난 것이 아니냐 너희가 욕심을 내어도 얻지 못하고 살인하며 시기하여도 능히 취하지 못하나니 너희가 다투고 싸우는도다 너희가 얻지 못함은 구하지 아니함이요 구하여도 받지 못함은 정욕으로 쓰려고 잘못 구함이니라"(약 4:1-3)

야고보는 매우 알기 쉽게 표현하고 있다. 우리는 기도할 때 우리가 구하는 것에 대해 한번 생각해볼 필요가 있으며 혹시나 이기적인 동기에서 구하지는 않는지 돌아보아야 한다. 이 모든 것은 사실 겸손이라는 문제로 다시 돌아가게 한다. 우리는 마태복음 26장 39절에서 예수께서 하신 것처럼 하나님께 나아가야 한다.

"조금 나아가사 얼굴을 땅에 대시고 엎드려 기도하여 가라사대 내 아버지여 만일 할
만하시거든 이 잔을 내게서 지나가게 하옵소서 그러나 나의 원대로 마옵시고 아버
지의 원대로 하옵소서 하시고"

우리의 구할 것을 그에게 맡기지 않겠는가? 그는 우리에게 가장
좋은 것이 무엇인지 아신다.

5. 시간과 장소

우리 집에서 키우는 베어라는 개는 좋아하는 장소가 있다. 이 개
는 언제나 그곳에 진을 치고 논다. 덩치가 워낙 크다보니 차지하는
영역도 만만치 않다. 베어는 우리 자매를 합친 것보다 크고 흰색 솜
털이 무성한 개로 마치 거대한 피레네 산맥과 같다. 베어가 한번 자
리를 차지하면 그곳은 자신의 영역이 된다. 베어는 날마다 창문 입
구에 있는 자기 자리에 누워 지낸다. 이 개는 자기 자리에서 두 발 뻗
고 누워있을 때 가장 만족해 한다.

기도할 때에도 자신의 자리라고 부를 수 있는 적당한 자리가 있어
야 한다. 그곳은 혼자 하나님과 교제할 수 있는 조용한 장소여야 한
다. 아마도 여러분의 방은 좋은 장소가 될 것이다(다른 형제나 자매
와 같이 쓰지만 않는다면). 우리 엄마가 어릴 때 엄마만의 특별한 장
소가 어디였는지 아는가? 그녀의 침실 다락방이었다. 엄마는 그곳
을 말 그대로 '기도 다락방'(prayer closet)이라고 불렀다. 엄마는

텍사스에서 자랐는데 그곳에는 모든
것이 크고 넓었으며 웬만한 방에는 다
락이 딸려 있었다. 엄마는 하나님과만

있고 싶을 때에는 기도 다락방으로 들어갔다. 부모님은 그녀가 잠
시 안 보일 때는 언제나 그곳에서 찾곤 했다.

나(Joy)는 조용한 시간을 가지고 싶을 때에는 언제나 집 근처에
있는 공원을 찾았다. 사람들로부터 떨어져 하나님께서 창조하신 아
름다운 자연 속에서 오직 하나님과 그의 말씀에만 집중하고 있노라
면 얼마나 무한한 경외심에 젖어 드는지 모른다. 그러나 그레이스
는 주로 아무도 일어나지 않은 아침 일찍 자신의 방에서 조용히 하
나님을 만나기를 좋아한다. 또한 그녀는 자기 전에 성경을 읽고 기
도하기를 좋아한다.

언제든지 홀로 하나님과 만날 수 있는 좋은 장소를 찾은 후에는
언제 하나님과 기도로 만날 것인지를 정해야 한다. 예수님은 좋은
본을 보이셨다. 마가복음 1장 35절에 보면 "새벽 오히려 미명에 예
수께서 일어나 나가 한적한 곳으로 가사 거기서 기도하시더니"라
고 했다. 만일 예수님이 시간을 내어 기도하셨다면 우리도 당연히
해야 하지 않겠는가? 새벽은 기도하기 좋은 시간인 듯하다. 개인적
으로 우리는 하루의 시작을 기도로 하는 것이 가장 효과적이라는
것을 알았다. 우리가 하나님과 교제하며 우리의 시선을 영원으로
향할 때 그날의 모든 걱정과 근심은 사라지고 모든 것은 제자리를
찾는 것 같았다.

왜 우리는 매일 시간과 장소를 정하여 하나님과 일정한 만남을 가져야 하는가? 그것은 인간의 본성(정확히 말해 십대의 본성) 때문이다. 우리가 만일 그때그때 생각날 때만 즉흥적으로 하나님을 만나겠다고 생각한다면 그와의 풍성한 교제를 가질 수 없을 것이다. 오해 없기 바란다. 우리는 결코 의무감에서 기도하라고 말하는 것이 아니다. 다만 여러분의 기도 생활을 견고히 하기 위해 도움이 되는 계획을 말해주고 있을 뿐이다. 지금 돌이켜 생각해보면 우리가 가장 열심히 기도할 때가 하나님과 가장 가깝고 영적인 영향력도 강했다는 사실을 깨닫는다.

그러므로 끊임없이 구하고 두드리며 기도해야 한다. 친밀한 기도 생활은 긍정적인 십대의 핵심적인 특징이며, 하나님과의 관계에 있어서 보다 깊고 충만하며 의미 있는 관계를 형성할 수 있는 비결이다.

파워포인트

❀ 묵상

읽을 말씀 : 마태복음 6장 5-15절 및 7장 7-11절

1. 본문에서 얻을 수 있는 기도에 관한 교훈은 무엇인가?

2. 여러분은 기도의 응답을 받은 때가 있는가?

3. 여러분의 삶 가운데 기도로 하나님께 맡기지 못한 부분이 있는가?

♡ 기도

놀라우신 사랑의 하나님 아버지, 주님은 저를 지으시고 저를 치유하시는 분이시며 저의 구원자, 저의 친구가 되십니다. 저의 기도를 듣기 원하시니 감사합니다.

주님의 지혜와 주님의 시간에 따라 응답하실 것을 믿습니다. 인내하며 기다리게 도와주소서. 저의 염려하는 것들을 당신 발 앞에 내어 놓을 때에 모든 걱정을 평안으로 바꾸어 주소서.

무엇보다도 저의 모든 삶에서 주님의 길과 영광을 좇아 걸을 수 있는 힘을 주소서.

예수님의 이름으로 기도합니다. 아멘

💡 암송

빌립보서 4장 6절

"아무것도 염려하지 말고 오직 모든 일에 기도와 간구로, 너희 구할 것을 감사함으로 하나님께 아뢰라"

☺ 적용

1. 매일 하나님과 만날 수 있는 장소와 시간을 정하라. 그것을 일기장이나 일과표에 기록해두라. 시간을 아침으로 정했다면 자명종을 맞추어 놓고 절대 버튼을 끄지 않겠다고 약속하라.

2. 가장 귀한 시간을 하나님께 드리고 하나님 아버지와의 관계가 어떻게 성장하고 발전해 가는지 지켜보라.

15장

영적감각을 가지라

하나님의 진리에 대해 깨달으라

하나님의 말씀은 살았고 운동력이 있어 좌우에 날선 어떤 검보다도 예리하여 혼과 영과 및 관절과 골수를 찔러 쪼개기까지 하며 또 마음의 생각과 뜻을 감찰하나니 (히 4:12)

편지 왔습니다! 편지받는 것을 싫어하는 사람은 아무도 없을 것이다. 이메일이든 일반 우편이든, 우리가 관심을 가지고 있는 사람으로부터 메시지를 받으면 훈훈한 감정을 느끼게 된다. 물론 우리는 온갖 잡다한 스팸메일을 헤집은 후에야 개인 메일을 찾을 수 있지만 그 정도의 수고쯤이야 편지를 받는 기쁨에 비하랴!

여러분은 정말 관심을 가지고 있는 이성 친구로부터 온 편지에 대해 무관심할 수 있겠는가? 결코 그럴 수 없을 것이다. 소중한 사람으로부터 이메일이나 편지를 받으면 제일 먼저 쫓아가 편지함을 열어보지 않는가? 정상적인 마음을 가진 사람이라면 그렇게 소중한 편지에 무관심할 수 없을 것이다.

그러나 많은 사람들은-어쩌면 여러분도-실제로 그렇게 하고 있다. 무슨 뜻이냐고 반문하고 싶을 것이다. 우리는 지금까지 우리가 받은 가장 위대한 사랑의 편지가 사람들이 읽어주기만을 기다리고 있다는 사실에 대해 말하고 있다. 그렇다. 그것은 바로 우리에게 보내신 하나님의 사랑의 편지, 성경이다. 너무나 많은 사람들(많은 그리스도인을 포함하여)이 성경을 스팸메일 다루듯이 팽개쳐 놓고 있다는 사실이 놀랍지 않은가?

1. 보화와 같은 책

참으로 성경이 어떤 책인지를 안다면 우리는 날마다 그것에 대한 갈급함을 느낄 것이다. 성경이란 무엇인가? 그것은 온갖 모험담과 지혜, 격려, 사랑, 권면으로 가득한 유일하고 완전한 책이다. 가장 중요한 것은 그것은 인간에 대한 하나님의 말씀이라는 것이다. 만일 우주 만물을 창조하신 분이 우리에게 이야기를 들려주고 싶어하신다면 듣고 싶지 않겠는가? 히브리서 4장 12절은 "하나님의 말씀은 살았고 운동력이 있어 좌우에 날선 어떤 검보다도 예리하여 혼과 영과 및 관절과 골수를 찔러 쪼개기까지 하며 또 마음의 생각과 뜻을 감찰하나니"라고 했다.

하나님의 말씀은 완전하다. 그것은 고귀하고 순수하며 진실 자체이다.

(Martin Luther)

또한 성경은 강력한 능력의 책이다. 성

경에서 실제 영웅들의 이야기를 다룬 모험담을 찾고 싶다면 창세기, 여호수아, 사무엘상하, 열왕기상하, 역대상하, 요나서, 다니엘서 및 그 외 여러 곳에서 찾을 수 있다. 로맨스를 다룬 이야기를 찾고 싶다면 아가서나 에스더 또는 룻기를 보면 된다. 모든 성경은 지혜로 가득하지만 특히 간결하게 요약된 형태의 지혜를 찾으려면 잠언으로부터 시작할 수 있을 것이다. 위로와 격려를 얻고 싶다면 이사야나 욥기 또는 시편을 보면 된다.

성공적인 그리스도인의 삶을 살기 위해서는 초기 그리스도인들에게 보낸 신약성경의 서신들-갈라디아서, 에베소서, 골로새서, 빌립보서 등-을 읽어보라. 예수님이 누구시며 그의 성품은 어떠한지에 대해 알고 싶다면 복음서-마태, 마가, 누가, 요한복음-를 읽어보라. 앞으로 될 일에 대해 알고 싶다면 요한계시록을 읽어보라.

성경은 단순한 이야기 모음집 이상의 책이다. 그것은 인생이라는 제품에 대한 하나의 설명서이다. 그것을 무시하는 것은 위험천만한 발상이다. 우리는 얼마 전에 앞에는 '모든 것이 실패했을 때'라는 글이 적혀 있고 뒤에는 성경책을 펴 놓은 그림과 함께 '설명서를 읽어보라'는 문구가 새겨진 티셔츠를 본적이 있다.

여러분은 새로 산 보드 게임을 설명서도 읽지 않고 시작해본 적이 얼마나 있는가? 아마도 게임을 시작한 지 얼마 되지 않아 원래 의도한 대로 게임을 즐기기 위해서는 설명서가 반드시 필요하다는 것을 알게 될 것이다. 하나님은 우리에게 인생에 관한 설명서를 주셨다. 그러므로 우리는 결코 자신이 인생에 관해 다 알고 있다는 생각으로 인생이라는 큰 게임에서 동일한 실수를 범해서는 안 될 것이다. 인생은 우리가 자신의 뜻대로 살지 않고 창조주의 법칙에 따라 살 때에 훨씬 즐겁고 평탄한 삶을 살 수 있다.

2. 어디서부터 시작할 것인가?

아마도 여러분은 '좋다. 나도 그렇게 생각한다. 나도 하나님의 말씀을 알고 싶다. 그러나 어디서부터 시작해야 하는가?' 라고 생각할 것이다. 성경 공부를 시작하는 방법에는 여러 가지가 있다. 그룹 스터디가 훌륭한 방법이라는 데에는 의심의 여지가 없다. 실제로 여러 사람과 함께 성경을 연구하게 되면 다른 사람들의 관점과 삶에 대한 적용을 통해 더욱 깊고 많은 것을 배우고 더 큰 유익을 얻을 수 있다. 그러나 그룹 스터디와 함께 우리는 혼자서 하나님의 말씀을 연구하는 개인적 시간을 가질 것을 권하고 싶다. 우리가 경험했듯이 여러분이 만일 자신만의 시간을 통해 하나님의 말씀을 묵상한다면 진정한 지혜와 깨달음을 더욱 풍성하게 맛보게 될 것이다.

다음은 혼자서 성경을 읽고 연구하는 몇 가지 방법이다.

1) 1년 1독 성경(The one-year Bible) 읽기

대부분의 기독교 서적에서는 여러 가지 다양한 유형의 1년 1독 성경(one year Bible)이 나와 있다. 이런 성경들은 전형적으로 성경 전체를 365일 분량으로 쪼개어 놓은 것으로 하루에 구약성경에서 한 단락, 신약성경 및 시편과 잠언에서 한 단락을 읽도록 되어 있다. 따라서 성경 전체를 빠른 속도로 읽어 내려가는 것이지만, 여러분이 따라가기만 한다면 일년 동안 성경 전체를 한번 읽게 되는 것이다.

2) QT 자료(Devotionals)

시중에는 특히 십대를 위한 QT자료가 많이 나와 있다. 지역 기독교 서점에서 여러분에게 가장 알맞은 책을 찾아보라. 대부분의 책은 성경 본문을 제시한 후 묵상을 위한 간략한 주석을 제공한다. 어떤 책은 독자의 생각을 기록할 수 있는 여백을 제공한다.

3) 정독(small doses)

엄마가 좋아하는 성경 공부 방법은 짧은 본문을 천천히 정독한 후 내용을 자세히 살피는 것이다. 그런 후에는 일기장에 자신의 생각이나 개인적으로 적용할 사항을 기록한다. 그녀는 짧은 본문을 읽고 그것에 대해 오랫동안 생각함으로 하나님의 말씀의 진리와 지혜를 깊이 묵상하고 머릿속으로 생각하며 하루 종일 마음에 새길 수 있었던 것이다.

4) 성경공부 교재(Printed Bible study)

하나님의 말씀을 혼자서 공부하는 또 한 가지 방법은 기독교 서점에 나와 있는 여러 가지 성경 연구 교재들을 이용하는 것이다. 이들 연구 서적은 대체로 분량이 짧고, 구체적인 주제(슬픔, 기쁨, 기도 등)를 중심으로 관련 구절들이 나열되어 있으며, 해당 구절을 다 읽은 후에는 괄호를 채우거나 질문에 대답하는 식으로 구성되어 있다. 이러한 성경 연구는 하나님의 말씀을 재미있게 탐구할 수 있도록 해준다.

어떤 방식을 택하든, 지금 즉시 하나님의 말씀에 대한 공부를 시작하겠다고 마음을 정하고 여러분을 사랑하시는 놀라우신 창조주에 대해 하나씩 알아가기를 바란다. 그럴 때 여러분의 인생은 복된 삶이 될 줄로 믿는다.

구약성경에서 하나님께서 여호수아에게 주신 말씀을 깨닫기를 바란다.

"이 율법책을 네 입에서 떠나지 말게 하며 주야로 그것을 묵상하여 그 가운데 기록한 대로 다 지켜 행하라 그리하면 네 길이 평탄하게 될 것이라 네가 형통하리라"(수 1:8).

3. 하나님의 말씀을 암기하는 비결

우리가 긍정적인 십대가 되어 여호수아에게 주신 하나님의 교훈을 새기려면 하나님의 말씀을 주야로 묵상해야 한다. 이것은 24시간 일주일 내내 성경만 들여다보고 있으라는 말은 아니다. 그러나 우리는 하나님의 말씀을 암기함으로 그것을 주야로 가까이 할 수는 있다. 여러분은 '성경을 외우라니? 다음 장으로 건너뛰어야겠다'라고 생각할는지도 모른다. 성경을 외우는 일은 대부분의 사람들이 그다지 좋아하지 않는다는 사실을 우리도 잘 알고 있다. 어떤 것을 외운다는 것은 힘든 일이다. 그러나 그럴만한 가치는 충분히 있다. 왜냐고? 그 유익은 실로 엄청나기 때문이다.

앞에서 인용한 말씀과 같이 여호수아는 하나님의 말씀을 정기적으로 묵상하고 순종하기만 하면 성공할 것이라는 약속을 받았다. 솔로몬도 잠언 3장 1-2절에서 "내 아들아 나의 법을 잊어버리지 말고 네 마음으로 나의 명령을 지키라 그리하면 그것이 너로 장수하여 많은 해를 누리게 하며 평강을 더하게 하리라"라고 했으며 계속해서 14절에서는 "이는 지혜를 얻는 것이 은을 얻는 것보다 낫고 그 이익이 정금보다 나음이니라"라고 했다. 우리는 하나님의 지혜를 마음과 생각 속에 집어넣을 때 진정으로 부한 자가 될 수 있다.

성경을 암기하는 것은 곤경에서 벗어나게 하며 시험을 대적하도록 돕는다. 시편 119편 9-11절에는 "청년이 무엇으로 그 행실을 깨끗케 하리이까 주의 말씀을 따라 삼갈 것이니이다 내가 전심으로 주를 찾았사오니 주의 계명에서 떠나지 말게 하소서 내가 주께 범죄치 아니하려 하여 주의 말씀을 내 마음에 두었나이다"라고 했다. 예수님은 광야에서 성경말씀을 인용하여 사단의 시험을 물리쳤다(마 4장). 또한 에베소서 6장 13-18절에서 바울은 우리가 날마다 직면하는 영적 전투에서 우리가 사용할 수 있는 여러 가지 방어 무기에 대해 열거하면서 공격용 무기는 단 하나만 언급한다. 그것은 "성령의 검 곧 하나님의 말씀"(17절)이다.

만일 우리가 긍정적인 십대가 되고자 한다면 우리가 어디로 가든-학교를 가든, 직장을 가든, 친구 집에 가든, 축구 연습을 하러 가든-하나님의 지혜를 가지고 다니겠다는 각오를 해야 한다. 이 지혜를 집이나 커피 탁자에 놓아두지 말자. 우리의 기억을 하나님께서 말씀을 통해 주신 지혜로 가득 채우자. 물론 여러분은 그것을 충분히 담을 수 있는 두뇌가 있다. 여러분에게 필요한 것은 결심과 헌신과 어느 정도의 훈련뿐이다. 그러나 사실 성경을 암기한다는 것은 그리 어렵지 않다. 우리는 성경 암기를 위한 매우 쉽고 효과적인 방법을 찾아내었다. 이 과정은 다음 세 단계로 이루어진다.

1) 외울 구절을 선택하라

암기하려는 구절을 택하는 특별한 방법은 없다. 여러분은 성경 공부 시간이나 개인 경건 시간에 갑자기 생각난 구절을 택할 수도 있다. 또는 여러분이 지금 하려는 일과 관련된 구절을 택할 수도 있을 것이다. 다음은 몇 가지 가능한 주제와 구절이다.

- 구원 : 롬 3:23 / 6:23 / 요 3:16 / 엡 2:8-9
- 평안과 만족 : 사 26:3 / 빌 4:10-14
- 모든 근심을 하나님께 맡김 : 벧후 5:7 / 빌 4:6-7
- 타인에 대한 용서 : 골 3:13 / 엡 4:32
- 하나님의 사랑 : 롬 8:38-39 / 요일 9-10

여러분이 용기만 있다면 성경 전장을 외워도 좋을 것이다. 전장을 외우기에 좋은 본문으로는 요한복음 15장, 로마서 12장, 골로새서 3장 및 빌립보서 4장 등이 있다.

2) 그것을 기록하라

암기할 구절을 완전히 파악할 수 있는 좋은 방법은 그 구절을 대여섯 번 이상 직접 써보는 것이다. 문방구에서 구입한 색인 카드나 업무용 메모 카드를 이용하라. 때때로 독창적인 방식으로 구절을 기록하는 것도 암기에 도움이 된다. 예를 들면 다음과 같다.

본문을 기록하면서 단어나 부호에 집중하여 큰 소리로 읽으라.

3) 잘 보이는 곳에 전시해 두라

암기 구절 카드를 잘 볼 수 있는 곳-침실 거울, 운전석 계기판 앞, 주방, 공책 등-에 전시해 두라. 기억을 불러일으킬 수 있는 방식으로 전시하되 단순히 축어적으로만 읽지 말라. 그렇지 않으면 효과를 볼 수 없을 것이다.

4) 다른 사람에게 소리 내어 외어보라

주중에 함께 그 말씀을 나눌 수 있는 사람을 찾아보라. 그에게 "성경 구절을 암송하는 중인데 한번 외어 볼 테니 들어주겠니?"라거나 "성경 구절을 암송했는데 너에게도 도움이 될 테니 들어주겠니?"라고 말하라. 계속해서 다른 사람에게도 외워볼 기회를 찾는다면 더욱 확실하게 암기할 수 있을 것이다. 또는 친구와 함께 같은 구절을 외운 후에 서로 확인해보는 방법도 좋을 것이다.

끝까지 부지런해야 하며 결코 중도에 포기해서는 안 된다. 여러분은 성경을 외운 보람을 계속해서 발견하게 될 것이다. 언젠가 나(Grace)는 이사야 40장 30-31절을 외우기로 했다.

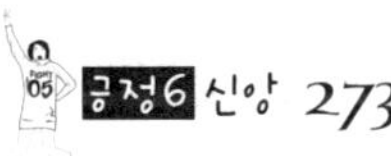

"소년이라도 피곤하며 곤비하며 장정이라도 넘어지며 자빠지되 오직 여호와를 앙
망하는 자는 새 힘을 얻으리니 독수리의 날개치며 올라감 같을 것이요 달음박질하
여도 곤비치 아니하겠고 걸어가도 피곤치 아니하리로다."

나는 이 구절을 카드에 기록하여 거울에 테이프로 붙여놓은 후 그
것을 볼 때마다 외우고 결코 포기하지 않았다. 나중에 육상 시합이
있었을 때 나는 이 구절을 통해 큰 힘을 얻었다. 더구나 나는 육상부
친구들에게 이 말씀으로 격려할 수 있었다. 그 말씀은 나의 기억 속
에 단단히 각인되어 있었던 것이다.

4. 쓰레기냐 진리냐?

여러분은 집에서 쓰레기 치우는 사람이 아닌가? 만일 아무도 쓰
레기를 치우지 않는다면 냄새가 나기 시작할 것이며, 오래 방치해
둘 경우 온 집안에 악취가 진동하게 된다는 것은 누구나 잘 아는 사
실이다. 짜증스러운 것은 쓰레기는 한번만 치워서 되는 것이 아니
라는 사실이다. 우리는 매주 계속해서 쓰레기를 치워야 한다. 쓰레
기가 제 발로 걸어 나가는 일은 결코 없다. 어쩌다 우리가 쓰레기 치
우는 것을 잊어버리고 나중에 한꺼번에 치우려고 하면 악취 제거용
소독제를 뿌리지 않을 수 없을 것이다.

성경의 보화와 가치는 마르
지 않는 샘이다.

(Thomas Manton)

우리가 집안에서 쓰레기 치우는 일에
얼마나 많은 신경을 쓰고 있는지 생각하
면 흥미롭다. 그러나 우리의 마음에 있

는 쓰레기를 치우는 일에는 거의 무관심하다. 마음의 쓰레기는 거짓말, 부정적 사고, 걱정, 분노, 빈정거림, 원한 등 온갖 모습으로 다가온다. 우리는 너무 쉽게 이러한 쓰레기를 우리의 마음속에 말아넣고 악취가 나게 한다.

특히 십대로서 우리에게는 우리의 마음을 진흙탕 속으로 몰아넣는 여러 가지 다른 쓰레기가 있다. TV나 라디오, 책, 영화, CD와 같은 매체들이 우리 머릿속에 날마다 주입시키는 메시지를 생각해보라. 개중에는 건전한 것도 있지만 솔직히 말해 도덕적으로 파괴적이며 우리의 마음과 행동에 부정적인 영향을 미치는 것들도 많다. 가장 심각한 손상을 주는 쓰레기는 각종 포르노물이다. 이런 쓰레기를 단 일순간이라도 여러분의 마음의 집으로 들어오도록 용납해서는 안 될 것이다. 이런 것들은 여러분에게, 그리고 하나님과의 관계에 대해 앞으로 수년 동안 해를 끼치게 될 것이다.

결국 이 모든 것은 우리의 선택에 달려 있다. 우리의 마음을 쓰레기로 채울 것인가 아니면 진리로 채울 것인가? 잠언 15장 14절은 "명철한 자의 마음은 지식을 요구하고 미련한 자의 입은 미련한 것을 즐기느니라"고 했다. 여러분의 삶 가운데 자루에 담아 내어버려야 할 쓰레기가 있는가? 애슬리(Ashley)는 남자친구가 다른 사람과 함께 공연장에 간 일로 매우 괴로웠다. 그녀는 괴로움을 내어버리지 못하고 계속해서 붙들고 있었으며 결국 두 사람의 우정에 악취를 풍기게 하였다. 윌리엄(William)은 좋은 대학에 가야 한다는 걱정으로 잠을 잘 수 없었다. 그는 이러한 걱정이 자신의 마음을 송두리째 장악하도록 내버려 두었으며 이 일을 두고 기도하기보다 초조해하기만 하였다. 그는 오직 대학입학에 관한 말만하였다. 여러분은 그가 친구와의 대화에서 얼마나 호감을 받을 수 있었을지 짐작이 갈 것이다.

우리가 삶에서 쓰레기를 제거할 때에는 그 자리에 진리를 대신 두어야 한다. 잠언 30장 5절은 "하나님의 말씀은 다 순전하며 하나님은 그를 의지하는 자의 방패시니라"고 하였다. 하나님의 말씀보다 더 큰 진리의 원천은 없다. 그것은 우리에게 마치 인생의 폭풍 가운데 굳건히 내린 닻과 같으며 우리의 삶을 받치는 든든한 도덕적 기초가 된다. 그것은 또한 우리에게 하나님에 관한 진리와 그가 우리의 삶 가운데 어떻게 역사하시는지를 보여준다. 쓰레기나 거짓말 또는 거짓이 가미된 진실을 용납하지 말라. 지금까지 세상에 알려진 가장 위대한 책인 성경에서 발견되는 진리를 택하라.

5. 저자와의 사랑

한 젊은 여자가 지금 막 읽은 책을 응접실에 내려놓으며 지금까지 이렇게 재미없는 책을 본 적이 없다고 말했다. 몇 년 후 그녀는 어떤 사람과 사랑에 빠졌으며 결혼을 약속하게 되었다. 어느 날 밤 그녀는 그에게 "서재에 책 한 권이 있는데 저자의 성은 물론 이름의 이니셜까지 당신과 똑같아요. 우연의 일치라기에는 너무나 신기한 일라고 생각지 않나요?"라고 말했다.

그때 남자는 "그렇게 생각하지 않습니다"라고 말했다.

“왜요?”라고 그녀가 되물었다.

“내가 그 책을 쓴 저자이기 때문입니다.”

그날 밤 여자는 밤을 꼬박 지새우며 다시 한번 그 책을 읽었다. 신기하게도 이번에는 지금까지 읽었던 책 중에 가장 재미있는 이야기라는 생각이 들었다. 그녀는 저자를 알고 그를 사랑했기 때문에 한때 지루하기 짝이 없던 책이 지금은 더 없이 재미있는 책이 되었던 것이다.[1]

마찬가지로 우리는 저자를 알고 사랑하면 할수록 성경에 끌리지 않을 수 없게 되어 있다. 이것은 매우 중요하다. 왜냐하면 우리가 하나님과 그의 말씀을 알고 사랑하지 않으면 결코 진정으로 긍정적인 십대가 될 수 없기 때문이다. 우리가 성공적이고 긍정적이며 자신의 역량을 최대한 발휘할 수 있는 삶을 살기 위해서는 성경을 묵상하고 성경의 진리를 날마다의 삶 속에 적용하는 방법뿐이다.

파워포인트

묵상

읽을 말씀 : 시편 119편 1-40절, 89-104절

1. 하나님의 말씀을 묵상할 때 오는 유익에는 어떤 것들이 있는가?

2. 성경은 개인적으로 여러분의 삶에 어떠한 유익을 주었는가?

기도

영광과 지혜가 충만하신 하나님 아버지, 주님의 온전한 말씀을 인하여 찬양합니다.

저에게 어떻게 살아야 할지를 가르쳐주시고 주님에 관한 것을 드러내 주시니 그의 말씀을 기뻐하지 않을 수 없습니다. 이처럼 살아 있고 완전한 책을 주시니 감사합니다.

주님의 말씀으로 가르치소서. 말씀을 읽을 때 지혜를 허락하소서. 날마다 말씀을 사랑하며 그 말씀에 따라 살아가도록 도와주소서.

말씀의 진리를 나의 마음과 생각에 계속해서 보존시켜 주셔서 언제든지 다른 사람들과 함께 그 말씀을 나눌 수 있게 해 주소서.

예수님의 이름으로 기도합니다. 아멘.

암송

시편 119편 105절

"주의 말씀은 내 발에 등이요 내 길에 빛이니이다"

 적용

1. 하나님의 말씀을 날마다 읽고 묵상하는 습관을 들이라.
   성경에서 깨달은 진리와 그것이 어떻게 여러분의 삶에 적용되었는
   지를 일기장에 기록하라.

2. 주일마다 그 주에 암기할 구절을 선정하라. 선정된 구절을 카드에
   기록하여 집안 한 곳 잘 보이는 곳에 부착해 두라.

3. 암기한 구절을 친구 앞에서 외어보라.

> 십대 가운데 왜 어떤 사람은 용기가 있고
> 어떤 사람은 용기가 없는가?
> 사실 용기는 세 가지의 중요한 요소가 결합되어 나온다고 할 수 있다.
> 우리가 만일 다음 세 가지의 요소를 우리의 삶에 접목한다면 누구나
> 용기 있는 자가 될 수 있을 것이다.

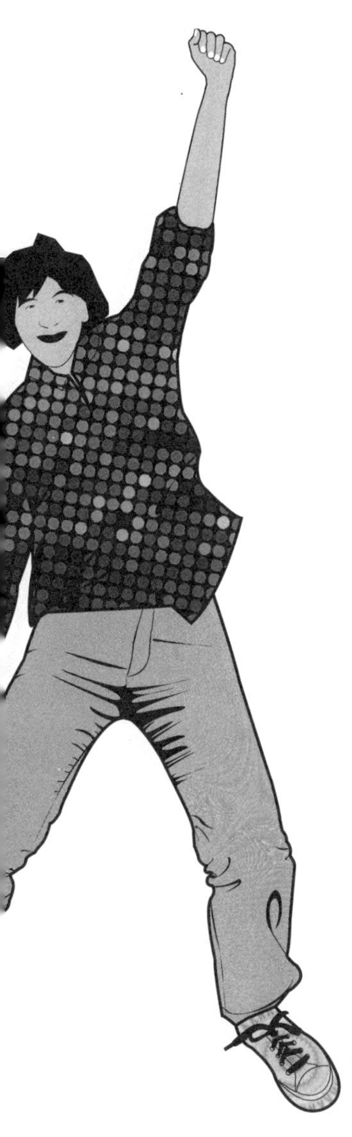

용기

THe Power oF CouRaGe

용기는 다른 모든 덕이 올라갈 수 있는 사다리이다.

– Clare Boothe Luce –

내가 네게 명한 것이 아니냐
마음을 강하게 하고 담대히 하라 두려워 말며
놀라지 말라 네가 어디로 가든지 네 하나님 여호와가
너와 함께 하느니라 하시니라
〈여호수아 1:9〉

16장

일어서라

모든 압력을 극복하라

그러므로 하나님의 뜻대로 고난을 받는 자들은 또한 선을 행하는 가운데 그 영혼을 미쁘신 조물주께 부탁할지어다 (벧전 4:19)

크리스티(Kristi)는 토요일 밤에 티파니(Tiffany)의 집에서 열릴 파티를 앞두고 매우 들떠있었다. 티파니는 새로 사귄 친구였는데 크리스티는 티파니의 재미있고 용감한 성격을 매우 좋아하였다. 파티는 남녀 학생들이 모두 함께 저녁을 먹고 영화를 본 후 여자들은 그곳에서 자기로 계획되어 있었다. 파티는 매우 훌륭했다. 좋은 남학생들도 많이 있었으며 즐거운 대화로 넘쳤다. 남자들이 다 간 후에 여자들은 티파니의 방에 올라가 파티에 관해 이야기를 나누며 계속해서 놀았다. 그때 티파니의 언니 티나가 들어왔다.

술을 살 수 있는 나이였던 그녀는 파티에 '약간의 흥을 돋우기 위해' 술을 사왔다. 부모님은 잠들었고 그야말로 절호의 기회가 찾아온 것이었다. 크리스티를 제외한 모든 학생이 맥주 캔을 따기 시작했다. 크리스티는 학교에서 가장 모범적이고 신실한 그리스도인으로 이름이 나 있었다. 사람들은 크리스티의 신념을 높이 사고 그녀를 좋게 생각하였다. 대부분의 사람들은 크리스티가 술을 마시지 않을 것이라는 사실을 알고 있었으며 인정해 주었다.

한 학생이 "크리스티 한 잔 해"라고 말했다.

"그래 같이 마시자, 크리스티"하고 다른 학생이 거들었다.

"걱정하지 마. 우리뿐인데 누가 알겠니?"

여기저기서 다른 학생들이 끼어들었다. "너 혼자만 착한 사람이 되겠다는 거니?"라고 그들은 빈정거렸다.

크리스티로서는 결정해야 할 때가 왔다. 그녀는 용감히 혼자 맞설 것인가? 그녀는 영적 전투의 현장 한 가운데 서 있다. 한쪽에는 그녀의 신념(그녀의 평판과 함께)이, 또 한쪽에는 친구들과의 우정이 자리했다.

우리는 누구나 그룹의 일원이 되고 싶은 때가 있다. 대부분의 사람들은 '혼자 선량한 체하는'(goody-goody) 사람으로 놀림 받는 것을 싫어한다. 우리는 다 언젠가는(아직 경험하지 못했다면) 크리스티와 같은 선택의 기로에 직면하게 될 것이다.

용기는 자신의 신념에 대해 확실한 입장을 취하는 것이다. 만일 우리가 그리스도를 위해 살며 모든 말과 행동을 통해 분명한 입장을 취한다면 언젠가는 이러한 신념에 도전하는 시험이 찾아올 것이

다. 크리스티의 경우 다른 친구들이 모두
맥주를 마시는 것을 보면서도 혼자 이겨
낼 수 있는 용기가 있었던 것이다. 그녀
는 그들이 밤새 화장실을 들락거리며 토

하는 모습도 지켜보았으며 그 중의 한 명은 다음날 아침에 집에 바
래다주기까지 했다. 그 친구는 술을 너무 많이 마셔 혼자 집에 갈 수
조차 없었던 것이다. 크리스티는 자신이 타협하지 않았다는 사실에
기뻤다. 그녀는 파티를 통해 어리석은 친구들보다 훨씬 성숙하고
품위 있는 자존심을 견지하였던 것이다.

I. 용기란 무엇인가?

십대 가운데 왜 어떤 사람은 용기가 있고 어떤 사람은 용기가 없
는가? 사실 용기는 세 가지의 중요한 요소가 결합되어 나온다고 할
수 있다. 우리가 만일 다음 세 가지의 요소를 우리의 삶에 접목한다
면 누구나 용기 있는 자가 될 수 있을 것이다.

1) 용기 있는 사람은 옳은 것과 옳지 않은 것의 차이를 안다

우리는 어떻게 옳은 것과 옳지 않은 것을 구별하는가? 앞 장에서 배
운 것을 기억해보라. 성경은 인생을 위한 창조주의 설명서이다. 디모
데후서 3장 16절은 하나님의 말씀이 "교훈과 책망과 바르게 함과 의로
교육하기에 유익하니"라고 했다. 우리는 우리가 믿는 것이 어떤 것인
지에 대해, 그리고 이러한 믿음은 하나님의 말씀에 기초해야 한다는 사

실을 알아야 한다.

2) 용기 있는 사람은 옳은 것에 대해 단호한 입장을 취하겠다는 깊은 신념이 있다

옳은 것을 아는 것과 그것을 행하는 것은 다르다. 시편 119장 30-31절은 "내가 성실한 길을 택하고 주의 규례를 내 앞에 두었나이다 내가 주의 증거에 밀접하였사오니 여호와여 나로 수치를 당케 마소서"라고 했다. 용기는 옳다고 생각하는 편에 서려는 개인적 결단을 필요로 한다.

3) 용기 있는 사람은 하나님의 힘을 의지한다

다윗이 골리앗과 싸울 때 엄청난 용기가 필요하였다. 그러나 다윗은 자신의 힘으로 싸우려 하지 않았으며 하나님의 힘을 의지하였다. 그는 "여호와께서 나를 사자의 발톱과 곰의 발톱에서 건져내셨은즉 나를 이 블레셋 사람의 손에서도 건져내시리이다"(삼상 17:37)라고 외쳤다. 노아, 요셉, 모세, 여호수아, 갈렙, 욥, 다니엘, 바울, 스데반(그 외에도 얼마든지 들 수 있다) 등은 모두 자신의 힘을 의지하지 않고 여호와의 힘만 의지했던 용기 있는 사람들이었다.

2. 어떠한 신념을 가져야 하는가?

십대로서 우리가 앞으로 수년 동안 맞서 싸워야 할 몇 가지 이슈에 대해 살펴보자. 이들은 모두 우리의 용기를 필요로 한다. 항목별로 살펴보면서 아울러 성경은 그에 대해 무엇이라고 말하는지도 함께 살펴보겠다. 하나님의 말씀의 확실한 기초 위에 서는 것만이 이들 삶의 영역에서 든든히 설 수 있는 방법이다.

1) 술과 마약

술과 마약은 십대로서 법에 저촉될 뿐만 아니라 인생의 꿈을 망치게 한다. 여러분 가운데는 "무엇이 나쁜가?"라고 불평할 사람도 있을 것이다. 그러나 현실을 직시해야 한다. 일단 마약이나 알코올의 영향을 받게 되면 다른 부도덕한 일에도 훨씬 쉽게 빠지게 된다. 술이나 마약에 취하면 다른 유혹, 특히 성적 유혹으로부터 자신을 지킬 힘을 상실하게 된다. 그런 상태에서는 성병에 감염되거나 임신할 수도 있다는 가능성에 대해서 판단력을 잃게 된다.

사람은 향정신작용성(mind-altering[정신에 영향을 주는]) 물질의 영향을 받으면 어리석은 말과 행동을 하게 된다. '술 취한 바보 천치'라는 소리를 듣고 싶은 사람이 누가 있는가? 실제로 금지 약물에 빠지면 금방 소문이 나게 되고 한 때 신망을 받던 평판도 일순간에 오점을 남기게 된다. 더욱 나쁜 것은 중독이 될 우려도 있다는 것이다. 그렇게 되면 긍정적이고 성공적이며 생산적인 모든 인생의 꿈과 영원히 작별하게 될 수도 있다.

이러한 것들을 피하기 위해서는 반드시 용기를 가져야 한다. 즉 이들과 떨어져서 옳은 일을 할 수 있는 용기가 필요하다. 다른 사람들이 음료수만 마시는 여러분을 조롱하며 "한번만 마셔봐"라고 할 때 과감히 떨쳐버릴 수 있는 용기가 있어야 한다. 미리 준비하였다가 "나는 마시지 않습니다"라고 말하라.

다음은 도움이 되는 성경구절이다.

●잠언 23장 29-35절

"재앙이 뉘게 있느뇨 근심이 뉘게 있느뇨 분쟁이 뉘게 있느뇨 원망이 뉘게 있느뇨 까닭 없는 창상이 뉘게 있느뇨 붉은 눈이 뉘게 있느뇨 술에 잠긴 자에게 있고 혼합한 술을 구하러 다니는 자에게 있느니라 포도주는 붉고 잔에서 번쩍이며 순하게 내려가나니 너는 그것을 보지도 말지어다 이것이 마침내 뱀 같이 물 것이요 독사 같이 쏠 것이며 또 네 눈에는 괴이한 것이 보일 것이요 네 마음은 망령된 것을 발할 것이며 너는 바다 가운데 누운 자 같을 것이요 돛대 위에 누운 자 같을 것이며 네가 스스로 말하기를 사람이 나를 때려도 나는 아프지 아니하고 나를 상하게 하여도 내게 감각이 없도다 내가 언제나 깰까 다시 술을 찾겠다 하리라"

●이사야 5장 11-12, 22절

"아침에 일찍이 일어나 독주를 따라가며 밤이 깊도록 머물러 포도주에 취하는 그들은 화 있을진저 그들이 연회에는 수금과 비파와 소고와 저와 포도주를 갖추었어도 여호와의 행하심을 관심치 아니하며 그의 손으로 하신 일을 생각지 아니하는도다 포도주를 마시기에 용감하며 독주를 빚기에 유력한 그들은 화 있을진저"

●로마서 13장 13-14절

"낮에와 같이 단정히 행하고 방탕과 술취하지 말며 음란과 호색하지 말며 쟁투와 시기하지 말고 오직 주 예수 그리스도로 옷 입고 정욕을 위하여 육신의 일을 도모하지 말라"

●에베소서 5장 17-18절

"그러므로 어리석은 자가 되지 말고 오직 주의 뜻이 무엇인가 이해하라 술취하지 말라 이는 방탕한 것이니 오직 성령의 충만을 받으라"

●데살로니가전서 5장 5-6절

"너희는 다 빛의 아들이요 낮의 아들이라 우리가 밤이나 어두움에 속하지 아니하나니 그러므로 우리는 다른 이들과 같이 자지 말고 오직 깨어 근신할지라"

이들 지혜의 말씀에 몇 가지를 덧붙이자면, 가장 좋은 방법은 술 마실 의도가 있든 없든, 아예 술 마시는 자리에 가지 않는 것이다. 수년 전 달라스에서 경찰이 맥주 파티를 벌이던 수백 명의 고등학생들을 체포한 적이 있다. 모든 학생들(심지어 술을 마시지 않을 학생도)이 체포되어 경찰서로 이송되었다.

만일 여러분이 술을 마시는 파티 현장에 있다면 처신을 잘 해야 한다. 몇몇 대학생들에게 좋은 방법이 없겠느냐고 물어보았더니 음료수를 마신 후에(다른 사람이 술을 탈 수도 있기 때문에 만지지 못하도록 해야 한다) 자신의 컵을 계속 가지고 있어야 한다고 대답했다. 이 방법은 다른 사람이 와서 "마실 것 좀 가져다줄까?"라고 물을 때 "괜찮아. 가지고 있어"라고 대답하기에 좋다. 여러분은 굳이 옥신각신할 필요가 없으며 자기가 마시고 있는 것에 알코올 성분이 없다는 확신도 가질 수 있다.

여러분은 분위기를 깨지 않기 위해 '딱 한 잔만' 하는 것은 괜찮겠지 하는 생각을 버려야 한다. 일단 한 잔을 마시게 되면 두 번째 잔을 사양할 명분이 사라진다. 대부분의 십대는 이런 상황에서 한잔만 더, 한잔만 더 하다가 취할 때까지 마시게 된다. 결코 그래서는 안 된다. 유혹을 물리치라. 그리고 절대 첫잔을 시작하지 말라.

2) 성적 범죄

"평생 처녀로 지낼 생각은 아니지?"라는 말을 들어본 적이 있는가? 요즘 문화에서 가장 범람하는 주제는 성에 관한 것이다. 오늘날 사회는 결혼할 때까지 순결을 지키려는 사람을 비웃는다. 거의 모든 영화나 텔레비전은 혼전 관계나 혼외정사에 관한 내용을 다룬다.

여러분은 결혼 전까지 순결을 지키며 바르게 살 용기가 있는가? 시대의 조류에 맞서 싸우기 위해서는 힘과 확신이 필요하다. 우리는 이 문제에 대해 이미 11장에서 간략하게 다루었다.

이제 성경이 이 문제에 대해 무엇이라고 하는지 살펴보자.

●출애굽기 20장 14절

"간음하지 말지니라"

●마태복음 15장 19-20절

"마음에서 나오는 것은 악한 생각과 살인과 간음과 음란과 도적질과 거짓 증거와 훼방이니 이런 것들이 사람을 더럽게 하는 것이요 씻지 않은 손으로 먹는 것은 사람을 더럽게 하지 못하느니라"

●디모데전서 1장 10-11절

"음행하는 자며 남색하는 자며 사람을 탈취하는 자며 거짓말하는 자며 거짓 맹세하는 자와 기타 바른 교훈을 거스리는 자를 위함이니 이 교훈은 내게 맡기신 바 복되신 하나님의 영광의 복음을 좇음이니라"

● 베드로전서 4장 1-5절

"그리스도께서 이미 육체의 고난을 받으셨으니 너희도 같은 마음으로 갑옷을 삼으라 이는 육체의 고난을 받은 자가 죄를 그쳤음이니 그 후로는 다시 사람의 정욕을 좇지 않고 오직 하나님의 뜻을 좇아 육체의 남은 때를 살게 하려 함이라 너희가 음란과 정욕과 술취함과 방탕과 연락과 무법한 우상 숭배를 하여 이방인의 뜻을 좇아 행한 것이 지나간 때가 족하도다 이러므로 너희가 저희와 함께 그런 극한 방탕에 달음질하지 아니하는 것을 저희가 이상히 여겨 비방하나 저희가 산 자와 죽은 자 심판하기를 예비하신 자에게 직고하리라"

3) 속이는 행위

여러분은 세상에 속이지 않는 사람은 없다고 생각할는지도 모른다. 그러나 용기 있는 사람은 결코 속이지 않는다. 속이는 것은 나쁘다는 사실을 알고 그와 같은 신념을 굳게 지키는 사람은 얼마동안은 별로 호응을 받지 못할 수도 있으나 결국은 좋은 평판과 함께 강한 성품을 가지게 되어 시험 당할 때에 훨씬 더 좋은 결과를 낳을 수 있다. 그렇지 아니하고 방심하고 있다가 쉽게 속일 수 있는 방법이 나타나면 자신의 신념을 지키기가 보통 어렵지 않다. 정직하지 않기는 쉽다. 그러나 정직은 용기를 필요로 한다.

우리는 앞서 부정직에 대해 다루었다. 기억을 새롭게 하기 위해 8장으로 돌아가 이 주제에 관한 잠언의 말씀을 다시 한번 살펴보아도 좋다.

다음에 제시한 신약성경의 본문들은 하나님께서 속이는 행위를 싫어하신다는 사실을 상기시켜준다.

- ●**마태복음 21장 12-13절**
  예수님은 부정직한 돈이 거래되는 성전을 정화하셨다.
- ●**누가복음 19장 1-10절**
  예수님은 지금까지 남을 속이며 살아온 세리 삭개오를 회개시켰다.
- ●**사도행전 5장 1-11절**
  아나니아와 그의 아내 삽비라는 하나님을 속인 죄로 성령에 의해 죽임을 당했다.

4) 무책임

여러분은 "그것은 내 탓이 아니다"라는 말을 얼마나 많이 들었는가? 여러분은 얼마나 자주 그런 말을 했는가? 사실 우리도 그런 말을 많이 했다. "그것은 내 탓이 아니다"라는 말이 사실인 경우도 있지만 때로는 단순히 자신의 실수나 잘못된 결정을 변명하기 위해 사용하기도 한다. 진실을 밝힌 후에 "제가 실수했습니다"라고 말하거나 "그것은 제 잘못입니다"라고 말하기 위해서는 용기가 필요하다.

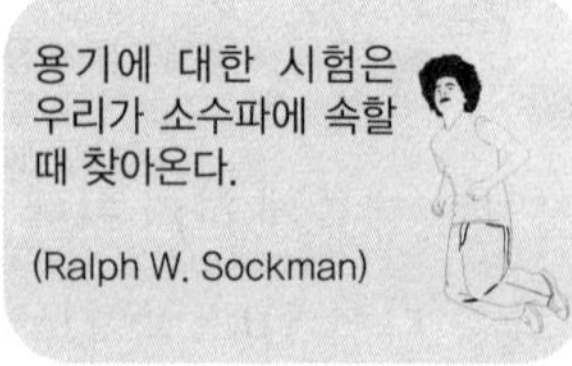

솔직히 털어놓고 책임을 지며 진실을 말하는 데에는 용기가 필요하다. 최근의 한 뉴스는 이러한 점을 분명히 보여주는 예가 될 수 있다. 한 고등학교

쿼터백이 용기 있게 나서서 자신이 보유하고 있던 경기연맹 공인 패스 기록을 반납하는 일이 발생한 것이다. 왜 그랬을까? 그는 자신이 어떻게 그런 기록을 보유하게 되었는지 알았기 때문이다. 일리노이 주 스프링필드에 있는 사우스이스트 고등학교에 다니는 17세의 하아시스(Nate Haasis)는 고등학생으로서의 마지막 경기에서 37야드 패스를 성공시킴으로 이 분야 공식 최고 기록으로 인정받았다. 그러나 경기가 끝난 후 그는 기록 조작을 위한 거래가 암암리에 있었음을 알게 되었다. 경기가 채 일 분도 남지 않은 상황에서 하아시스의 감독인 테일러(Neal Taylor)는 타임아웃을 부른 후 필드로 걸어가 상대편 감독과 협상을 시작하였다. 테일러는 하아시스의 패스 신기록 수립을 조건으로 상대팀에게 승리를 안겨주겠다고 약속하였다. 하아시스는 이 사실을 알고 경기 연맹에 자신의 기록을 삭제해 줄 것을 요구하였다. 그는 자신의 성품과 순수성을 위해 기록 보유자가 되는 기회를 버렸던 것이다.[1]

진실을 숨기면 자신이 더 잘 될 수 있는 기회는 누구에게나 찾아온다. 이때 책임감을 가지고 진실의 편에 서서 옳은 일을 하기 위해서는 진정한 용기가 필요하다.

● 역대하 19장 11절
"너희는 힘써 행하라 여호와께서 선한 자와 함께 하실지로다 하니라"

● 잠언 28장 6절
"성실히 행하는 가난한 자는 사곡히 행하는 부자보다 나으니라"

- 잠언 28장 13절

"자기의 죄를 숨기는 자는 형통치 못하나 죄를 자복하고 버리는 자는 불쌍히 여김을 받으리라"

- 잠언 28장 18절

"성실히 행하는 자는 구원을 얻을 것이나 사곡히 행하는 자는 곧 넘어지리라"

- 베드로전서 4장 19절

"그러므로 하나님의 뜻대로 고난을 받는 자들은 또한 선을 행하는 가운데 그 영혼을 미쁘신 조물주께 부탁할지어다"

- 베드로전서 5장 6절

"그러므로 하나님의 능하신 손 아래서 겸손하라 때가 되면 너희를 높이시리라"

3. 하나님의 힘을 구하라

결론적으로 우리는 누구를 기쁘게 할 것인가를 기억해야 한다. 사람을 기쁘게 하거나 자신을 보호하기 위한 용기는 아무런 쓸모가 없을 수도 있다. 우리가 우리의 궁극적 보상은 하나님으로부터 온다는 사실을 깨달을 때 우리의 힘이 그의 안에 있음을 보게 된다. 역대하 14장은 오직 하나님만 의지함으로 힘과 용기를 얻었던 한 위대한 왕에 관한 이야기를 다룬다. 아사는 여호와 하나님 앞에서 옳은 일을 행하였던 훌륭한 왕이었다. 당시 구스 사람 세라가 백만 명의 군사를 이끌고 유다를 공격하였다. 세라의 공격에 아사는 훨씬 작은 군대로 맞섰다. 그러나 아사는 자신의 힘이나 군대의 힘을 의지하지 않고 여호와를 바라보았다. 그의 기도를 들어보자.

"그 하나님 여호와께 부르짖어 가로되 여호와여 강한 자와 약한 자 사이에는 주 밖에 도와줄 이가 없사오니 우리 하나님 여호와여 우리를 도우소서 우리가 주를 의지하오며 주의 이름을 의탁하옵고 이 많은 무리를 치러 왔나이다 여호와여 주는 우리 하나님이시오니 원컨대 사람으로 주를 이기지 못하게 하옵소서"(대하14:11)

결과는 어떻게 되었을 것 같은가? 아사의 군대는 여호와의 도우심으로 구스를 멸하였다. 적은 모두 도망하였으며 유다는 많은 전리품을 취하였다.

십대로서 우리 역시 전쟁과 도전과 시험에 직면하며, 특히 우리가 옳은 일을 할 때에 이러한 상황에 처하게 된다. 우리는 선택해야 한다. 우리의 힘을 의지할 것인가 하나님을 바라볼 것인가? 용기 있는 자가 될 수 있는 힘은 하나님께로부터 온다. 죄와 불의에 대해 싸우고자 한다면 하나님을 바라보아야 한다. 우리는 그분이 원하시는 긍정적인 십대가 될 수 있는 용기를 구하여야 한다. 결국 우리에게 필요한 용기는 오직 하나님으로부터 온다.

파워포인트

묵상

읽을 말씀 : 다니엘 1:8-20

1. 다니엘과 그의 친구들은 어떤 확신을 가지고 있었는가?

2. 그들은 어떻게 용기를 보여주었는가?

　(다니엘의 용기에 관한 자세한 내용은 다니엘서 6장을 참조하라)

기도

아버지 하나님, 제 삶 가운데 찾아오신 놀라운 임재하심을 찬양합니다.

옳은 일을 할 수 있는 용기와 힘을 허락하심을 감사합니다. 주님의 말씀을 통해 바르게 사는 방법을 가르쳐주신 것을 감사합니다.

지혜롭게 행동하도록 도와주시고 바른 신념을 굽히지 않도록 용기를 주옵소서. 어떤 상황에 처하든지 지혜와 분별력과 온유로 대할 수 있도록 도와주소서.

무엇보다도 주님을 기쁘게 하는 삶을 통해 영광을 돌릴 수 있게 해 주소서. 예수님의 이름으로 기도합니다. 아멘.

암송

역대하 19장 11절

"너희는 힘써 행하라 여호와께서 선한 자와 함께 하실지로다 하니라"

 적용

1. '용기 있는 신념'에는 어떤 것들이 있는지 리스트로 만들어보라.

2. 여러분이 가진 신념이 그리스도에 대한 신앙과 그분의 말씀에 대한 믿음에 기초하고 있는지 생각해보라.

3. 여러분이 분명한 입장을 취하여야 한다고 생각하고 있는 이슈(예를 들어, 음주나 혼전 관계 및 속이는 행위 등)의 리스트를 만들라. 각 이슈에 대한 성경적 근거를 제시하라.

4. 여러분의 리스트를 친구와 함께 나눈 후 서로 상대가 그것을 실행할 수 있도록 최선을 다해 협력하라. 이들 영역에서 도전과 시험에 직면할 때 하나님께 용기를 구하라.

17장

미지의 세계로 나아가라

두려움을 떨치고 전진하라

용기를 가지기 위해서는 사물을 있는 그대로 보고, 승리는 악을 피하는 자가 아니라 뚜렷한 소신과 분별력으로 남김없이 선을 취하는 자와 함께 한다는 사실을 굳게 믿는 것이다. (빅토리아 링컨〈Victoria Lincoln〉)

여러분의 친구 가운데 자전거로 미국을 횡단한 사람이 있는가? 우리가 아는 빌리 스테드만(Billy Steadman)이란 친구는 자전거로 미국을 횡단하였다. 빌리는 열여섯 살이라는 어린 나이에 가장 흥분되고 용감한 여행을 하였다. 그는 이 평생 잊을 수 없는 역주에 대한 감회를 다음과 같이 피력하였다.

내가 자전거로 대륙을 횡단하겠다는 생각을 처음 한 것은 2002년 여름이었다. 당시 나는 할아버지(밥 카이서 Bob Kiser)와 함께 캐나다에서 자전거로 500마일을 일주할 계획이었다. 그러나 할머니께서 갑자기 암으로 누우시는 바람에 이 계획은 취소되었다. 같은 해 여름 나는 가족 모임을 통해 우연히 인디애나 주에 있는 자전거 여행 본부(Wandering Wheels headquarters)에 들를 기회가 있었는데 나는 그때 자전거 대륙횡단 일주에 참가하기로 결심하였다.

나는 어려서부터 엄마가 1975년에 자전거로 대륙을 횡단하였으며 할아버지는 같은 코스를 세 번이나 역주했다는 이야기를 들으며 자랐기 때문에 나도 그렇게 해보고 싶었다. 할아버지는 뉴질랜드와 중국 등 세계 도처에 있는 나라에서 자전거 일주에 참가했다는 이야기도 들었다. 다만 내가 가장 걱정한 것은 이 여행이 신체적으로 매우 힘들 것이라는 점이었다. 여행을 떠나기에 앞서 나는 혹시라도 다쳐서 떠나지 못하는 일이 일어나지는 않을까 걱정하였다. 그러던 중 출발을 몇 주 앞두고 나는 '만성 전염성 단구증가증'(mononucleosis)이 의심된다는 진단을 받았다. 다행히 그 병은 아닌 것으로 판명되었지만 나는 이 일로 놀란 가슴을 쓸어내려야 했다. 나는 비록 출발을 한 달 앞두고 많이 아팠지만 하나님께서 치료해 주심으로 무사히 출발할 수 있게 되었다.

하나님은 나에게 이 여행을 떠나기를 원하신다는 것을 여러 모로 보여주셨다. 한 가지 예로 생각지도 않게 모든 여비를 할아버지가 대어 주셨는데 이것은 나에게 큰 도움이 되었다. 할아버지의 재정적 도움이 없었더라면 이 여행을 할 수 없었을 것이다. 모든 여행 준비는 차질 없이 진행되었다. 나는 마음에 꼭 드는 튼튼한 자전거와 필요한 복장을 마련할 수 있었으며 하루 종일 자전거를 타고 있어도 전혀 문제가 없었다.

여정은 워싱턴 시애틀을 출발하여 델라웨어의 르호봇(Rehoboth) 해안까지 이르

하나님이 우리에게 주신 것은 두려워하는 마음이 아니요 오직 능력과 사랑과 근신하는 마음이니.

(딤후 1:7)

는 대장정이었다. 우리는 워싱턴과 아이다호 및 몬태나를 경유하였으며 거기서부터는 아래로 사우스다코타를 거쳐 네브래스카로 내려간 후 마지막 기착지인 델라웨어를 향하여 곧장 동쪽으로 갔다. 모든 여정은 6월 19일부터 8월 8일까지 7주가 소요되었다. 잠은 주로 교회나 모텔에서 잤다.

하나님은 참으로 우리의 전 여정을 도와 주셨다. 그는 언제나 우리와 함께 계셨으며 우리를 안전하게 지켜주시고 날마다의 여정을 성공적으로 진행할 수 있도록 도와 주셨다. 그는 우리가 만나는 모든 사람을 통해 그가 우리와 함께 하고 계심을 보여주셨다. 가는 곳마다 많은 교회에서 우리를 위해 음식물을 제공해 주었다. 어느 도시에서는 새벽 5시에 일어나 25마일이나 떨어져 있는 우리를 위해 간이음식점을 마련해 주기도 했다. 또한 하나님은 험준한 오르막길과 궂은 날씨를 헤쳐 나갈 수 있도록 도와주셨다. 출발한 지 이틀째 되는 날은 영상 4도의 쌀쌀한 날씨 속에 16마일이나 뻗어 있는 경사도 9%의 스데반 도로(Stephens Pass)를 달려야 했다. 그날따라 비가 내렸다. 나는 하나님께서는 우리의 힘과 인내력을 시험하시기 위해 노중에 언덕을 두신다는 사실을 깨달았다. 그가 우리의 삶 가운데 골짜기를 두심은 우리를 여전히 돌보시고 사랑하신다는 것을 보여주기 위함이다. 하나님이 하시는 일은 참으로 놀라우며 그에게는 불가능한 것이 없다.

내가 어떻게 자전거를 타고 미국 대륙을 횡단할 수 있었다는 말인가! 나는 오늘날까지도 내가 그 일을 해내었다는 사실이 쉽게 믿기지 않는다. 나는 또한 자전거를 타는 사람에게는 간이식당만큼 중요한 것도 없다는 사실을 알았다. 그만큼 우리는 많은 양을 먹어치웠던 것이다(나는 당시 식대로 800달러를 지출하였다). 나는 다시 한번 대륙 횡단을 하고 싶다. 그것은 지난 16년간 내가 했던 어떤 일보다 그것이 더 즐거웠기 때문이다. 날마다 자전거를 타는 일밖에 한 것이 없지만 거기에는 분명 무엇인가가 있다. 여러분은 그 일을 할 때 자유와 성취감을 맛볼 수 있다.

유일한 문제라면 여행에서 돌아온 후 일상적인 삶에서 오는 스트레스에 다시 적응하는 것이 쉽지 않았던 것이다. 나는 매일 아침 일어나 아침을 먹고 자전거를 타고 샤워를 하고 다시 밥을 먹은 후 잠자리에 드는 일상에 이미 익숙해버렸다. 유일한 걱정거리는 오늘 밤은 어디서 묵을 것인가 하는 것이었다. 그러나 일상적인 삶은 일상적인 삶대로 또 하나의 다른 인내와 근면을 요구했던 것이다.

나와 같이 자전거로 대륙을 횡단하려는 사람들에게 권하고 싶은 말은 이 일이 매우 즐거운 일이기는 하지만 단순히 공원을 거니는 것과는 다르다는 사실이다. 그것이 쉬운 일이라면 누구나 해보고 싶어 했겠지만, 오히려 쉽게 도전하기 어렵다는 바로 그 점이 우리를 흥분하게 한다. 여러분이 지금까지 생각해온 것보다 더 큰 일을 하기 위해서는 용기가 필요하다. 자전거에 몸을 맡긴 채 동틀 때부터 어두워질 때까지 얼어붙는 듯한 추위와 찌는 듯한 무더위와 싸워가며 더욱 굳센 불굴의 의지로 대륙을 횡단한다는 것은 그야말로 인생을 변화시킬 만한 성취라고 할 수 있다. 이와 같이 좋은 기회를 선용하여 살리기는 결코 쉽지 않지만 도전해 볼만한 가치는 충분하며 평생의 추억으로 남게 될 것이다.

1. 부르심에 대한 용기

　하나님께서 여러분을 부르신 목적은 무엇인가? 그것은 자전거로 미국을 횡단하는 것과 같이 힘든 일은 아닐 수 있다. 오히려 길 건너 이웃에게 복음을 전하는 것과 같이 간단한 일일 수도 있다. 학교 내에 있는 소외당한 친구를 돕거나 교회와 함께 선교 여행을 가는 것일 수도 있다. 중요한 것은 우리가 하나님의 명령에 귀를 기울이고 그의 부르심에 용감하게 따르는 것이다. 우리는 종종 안전지대를 벗어나 미지의 영역으로 나아가라는 부르심을 받는다. 그곳이야말로 우리의 용기가 필요한 곳이다. 하나님은 이 여정에 필요한 모든 것을 채워주시겠다고 말씀하신다.

　우리는 성경 속에서 이러한 용기를 가지고 하나님의 부르심을 좇았던 사람들을 만나볼 수 있다. 아브라함은 새로운 민족을 형성하기 위해 미지의 땅으로 나아갔다. 모세는 하나님의 부르심에 순종하여 종살이하던 이스라엘을 가나안으로 인도하기 위해 광야로 나아갔다. 여호수아는 모세를 이어 지도자가 되어 이스라엘을 인도하여 요단강을 건넜다. 다윗은 골리앗과의 싸움에 나아가 승리함으로 이스라엘의 위대한 왕이 되어 백성을 인도하였다. 솔로몬은 하나님의 지시와 지혜를 좇아 성전을 완공하였다. 이사야는 유다 백성들에게 하나님의 진리를 전하기 위해 나아갔다. 요나는 니느웨 백성들에게 나아가 회개하라고 외쳤다.

　신약성경에서도 이와 동일한 용기를 보게 된다. 제자들은 예수님을 신실하게 좇았으며 부활하신 후에는 세상으로 나아가 그의 부활하심을 전파하였다. 초기 그리스도인들은 온갖 박해에도 불구하고 오직 믿음으로 나아가 복음을 순종하며 말씀을 전파하였다. 사도 바울은 매 맞음과 살해의 위협과 옥에 갇힘을 당하였으나 담대히 예수님을 전하였다.

때때로 성경의 사람들은 상상도 할 수 없는 일을 위해 부르심을 받기도 했다. 마리아는 자신을 찾아온 천사 가브리엘로부터 "마리아여 무서워 말라 네가 하나님께 은혜를 얻었느니라"(눅 1:30)라는 말씀을 들었다. 하나님은 마리아의 삶 속에 위대한 계획을 가지고 계셨던 것이다. 그것은 그녀를 통해 세상의 구주가 임하시리라는 것이었다. 그녀는 그 사실을 알고 놀랐을까? 물론이다. 그녀는 하나님께서 자신을 위해 예비하신 길로 들어서기 위해 용기가 필요했을까? 당연하다. 이러한 용기와 힘은 여호와로부터 온다.

어떤 위대한 성취나 업적도 큰 용기를 필요로 한다. 위험이란 항상 나쁜 것만은 아니다. 안전지대에 머무르며 아무런 도전이나 시도도 해보지 않는 것도 나름대로 살아가는 확실한 하나의 방법이긴 하지만 그렇게 해서는 좀처럼 가치 있는 일을 성취하기는 어려울 것이다. 더구나 우리가 안전지대를 벗어나 밖으로 나아가기만 하면 그 일의 성취가 우리의 힘에 달린 것이 아니라 하나님의 일임을 분명히 깨닫게 된다.

윌리엄 캐리(William Carey)는 "하나님으로부터 위대한 일을 기대하라. 그를 위해 위대한 일을 시도하라"라고 했다.[1] 우리는 안전한 삶의 영역에서 하나님을 의지하기는 쉽다. 문제는 미지의 영역에서도 여전히 그를 신뢰할 수 있겠느냐 하는 것이다. 여러분은 과연 하나님께서 우리의 보잘것없는 능력과 재능을 사용하여 우리가 구하거나 상상한 것보다 훨씬 더 큰 일을 할 수 있다고 믿는가?

2. 자신의 재능과 능력을 감추지 말라

예수님은 달란트 비유를 통해 믿음으로 나아가 자신의 재능이나 능력을 최대한 발휘하는 것이 얼마나 중요한지를 교훈하셨다. 마태복음 25장 14-30에서 발견되는 이 비유는 여행을 떠날 준비를 하고 있는 어떤 사람에 관한 이야기로 시작한다. 그는 종들을 불러 자신이 없는 동안 투자를 하라고 돈을 나누어주었다. 그는 세 사람의 종에게 각각 다섯 달란트(달란트는 신약성경 시대의 화폐 단위의 일종이다), 두 달란트, 한 달란트를 맡기고 떠났다. 주인이 떠난 후 다섯 달란트 받은 종은 바로 가서 그것으로 장사하여 다섯 달란트를 더 남겼다. 이와 같이 두 달란트 받은 종도 장사하여 두 달란트를 더 남겼다. 그러나 한 달란트 받은 종은 가서 땅을 파고 주인의 돈을 감추어 두었다.

오랜 후에 돌아온 주인은 종들을 불러 모아 맡긴 돈을 어떻게 했는지 물어보았다. 다섯 달란트와 두 달란트 받은 종이 각각 와서 돈을 배나 남겼다는 말을 들은 주인은 "착하고 충성된 종아 네가 작은 일에 충성하였으매 내가 많은 것으로 네게 맡기리니 네 주인의 즐거움에 참예할지어다"(마 25:21)라고 칭찬하였다.

그 때 한 달란트 받은 종이 주인에게 나아와 "주여 당신은 굳은 사람이라 심지 않은데서 거두고 헤치지 않은데서 모으는 줄을 내가 알았으므로 두려워하여 나가서 당신의 달란트를 땅에 감추어 두었었나이다 보소서 당신의 것을 받으셨나이다"(24-25절)라고 하였다.

세 번째 종이 '두려워하여'라고 말한 뜻을 알겠는가? 얼마나 답답한 말인가? 이런 말이야말로 우리가 하나님께서 우리를 위해 계획하신 것들을 성취하기 위해 나아가는 데에 방해가 된다. 다음은 주인이 그에게 대답한 말이다.

"악하고 게으른 종아 나는 심지 않은 데서 거두고 헤치지 않은 데서 모으는 줄로 네가 알았느냐 그러면 네가 마땅히 내 돈을 취리하는 자들에게나 두었다가 나로 돌아와서 내 본전과 변리를 받게 할 것이니라 하고 그에게서 그 한 달란트를 빼앗아 열 달란트 가진 자에게 주어라 무릇 있는 자는 받아 풍족하게 되고 없는 자는 그 있는 것까지 빼앗기리라 이 무익한 종을 바깥 어두운 데로 내어쫓으라 거기서 슬피 울며 이를 갊이 있으리라"(26-30절)

비유는 겉으로 드러난 것 이상의 보다 깊은 의미를 가진 이야기이다. 이것은 단순히 돈에 관한 비유 이상의 것이다. 그것은 우리의 재능이나 능력에 관한 것이다. 이러한 능력이나 재능은 모두 우리가 세상에 영향을 끼칠 수 있도록 하나님께서 우리에게 주신 것이다. 주신 은사를 사용하기를 두려워한 종과 같이 되어서는 안 된다. 긍정적인 십대가 되기 위해서는 결코 두려워해서는 안 되며 충성을 다해야 한다. 우리가 얼마나 많은 재능과 능력을 부여받았는지는 상관없다. 첫 번째 종은 두 번째 종보다 더 많은 달란트를 받았으며 두 번째 종은 세 번째 종보다 더 많은 달란트를 받았다. 우리는 옆 사람과 같은 재능이나 능력을 받지 못하였을 수도 있다. 그러나 우리 모두는 충성을 다해야 하며 하나님께 받은 것으로 최선을 다해야 한다.

나(Grace)는 작년에 학교를 통해 봉사활동을 하기로 결정한 후에 이 분야에서 많은 활동을 하였다. 십대로 구성된 우리 팀에게 주어진 일은 저소득층 아파트단지를 찾아가 그곳의 아이들과 관계를 맺고 우리의 말과 행동을 통해 그리스도의 사랑을 나누는 일이었다. 처음에는 두려운 마음으로 지금까지의 편안한 삶(안전지대)에서 벗어나와야 했으나 하나님께서 나에게 용기를 주셨으며, 나는 새로운 각오와 담대한 마음으로 나에게 주신 재능과 하나님에 대한 사랑을 쏟아내었다. 우리는 우리의 작은 친절과 헌신을 통해 그들의 삶이 변화하기 시작하는 것을 목격하였다.

3. 위험을 무릅쓰고라도 방향을 돌리라

용기가 우리가 원하는 결과를 정확히 가져다주는 것은 아니다. 사실 용기는 우리가 생각한 것과는 전혀 다른 새로운 국면으로 인도할 수도 있다. 이러한 상황에 직면할 때 우리는 끝까지 인내하며 새로운 방향을 찾아 진행하는 용기를 가져야 한다. 우리의 가장 친한 친구, 랜(Lane)은 하나님의 계획에 융통성 있게 적응하는 것이 어떤 것인지를 배웠다. 다음은 그녀가 들려준 이야기이다.

다리에 합병증을 가지고 태어난 나는 특히 운동을 할 때 많은 어

려움을 겪었다. 나는 야구를 좋아해서
거의 매일 하였다. 연습을 하거나 경기
를 할 때면 다리 때문에 문제가 되기도
했지만 끝까지 포기하지 않았다. 나는

날 때부터 다리가 붓고 극도의 통증을 유발할 수 있는 혈관 이상 증
세를 가지고 있었다. 병이 심할 때는 다리를 질질 끌며 달릴 때도 있
었다. 어렸을 적에는 그럭저럭 통증을 참을 만했으나 열네 살이 되
자 다리의 부기와 통증을 참기 어려웠으며 뛰는 것은 거의 불가능
하였다.

진찰이 끝난 후 의사는 몇 가지 수술이 필요하다는 소견을 밝혔다.
나는 수술이 두려웠으나 비록 결과에 대한 어떤 보장도 없었음에
도 불구하고 적어도 수술은 받아야 한다고 생각하였다. 수술 후에
고통은 많이 줄어들었으나 상태가 완전히 회복되지는 않았다. 나는
학교에서 더 이상 농구를 할 수 없다는 사실을 깨닫고 받아들이기
로 하였다. 그렇다면 나를 위한 하나님의 계획은 무엇이란 말인가?
나는 선택의 기로에 섰다. 모든 것을 포기하고 자신을 측은히 여기
며 주저앉아 있을 것인가 아니면 미지의 세계에 뛰어들어 나의 능
력과 재능을 발휘할 수 있는 새롭고 다른 방식을 찾을 것인가?

하나님은 내게 야구를 하도록 허락하지는 않으셨지만 킥복싱과
같은 다른 과외활동을 하게 하셨다. 처음부터 원한 것은 아니었지
만 나는 하나님께서 나를 인도하시는 데로 따라가기로 하였다. 그
결과 나는 새로운 우정과 함께 지속적인 활동을 할 수 있게 되었다.

우리도 때로는 랜(Lane)과 같이 지혜롭게 용기를 조절할 필요가 있

다. 우리는 학생 자치위원회에 선출되지 못하거나 팀에 들어가지 못하거나 경기에서 이기지 못하는 경우도 있을 것이며, 어쩌면 우리가 대학에 가는 것이 최선이 아닐 수도 있다. 또한 우리가 생각하고 있는 이성친구가 '영원'하지 않을 수도 있다. 그러나 모든 것이 우리가 원하는 대로 정확히 이루어지지 않는다고 해서 자포자기해서는 안 된다. 그 대신 우리는 계속해서 하나님의 인도하심만 바라보며 새로운 미지의 세계에 대한 두려움을 떨쳐버리고 용기를 내어 다른 활로나 새로운 아이디어를 찾아내어야 한다.

다윗은 사울 왕에게 쫓겨 다닐 때 몇 가지 새로운 활로를 모색하였다. 그는 시편 27편 11-14절을 통해 이때의 심경을 다음과 같이 고백하였다.

"여호와여 주의 길로 나를 가르치시고

내 원수를 인하여 평탄한 길로 인도하소서

내 생명을 내 대적의 뜻에 맡기지 마소서

위증자와 악을 토하는 자가 일어나 나를 치려 함이니이다

내가 산 자의 땅에 있음이여 여호와의 은혜 볼 것을 믿었도다

너는 여호와를 바랄지어다

강하고 담대하며 여호와를 바랄지어다"

용기는 무조건 어리석게 돌진하는 것이 아니다. 오히려 용기는 하나님의 인도하심을 받으며 굳세고 조심스러우며 끈기 있게 전진하는 것이다. 자신의 생각만 앞세우면 오히려 우리를 거치게 해서 넘어뜨리는 반석으로 향할 수 있다. 그러나 하나님의 계획을 따르면

언제나 든든한 기초 위에 설 수 있다. 긍정적인 십대가 되기를 원한다면 우리도 시편 61편 1-3절에 나오는 다윗과 같은 기도를 해야 한다.

"하나님이여 나의 부르짖음을 들으시며 내 기도에 유의하소서 내 마음이 눌릴 때에 땅 끝에서부터 주께 부르짖으오리니 나보다 높은 바위에 나를 인도하소서 주는 나의 피난처시요 원수를 피하는 견고한 망대심이니이다"

파워포인트

묵상

읽을 말씀 : 느헤미야 1장 1–11절, 2장 1–8절 및 6장 15–16절

1. 느헤미야는 어떤 위대한 일을 하고 싶었는가?

2. 그는 어떻게 그 일을 하는데서 오는 두려움을 극복하였는가?

3. 하나님은 느헤미야의 용기와 충성을 통해 어떤 일을 이루셨는가?

기도

전능하신 능력의 하나님, 주님에게는 불가능한 것이 없음을 믿습니다. 주님의 계획은 완전하신 것을 믿고 찬양합니다.

주님께서 나를 위해 예비하신 것을 믿음으로 나아가 성취할 수 있도록 용기를 주신 것을 감사합니다. 나의 모든 삶을 지켜보시는 주님을 의지합니다.

귀를 열어 주님의 부르심을 듣게 하시고 눈을 열어 주님의 인도하심을 바라보게 하소서.

오늘도, 그리고 날마다 나의 힘이 되심을 감사합니다. 예수님의 이름으로 기도합니다. 아멘.

암송

시편 31편 24절

"강하고 담대하라 여호와를 바라는 너희들아"

적용

1. 하나님께서 여러분에게 무엇인가를 요구하고 계신다는 것을 느끼면서도 두려워서 용감히 나서지 못한 적이 있는가? 지금 즉시 하나님께 그 일을 수행할 수 있는 용기를 달라고 기도하라. 최선을 다해 지혜롭게 계획하고 준비하며 모든 두려움을 그에게 맡기라.

2. 계획한 내용이 무엇이며 언제 행할 것인지를 기록하라.

3. 자신이 계획한 것을 친구와 나누고 그로 하여금 격려하게 하고 책임감을 갖도록 하라.

미래를 지향하라

긍정적인 미래를 계획하라

그러므로 누구든지 이런 것에서 자기를 깨끗하게 하면
귀히 쓰는 그릇이 되어 거룩하고 주인의 쓰심에 합당하
며 모든 선한 일에 예비함이 되리라 (딤후 2:21)

봄방학을 맞아 짐을 꾸려 차를 타고 가족과 함께 휴가를 떠난다고 생각해보라. 여러분은 뒷좌석에 앉아 좋아하는 CD에 플러그를 끼울 준비를 하며 아빠에게 묻는다.

"아빠, 우리 어디로 가요?"

아빠는 퉁명스럽게 "잘 모르겠구나. 도착해보면 알겠지"라고 대답했다.

여러분은 아마도 이렇게 생각할 것이다. "말도 안 된다. 그런 가족이 어디 있겠는가? 가족이 휴가를 떠날 때에는 적어도 어디로 가는지는 알고 있어야 하지 않는가?" 맞는 말이다. 그러나 실제로 많은 사람들은 그보다 더 이해할 수 없는 일을 하고 있다. 그들은 인생이라는 여정을 떠나며 길이 가는 대로 내버려 둔다. 그들은 가방은 꾸

렸으나 아무런 계획도, 목적도 없이 그저 길가는 대로 몸을 맡기고 있는 것이다.

이 책을 읽은 여러분에게 바라는 것은 가방을 꾸려 여러분의 인생 여정을 떠날 준비를 하라는 것이다. 본서의 목적은 여러분이 긍정적인 여정을 떠날 수 있도록 일곱 가지의 파워 원리를 갖추게 하는 것이다.

우리는 다음과 같은 원리를 제시하였다.

- 하나님이 원하시는 사람이 될 수 있다는 자신감

- 일과 삶에 책임 있는 사람이 되는 비결

- 정직하고 신실한 말과 삶을 위한 소원

- 의미 있는 관계를 형성하고 그것을 심화하는 능력

- 소망과 기쁨의 태도

- 하나님에 대한 신실하고 살아 있는 신앙

- 두려움에 맞서 자신의 신념을 당당히 지킬 수 있는 용기

이러한 덕목들이 여러분의 성품에 배일 때 여러분은 확실히 성공적인 삶을 살 수 있다. 그러나 여러분의 목적이 무엇인가? 목적지도 없이 여행을 떠나는 어리석은 가족과 달리 우리는 우리의 최종 목적지를 알고 있다. 예기치 않는 굴곡을 만나 돌아가기도 하고 길 앞에 무엇이 있는지 정확히 모를 때도 있지만 우리는 가장 훌륭한 곳으로

현재보다 나은 미래를 원하는가? 그렇다면 지금이야말로 미래를 위한 계획을 세울 때이다.

(Spencer Johnson)

가고 있다는 사실을 알고 있다. 그리스도인으로서 우리는 결국 우리를 사랑하시는 하나님 아버지가 계신 하늘나라로 가게 될 것이다. 그는 우리에게 우리가 그렇게도 듣고 싶어 하던 말씀, "잘하였도다 착하고 충성된 종아"라고 하실 것이다.

1. 아직도 멀었는가?

보는 관점은 매우 중요하다. 큰 빌딩이나 대형 쇼핑센터 앞에서 그것을 바라보게 되면 엄청나게 커 보인다. 그러나 만일 우리가 비행기를 타고 하늘 높은 곳에서 같은 건물을 내려다보면 모형 건물처럼 작게 보일 것이다. 우리의 삶도 마찬가지이다. 지금 당장의 현실적 상황에서 바라보면 어떤 문제가 엄청나게 커 보일지 모르나 영원이라는 관점에서 바라보면 그다지 큰 문제로 보이지 않는다.

이것은 우리가 살면서 부딪치는 큰 문제가 결코 중요하지 않다는 말은 아니다. 우리가 말하고자 하는 것은 영원이라는 관점을 통해 볼 때 현재적 일들을 보다 명확하게 볼 수 있다는 것이다.

릭 워렌(Rick Warren)은 그의 베스트셀러 『목적이 이끄는 삶』(The Purpose-Driven Life)에서 '영원한 그림'(eternal picture)에 대해 끊임없이 상기시킨다. 그는 이 땅에서의 삶이 일시적이며 우리는 하늘나라를 준비해야 한다는 사실에 우리의 초점을 맞추게 한다. "우리는 이 땅에서의 짧은 삶 동안에는 결코 아무 것도 얻을 수 없다. 이 땅은 하나님께서 우리가 지상에 사는 동안 잠시 맡겨놓은 것이다. 여러분이 세상에 오기 전에는 원래 하나님의 소유였으며 여러분이 죽은 후에는 다른 사람에게 맡길 것이다. 여러분은 잠시 동안 그것을 누릴 뿐이다."[1]

이 땅에서의 삶이 모두가 아니라는 사실을 깨달을 때 우리는 비로소 소망과 확신을 가지고 미래를 바라볼 수 있다. 우리가 더 좋은 곳으로 향하고 있다는 사실이 흥분되지 않는가? 우리가 이 땅에서 걷는 길은 항상 평탄하지만은 않다. 사실 이 여정에서는 험한 길을 만나기도 하고 우회하거나 유턴하기도 한다. 그러나 어떤 길이나 마찬가지이지만 중요한 것은 목적지이다. 그것이 바로 우리가 찾고 있는 것이다.

한번 생각해보라. 아마도 우리는 누구나 "얼마나 더 가야 해요?" "아직도 멀었나요?"라는 질문으로 끊임없이 부모님을 괴롭힌 경험이 있을 것이다. 왜 우리는 이처럼 길을 가는 동안 불평하는가? 그것은 여기가 어디냐 보다 어디로 가고 있느냐가 중요하다는 것을 알기 때문에 다른 형제들과 함께 뒷좌석에 앉아 있으면서도 갑갑해하는 것이다. 우리는 어떻게든 차 안에서 버텨보려 하지만 사실은 목적지에 도달하기를 간절히 바라고 있는 것이다.

2. 우리의 미래에는 무엇이 기다리고 있는가?

스펜서 존슨(Spn) 박사는 『현재』(The Present)라는 저서를 통해 일과 삶에서 행복과 성공을 거둘 수 있는 비결을 발견한 젊은이에 관한 이야기를 한다. 결론적으로 말하자면 세 가지로 요약할 수 있는데, 그것은 현재에 존재하고 과거에서 배우며 미래를 위해 계획하라는 것이다.2) 우리 모두에게 얼마나 적절한 지혜인가? 존슨 박사는 이 땅에서 미래를 위한 계획을 세우는 것에 대해 말하였으나 우리는 여기에 덧붙여 '하늘로 방향을 틀어' 영원한 미래를 위한 계획을 세워야 한다.

예수님이 십자가를 지실 준비를 하실 때 그는 제자들에게 현재와 미래에 대해 말씀하셨다. 다음은 그가 요한복음 14장 1–7절에서 말씀하신 내용이다.

"너희는 마음에 근심하지 말라 하나님을 믿으니 또 나를 믿으라 내 아버지 집에 거할 곳이 많도다 그렇지 않으면 너희에게 일렀으리라 내가 너희를 위하여 처소를 예비하러 가노니 가서 너희를 위하여 처소를 예비하면 내가 다시 와서 너희를 내게로 영접하여 나 있는 곳에 너희도 있게 하리라 내가 가는 곳에 그 길을 너희가 알리라 도마가 가로되 주여 어디로 가시는지 우리가 알지 못하거늘 그 길을 어찌 알겠삽나이까

예수께서 가라사대 내가 곧 길이요 진리요 생명이니 나로 말미암지 않고는 아버지께로 올 자가 없느니라 너희가 나를 알았더면 내 아버지도 알았으리로다 이제부터는 너희가 그를 알았고 또 보았느니라"

장차 십자가에 못 박히실 것을 아신 예수님은 제자들에게 영원한 관점을 가지라고 격려하셨다. 우리도 영원한 관점을 가져야 한다. 우리는 하나님께서 우리 각자의 삶을 위한 계획과 목적을 가지고

계시며 그것을 성취해 가실 때 우리는 그의 인도하심과 능력과 보호하심을 의지할 수 있다는 사실을 믿어야 한다.

우리에게는 그리스도인으로서 고귀한 소명과 영원한 목적이 있다. 그렇다. 우리는 아직 십대이며 이 땅에서의 미래에 대해 모두 자세히는 알지 못한다. 그러나 우리가 이 땅에 사는 목적이 무엇인지는 안다. 예수님은 가장 위대한 계명이 무엇인지 말해달라는 질문을 받고 "네 마음을 다하고 목숨을 다하고 뜻을 다하여 주 너의 하나님을 사랑하라"(마 22:37)고 하셨다.

긍정적인 십대가 지녀야 할 가장 중요한 목적과 바람은 하나님을 사랑하고 섬기며 영화롭게 하는 것이다. 이것이야말로 자신을 존중하고 기쁘게 하는 단순한 삶보다도 훨씬 중요한 목적이다. 에베소서 1장 12절에는 "이는 그리스도 안에서 전부터 바라던 우리로 그의 영광의 찬송이 되게 하려 하심이라"고 했다. 우리가 하나님을 영화롭게 하는 삶을 살 때 우리의 삶은 비로소 의미를 가진다. 우리는 하나님께서 우리를 사랑하신다는 것을 알기 때문에 우리를 위한 계획에 대해 전적으로 그를 의지할 수 있다.

3. 긍정적인 영향

우리가 시선을 하늘로 맞추고 이 땅에 사는 동안 우리는 한 가지 선택을 해야 한다. 그것은 주변 사람들에게 긍정적인 영향을 줄 것인가 아니면 부정적인 영향을 줄 것인가라는 것이다. 우리가 바라는 것은 본서를 읽은 후 여러분이 세상에서 긍정적인 영향을 주기를 간절히 소망하라는 것이다. 이 땅에서의 삶이 짧든지 길든지, 험난하든지 평탄하든지, 여러분은 긍정적인 흔적을 남길 수 있다.

텍사스 주 알링톤에 사는 에밀리 헌트(Emily Hunter)는 참으로 긍정적인 십대의 모범을 보여주었다고 할 수 있다. 그녀는 평점 4.0의 학업성적에 여성 콜트(Lady Colts) 축구팀의 선수이자 봉사단체 케이 클럽(Key Club)의 회원이며 전국우등학생회(National Honor Society)의 회원이기도 하다. 특히 그녀는 2년 전에 악성 종양이라는 판명을 받았음에도 불구하고 2003년 학교축제에서 최고의 퀸에 올랐다. 그녀는 2년 동안 오른 팔을 절단하는 수술을 포함하여 스무 번의 수술을 받았다. 놀랍게도 에밀리는 팔을 절단한지 불과 몇 달 후에 축구장으로 돌아갔다. 그녀는 여전히 쾌활하고 단호하며 긍정적이었다.

에밀리의 가장 큰 소원은 고등학교 졸업장을 받는 것이었다. 그녀의 엄마는 "에밀리는 방사선 수치가 매우 안 좋을 때에도 기어이 백짓장 같은 얼굴로 학교에 갔다. 그녀는 친구들 주변에 있고 싶어 했으며 선생님의 강의를 듣고 싶어 했다. 그녀는 참으로 나를 놀라게 했다"라고 말했다.

그녀의 영어 선생님은 이렇게 말했다. "그녀는 자신이 할 수 있는 최선을 다했으며 그런 후에도 또 다른 할 일이 없는지 찾았다. 그녀는 정말 강하고 긍정적이었다. 그녀는 최선을 다해 살았으며 우리에게 최선을 다해 사는 것이 무엇인지를 가르쳐주었다.”

에밀리가 졸업을 원한다는 사실을 안 학교 당국은 그녀의 아름다운 마음을 받아들여 엄마에게 에밀리가 졸업할 자격이 충분하다는 사실을 알려주었다. 그러나 그녀를 위해 특별히 계획된 졸업식을 하루 앞두고 에밀리는 자신의 집에서 온 가족이 지켜보는 가운데 하늘나라로 갔다. 그녀의 시신은 그녀의 평소 유언에 따라 달라스에 있는 텍사스 주립대 사우스웨스턴 병원(University of Texas Southwestern Medical Center)에 기증되어 다른 사람의 생명을 구하는 일에 사용되었다.

그녀의 죽음이 슬펐던 만큼 그녀의 삶은 그녀를 아는 모든 사람에게 힘이 되었다.

그녀의 고등학교 지도 교사는 “그녀는 우리 모두에게 큰 용기를 주었다. 그녀는 힘든 싸움을 싸웠으나 언제나 활기에 차 있었다”고 했다.

또 다른 교사는 그녀에 대해 “그녀는 놀라운 아이였다. 나는 그녀가 얼굴을 찌푸리는 것을 본 적이 없다. 그녀는 몸이 좋지 않았을 때도 잘 지내는지 물어보면 언제나 나에게 ‘잘 지내고 있어요’라고 대답하였다”라고 회상하였다.

에밀리는 죽는 날까지 긍정적이었다. 그녀는 짧고 힘든 삶을 살았지만 이 땅에서 사는 동안 언제나 최선을 다했다. 한마디로 긍정적인 정신으로 요약할 수 있는 그녀의 생애는 그녀를 잊지 못하는 수많은 사람들에게 큰 영향을 주었다.[3]

우리는 에밀리의 삶을 통해 어떠한 교훈을 받을 수 있는가? 그것은 인생이 길든 짧든, 험난하든 평탄하든, 우리는 이 땅에서의 삶을 긍정적으로 살아야 한다는 것이다. 우리가 우리의 삶을 하나님의 능하신 손에 맡기는 미래를 계획할 때 우리는 이 땅에서 지속적이고 긍정적인 영향을 줄 수 있다.

우리의 시선이 하늘을 향할 때 이 땅에서의 여정의 목적은 더욱 분명해 진다. 그것은 우리가 하는 모든 일을 통해 하나님을 영화롭게 하며 그에게 영광을 돌리는 것이다. 무슨 일을 하든, 그를 영화롭게 하라. 이 땅에서 사는 동안 하나님이 여러분과 함께 하시며 인생의 모든 과정을 인도하심을 믿고 승리와 기쁨의 삶을 살라. 지금 이 순간에도 그는 여러분이 생각하는 것보다 훨씬 멋지고 훌륭한 궁극적인 목적을 준비해 놓고 계신다. 그러므로 앞을 향해 전진하라. 긍정적인 십대가 되라. 그것이 바로 여러분을 향한 하나님의 계획이자 우리의 간절한 기도이다.

파워포인트

묵상

읽을 말씀 : 미가서 6장 6-8절

1. 본문에는 어떠한 삶의 교훈이 있는가?
2. 요한복음 3장 16-17절을 읽어보라.
   우리는 영원한 미래를 위해 어떤 계획을 세워야 하는가?

기도

전능하신 하나님, 영광의 아버지, 이 땅에서와 하늘나라에서 저를 위해 놀라우신 계획을 가지고 계심을 믿습니다. 저를 위해 처소를 예비해주시니 감사합니다. 독생자 예수를 보내주셔서 저의 죄 값을 치루시고 주님과 영원히 함께 거하게 해 주시니 감사합니다. 이제 한 평생 주님만을 따르겠나이다. 저의 삶이 다른 사람에게 긍정적인 영향을 끼치며 언제나 주님만을 바라보게 하소서.
예수님의 이름으로 기도합니다. 아멘.

암송

잠언 12장 28절

"의로운 길에 생명이 있나니 그 길에는 사망이 없느니라"

 **적용**

이 책을 통해 여러분이 느낀 바와 관련하여 다음 글을 써보라.

1. 과거의 경험을 통해 얻을 수 있는 교훈은 무엇이었는가?

2. 앞으로 어떤 일을 통해 긍정적인 삶을 살겠는가?

3. 영원한 미래를 위한 계획은 무엇인가?

 참고문헌

1장 긍정적인 사람이 되라

1. Croft M.Pentz, *The Complete Book of Zingers* (Wheaton, Ill.: Tyndale, 1990),290.

2. Glenn Van Ekeren, ed., *Speaker's Sourcebook Ⅱ* (Englewood Cliffs, N. J.: Prentice Hall, 1994), 26.

3장 우리는 완전하게 창조되었다

1. Peggy Anderson, *Great Quotes from Great Women* (Lombard, Ill.: Celebrating Excellence Publishing, 1992), 11

4장 심오한 목적을 깨달으라

1. J. C. Webster and K. Davis, ed., *A Celebration of Women* (Southlake, Tex.: Watercolor Books, 2001), 146.

2. Rick Warren, *The Purpose-Driven Life* (Grand Rapids: Zondervan, 2002), 17.

5장 성공의 첫걸음을 내딛으라

1. William J. Bennett, ed., *The Book of Virtues* (New York: Simon & Schuster, 1993), 355.

2. Van Ekeren, *Speaker's Sourcebook Ⅱ*, 393.

3. Ibid., 392.

4. Bennett, *Book of Virtues*, 392.

5. Ibid., 364.

6장 백만장자가 되고 싶은가?

1. Distributed at Dallas Bible Church by Pastor Hal
   Habecker (2003).

2. Edward K. Rowell, ed., *Quotes and Idea Starters for
   Preaching and Teaching* (Grand Rapids: Baker,
   2000), 114.

3. Van Ekeren, Speaker's Sourcebook Ⅱ, 382.

4. John Rogers and Peter McWilliams, *Wealth 101* (Los
   Angeles: Mary Books/Prelude Press, 1992).

7장 신행일치의 삶을 살라

1. Walter B. Knight, *Knight's Master Book of 4,000
   Illustrations* (Grand Rapids: Eerdmans, 1956), 72.

2. *Webster's New World Dictionary* (New York: World
   Publishing, 1996), 759.

3. Rowell, *Quotes and Idea Starters*, 89.

4. Bennett, *Book of Virtues*, 608.

5. Ibid., 604.

6. Gerry Fraley, "Sports Day." *Dallas Morning News*,
   August 9, 2003, 1C.

8장 정직하게 다시 시작하라

1. Michelle Malkin, *"What's So Funny about Absti-
nence, Mr. Franken?"* Distributed by Creators Syndi-
cate and appearing in the *Dallas Morning News,*
August 25, 2003.

2. Information provided by http://www.BlueSuitMom.com
in Trendsetter Report, August 2003.

9장 영원한 친구를 만나라

1. Louise Bachelder, ed., *On Friendship: A Selection*
(White Plains, N.Y.: Peter Pauper Press, 1996), 5.

2. Norman Vincent Peale, *My Favorite Quotations* (New
York: Harper Collins, 1990), 57.

3. Bachelder On Friendship, 58.

4. John Cook, compiler, *The Book of Positive Quotes*
(Minneapolis: Fairview Press), 96.

5. Bachelder, *On Friendship,* 57.

10장 화목한 가정을 만들라

1. *"The Ten Traits of a Healthy Family"* is used by per-
mission from Dr. Jeff Warren, First Baptist Church,
McKinney, Texas.

11장 창의적인 데이트를 하라

1. Justin Lookadoo and Hayley Morgan, Dateable: *Are You? Are They?* (Grand Rapids: Fleming H. Revell, 2003), 29.

2. Provided by Marilyn Morris, founder of Aim for Success, and used with permission. Check out the Aim for Success Web site at http://www.aim-forsuccess.org.

12장 소망을 가지라

1. This story was written by Jennifer and is used with her permission. To learn more, visit Jennifer's web site at http://www.threefeetdeep.net.

13장 기쁨이 있는가?

1. Roy B. Zuck, *The Speaker's Quote Book* (Grand Rapids: Kregel, 1997), 215.

2. Pentz, *Complete Book of Zingers*.

15장 영적 감각을 가지라

1. Knight, *knight's Master Book*, 29-30.

16장 일어서라

1. Jim Litke, "Haasis Shuns Easy Way Out," The Associated Press, November 8, 2003, at ttp://www.aolsvc.news.aol.com

17장 미지의 세계로 나아가라

1. This story was told to us and used by permission from Billy Steadman, Frisco, Texas (November 2003).

2. Marcia Ford, *The Pocket Devotional for Teens* (Tulsa: Honor Books, 2002), 130.

3. Used with Lane's permission.

결론: 미래를 지향하라

1. Warren, *Purpose-Driven Life*, 44.

2. Spencer Johnson, MD, *The Present* (New York: Doubleday, 2003),81.

3. Toya Lyn Stewart, "One Day Shy of Graduation," *Dallas Morning News*, November 12, 2003, 1B.

긍정 십대 파워 십대

초판 1쇄 발행 2008년 5월 25일

지은이 캐롤 · 그레이스 · 조이 래드 지음
옮긴이 황의무
발행인 김용호
발행처 나침반출판사
등 록 1980년 3월 18일 / 제 2-32호
주 소 110-616 서울 광화문 사서함 1641호
전 화 본사 (02)2279-6321~3 영업부 (031)932-3205
팩 스 본사 (02)2275-6003 영업부 (031)932-3207

www.nabook.net
nabook@korea.com
nabook@nabook.net

ISBN 978-89-318-1378-4   03230
책번호 바-2007

값은 뒷표지에 있습니다.
잘못된 책은 교환해 드립니다.

나침반출판사는 우리를 구원하신 아름다운 주님을
21세기 문명의 이기(利器)를 통하여 널리 전하고 싶습니다.